utb 5578

Eine Arbeitsgemeinschaft der Verlage

Böhlau Verlag · Wien · Köln · Weimar
Verlag Barbara Budrich · Opladen · Toronto
facultas · Wien
Wilhelm Fink · Paderborn
Narr Francke Attempto Verlag / expert Verlag · Tübingen
Haupt Verlag · Bern
Verlag Julius Klinkhardt · Bad Heilbrunn
Mohr Siebeck · Tübingen
Ernst Reinhardt Verlag · München
Ferdinand Schöningh · Paderborn
transcript Verlag · Bielefeld
Eugen Ulmer Verlag · Stuttgart
UVK Verlag · München
Vandenhoeck & Ruprecht · Göttingen
Waxmann · Münster · New York
wbv Publikation · Bielefeld
Wochenschau Verlag · Frankfurt am Main

Thomas Müller

Basiswissen Pädagogik bei Verhaltensstörungen

Mit 23 Abbildungen und 1 Tabelle

Mit Online-Zusatzmaterial

Ernst Reinhardt Verlag München

Apl. Prof. Dr. phil. habil. *Thomas Müller* lehrt am Lehrstuhl Pädagogik bei Verhaltensstörungen an der Universität Würzburg.

Außerdem im Ernst Reinhardt Verlag erschienen:
Müller, Thomas (2018): Kinder mit auffälligem Verhalten unterrichten. (ISBN 978-3-497-02804-7)

Müller, Thomas, Temper, Annette (2018): Pädagogisch arbeiten mit Bilderbüchern (ISBN 978-3-497-02759-0)

Bibliografische Information der Deutschen Nationalbibliothek

Die Deutsche Nationalbibliothek verzeichnet diese Publikation in der Deutschen Nationalbibliografie; detaillierte bibliografische Daten sind im Internet über <http://dnb.d-nb.de> abrufbar.
ISBN 978-3-8252-5578-7 (Print)
ISBN 978-3-8385-5578-2 (PDF-E-Book)
ISBN 978-3-8463-5578-7 (EPUB)

Printed in EU
Cover: Agenturfoto. © iStock.com/AlexSava
Satz: FELSBERG Satz & Layout, Göttingen

Ernst Reinhardt Verlag, Kemnatenstr. 46, D-80639 München
Net: www.reinhardt-verlag.de E-Mail: info@reinhardt-verlag.de

Inhalt

Hinweise zur Benutzung dieses Lehrbuches

Folgende Icons werden im Buch verwendet:

Zusammenfassung

Definition

Lernfragen

Online-Material

Literatur- und Websiteempfehlungen

In den einzelnen Kapiteln gibt es Verständnis- und Vertiefungsfragen. Musterlösungen finden Sie auf der Homepage des Ernst Reinhardt Verlages und der UTB GmbH bei der Darstellung dieses Titels: www.reinhardt-verlag.de, www.utb.de. Das Passwort befindet sich hinten im Buch.

1 Einleitung

Die Zahl der Kinder und Jugendlichen mit emotional-sozialem Förderbedarf steigt in Förderschulen, Regelschulen, aber auch den Einrichtungen der Kinder- und Jugendhilfe stetig an. Mehr denn je sehen sich pädagogische Fachkräfte gefordert, sich intensiv mit verhaltensauffälligen Kindern und Jugendlichen auseinanderzusetzen.

Das Basiswissen Pädagogik bei Verhaltensstörungen will daher dazu beitragen, einen Überblick über fachlich relevante Aspekte für die Arbeit mit diesen Kindern und Jugendlichen zu schaffen. Es nimmt eine pädagogische Perspektive ein, ohne Aspekte wichtiger Bezugsdisziplinen zu vernachlässigen. Bewusst verzichtet es auf die Darstellung verschiedener Störungsbilder, wie z.B. ADHS, Angststörungen oder dissoziale Verhaltensweisen. Dies ist zum einen der Tatsache geschuldet, dass nicht ohne Weiteres beantwortet werden kann, für welche Kinder und Jugendlichen mit welchen spezifischen Störungsbildern die Pädagogik bei Verhaltensstörungen zuständig ist und wo diese Zuständigkeit endet. Eine Darstellung einzelner Störungsbilder, z.B. der am meisten verbreiteten, würde vielen Kindern und Jugendlichen gerecht, aber lange nicht allen. Zum anderen sind psychische Erkrankungen bei weitem nicht das einzige, was zu Verhaltensstörungen führen kann. Fragen der familiären und (außer-)schulischen Erziehung, der Unterrichtsgestaltung, der pädagogischen Haltung, der Prävention und Intervention kommen dabei ebenso wichtige Rollen zu. Eine Darstellung verschiedener Störungsbilder lenkte den Blick zudem zu einseitig auf die Kinder und Jugendlichen selbst, und liefe Gefahr, sie als Symptomträger einseitig zu den Verantwortlichen von Verhaltensstörungen zu erklären. Das Basiswissen folgt in seiner terminologischen Anlage einer interaktionistischen Sicht von Verhaltensstörungen und vermeidet einseitig den Kindern und Jugendlichen Ursachen zuschreibende Formulierungen (4.1.4). Als Basiswissen kann es jedoch ausführliche Grundlegungen (z.B. Stein 2019; Myschker/Stein 2018; Ahrbeck/Willmann 2009; Hillenbrand 2008a; Gasteiger-Klicpera et al. 2008) nicht ersetzen. Um dem Anspruch eines Basiswissens gerecht zu werden, folgt das Buch einem didaktischen Aufbau:

- **Zusammenfassungen** zu Beginn der Hauptkapitel schaffen einen Kurzüberblick, an den sich grundlegende Erläuterungen zur Thematik anschließen.
- Darauf folgen **Fragen**, mit denen das eigene Textverständnis überprüft werden kann.
- Hinweise auf **Grundlagenliteratur** bieten die Möglichkeit, das Themenfeld eigenständig zu vertiefen.
- **Thematische Skizzen** zeigen auf, wie Inhaltsaspekte miteinander verknüpft werden könnten. Diese Skizzen haben einen vereinfachenden *Entwurfscharakter* und in ihnen sind zudem Begriffe angesprochen, die sich im Randbereich des jeweiligen Themenfeldes bewegen und die im Text nicht explizit erläutert werden. Dies soll dazu anregen, Inhalte zu verknüpfen und Wissen eigenständig zu erweitern.
- Um **Transfers** und **Vernetzungen** zu ermöglichen, schließen sich Fragen zur Vertiefung und Erweiterung an. Die dazugehörigen **Antworthorizonte** sind als Online-Material verfügbar und verstehen sich nicht als abschließende Lösung, sondern als Anregungen und erster Zugang zu möglichen Antworten. Zudem findet sich am Ende eines Kapitels jeweils ein **Literaturhinweis** zur weiteren Vertiefung.

2 Herkunft und Zukunft

Die Pädagogik bei Verhaltensstörungen ist eine „junge" Disziplin. Ihre Entstehung ist auf verschiedene Strömungen und zeitgeschichtliche Umstände zurückzuführen. Ihr heutiges „Gesicht" ist nur unter Betrachtung ihres Herkommens erkennbar. Aus dieser Sicht lassen sich die Gegenwart verstehen und aktuelle sowie möglicherweise zukunftsweisende Entwicklungen aufzeigen.

2.1 Gesinnung und Verantwortung

Ausgangspunkt der Befassung mit verhaltensauffälligen Kindern und Jugendlichen ist ein ab dem 17. Jahrhundert gesinnungsethisch geprägtes Handeln, das im 19. Jahrhundert durch eine verantwortungsethische Praxis abgelöst wird (s. thematische Skizze 1).

Die Pädagogik bei Verhaltensstörungen als universitäre Disziplin hat ihren Ursprung erst in den 1960er Jahren. Kinder und Jugendliche, die man heute als verhaltensauffällig, erziehungsschwierig oder emotional und sozial förderbedürftig bezeichnet, gibt es jedoch weitaus länger – stets abhängig von zeitgeschichtlichen Sichtweisen. Wo und wann genau die Beschäftigung mit diesen Kindern und Jugendlichen ihren Ausgangspunkt nimmt, lässt sich nicht sagen. Allerdings stechen über Epochen hinweg einzelne Personen besonders hervor. August Hermann Francke gründete ab 1695 die Halleschen Anstalten. Geprägt ist diese Gründung von pietistischen Motiven und einer **gesinnungsethischen Haltung**, in der die eigenen Werte und Moralvorstellungen in ein Handeln einfließen, das darauf ausgerichtet ist, eben jene Werte zu realisieren, ohne auf die Folgen des Handelns für die Betroffenen zu achten. Für Francke hieß das nicht nur eine Versorgung und Beschulung von sogenannten sittlich verwilderten Kindern und Jugendlichen, sondern auch ein Verbot des seiner Meinung nach unnützen Spiels und den Einsatz der Prügelstrafe. Francke steht stellvertretend für andere religiös motivierte Pädagogen und Anstaltsgründungen im 17. Jahrhundert, die gesinnungsethisch geprägt waren. Erst mit einem stärker medizinischen Interesse im 19. Jahrhundert und beflügelt vom Geist der Aufklärung sowie der Überzeugung, dass der Mensch unabhängig von Behinderung bildbar sei (Herbart 1835), wendet sich das Blatt und Kinder und Jugendlichen werden

> „nun nicht mehr in moralischen Kategorien als ‚böse' und ‚sittlich verwildert' betrachtet […], sondern als ‚krank' und ‚schlecht erzogen' […]. Die im 19. Jahrhundert verbreitete Zuversicht, die Medizin könne jede Form von ‚Idiotie' und ‚Geisteskrankheit' heilen, wird im 20. Jahrhundert zunehmend abgelöst durch einen pädagogischen Optimismus, der sich auf der Idee gründete, kein Kind zurückzulassen, sondern alle Kinder ungeachtet ihrer persönlichen Befähigung optimal fördern zu können, sodass sie eine höhere Stufe der Entwicklung erreichen könnten" (Willmann 2018, 51).

Gesinnungsethisches Denken wandelte sich nach und nach in eine **verantwortungsethische Praxis**, die auf die Resultate des Handelns und ihre Verantwortbarkeit zielt. Für die Pädagogik bei Verhaltensstörungen können beispielhaft Johannes Trüper und die 1890 gegründete Sophienhöhe bei Jena oder Johann Hinrich Wichern und das 1833 gegründete „Rauhe Haus" in Hamburg genannt werden.

Mit Aufkommen der *Psychoanalyse* im Übergang vom 19. zum 20. Jahrhundert und dem gesteigerten Interesse am inneren Erleben des Menschen entsteht die Einsicht, dass sich hinter dem offensichtlichen Verhalten von Menschen innere Notwendigkeiten, ein subjektiver Sinn verbergen kann. Diese Anerkennung eröffnete, geprägt durch August Aichhorn, pädagogisch einen anderen Blick auf kindliches Verhalten und Erleben, eine neue Dimension der pädagogischen Handlungsmöglichkeiten. Bedeutsame Gründungen, die von diesem Geist geprägt sind, gehen auf Fritz Redl (Pioneer House) sowie auf Bruno Bettelheim (Orthogenic School) zurück.

Fragen zum Verständnis:

Was ist mit Gesinnungsethik gemeint?

Was trug dazu bei, dass gesinnungsethisches Handeln durch eine verantwortungsethische Praxis ersetzt werden konnte?

Welche Bedeutung hat die Entwicklung der psychoanalytischen Pädagogik für die Pädagogik bei Verhaltensstörungen?

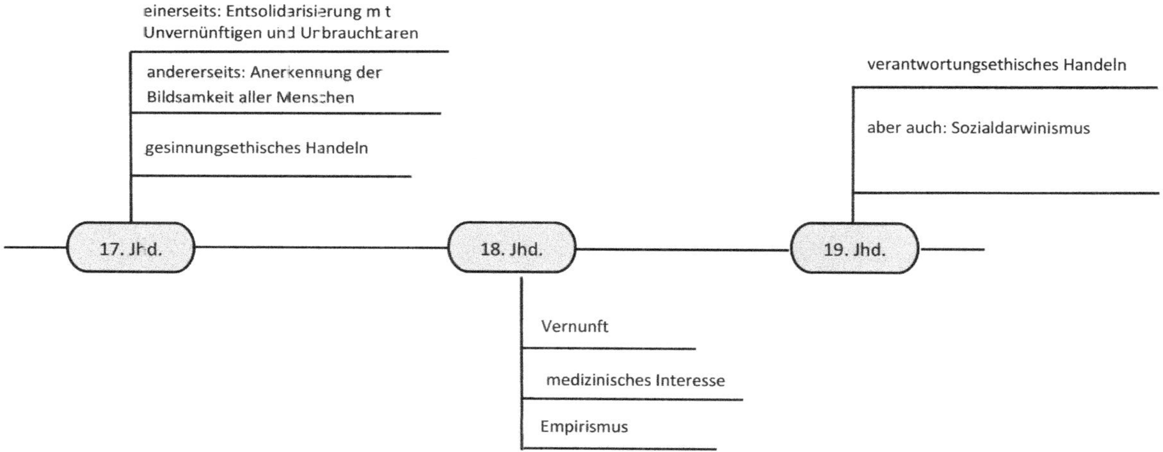

Thematische Skizze 1: Ideengeschichtliche Aspekte zur Herkunft der Pädagogik bei Verhaltensstörungen

Fragen zum erweiterten Verständnis und zur Vertiefung:

Comenius forderte bereits im 17. Jahrhundert für die Schule, „alle alles zu lehren". Was bedeutet dies mit Blick auf die Diskussion um Inklusion; und was lässt sich daraus lernen, dass dieser Gedanke über die Jahrhunderte immer wieder verloren ging?
Wodurch lässt sich der für die Sonderpädagogik so wesentliche pädagogische Optimismus angesichts bisweilen aussichtslos erscheinender Situationen mit verhaltensauffälligen Kindern und Jugendlichen rechtfertigen?
Bruno Bettelheim prägte als psychoanalytischer Pädagoge den Ausspruch „Liebe allein genügt nicht!". Was ist damit gemeint?

Antworthorizonte als Online-Material verfügbar.

Grundlagenliteratur:

Göppel, R. (1989): „Der Friederich, der Friederich ...". Das Bild des erziehungsschwierigen Kindes im 19. und 20. Jahrhundert. Edition Bentheim, Würzburg

2.2 Exklusion und Vernichtung

Der gesellschaftliche, aber auch der „pädagogische" Umgang mit verhaltensauffälligen Kindern und Jugendlichen war in der Vergangenheit immer wieder von Ablehnung, Ausschluss und Vernichtung geprägt. „Die Geschichte der gesellschaftlichen Konstruktion des ‚Anders-Seins' führt von der Dämonologisierung und Moralisierung in der Frühzeit und im Mittelalter bis zur Biologisierung und Pathologisierung in der Neuzeit [...]" (Willmann 2018, 51).

In der jüngeren deutschen Geschichte sind insbesondere der Umgang der *Nationalsozialisten*, aber auch der des *DDR-Regimes* mit verhaltensauffälligen Kindern und Jugendlichen eindrückliche Negativbeispiele (s. thematische Skizze 2).

Die Nationalsozialisten bestimmten den Wert von Menschen mit Behinderung bezogen auf Rasse und gesellschaftlichen Nutzen, wobei vor allem die Arbeitsfähigkeit zählte. Der aus diesen Kriterien bestimmte „volkswirtschaftliche Wert" (Ellger-Rüttgardt 2019, 245) entschied über Leben und Tod. Verhaltensauffällige Kinder und Jugendliche bezeichnete man als Asoziale, als arbeitsscheu, schmarotzerisch und aufrührerisch. Sie galten als pädagogisch nicht beeinflussbar und hatten einen besonders geringen Status in der Gesellschaft des Dritten Reichs (Müller 2014). Man sagte ihnen nach, einen schlechten Charakter zu besitzen und äußerst raffiniert vorzugehen (Ellger-Rüttgardt 2019), unterstellte ihnen also Vorsatz. In den Schulen war kein Platz für solche Kinder und Jugendliche, wozu auch diejenigen zählten, die gegen den Nationalsozialismus aufbegehrten, sich der Hitlerjugend entzogen oder als eigensinnig galten. Nur dem Arbeitsdienst wurde eine positive Wirkung auf verhaltensauffällige Kinder und Jugendliche zugeschrieben (Müller 2014). Gleichzeitig sah das NS-Regime in diesen Kindern und Jugendlichen besonderes Potenzial, sie für den Führerkult zu begeistern. Der gesamte Propagandaapparat war auf die Formung und Gestaltung des „Volkskörpers" ausgerichtet – „die unbedingte Unterordnung des Individuums unter den absoluten Vorrang der Volksgemeinschaft" (Ellger-Rüttgardt 2019, 243). Mit dem „richtigen rassischen Wert" und potenziellen Nutzen für das Volk, wurde die Hitlerjugend als Besserungsanreiz in Aussicht gestellt. Dort konnten verhaltensauffällige Kinder und Jugendliche ihren volkswirtschaftlichen Wert unter Beweis stellen, ihre Behinderung auszugleichen versuchen und dem Vaterland dienen.

> „Jugendliche, die als sozial auffällig und sittlich verwahrlost galten, wurden ab 1940 […] Jugendschutzlagern […] zugeführt und zur Zwangsarbeit verpflichtet. In den 1970er Jahren wurden diese Lager in Westdeutschland als Konzentrationslager anerkannt" (Müller 2014, 224).

Letztendlich sah die NS-Sozialpolitik in verhaltensauffälligen Kindern und Jugendlichen keinen Nutzen. Vielmehr galten sie als Gefahr für die „arische Rasse" und wurden als „Minderwertige", als „Parasiten am deutschen Volkskörper" diskreditiert (Baringhorst/Böhnke 2017). Weder begegnete man ihnen mit Verständnis, noch wurde ihnen Unterstützung zuteil, dafür jedoch Verachtung, Demütigung und Hass. Nach Ende des Zweiten Weltkriegs ging der *Wiederaufbau des Sonderschulwesens* nur schleppend voran.

Die wenigen verbliebenen Hilfsschulen waren aufgrund der negativen Bewertung behinderter Menschen zur Zeit des Nationalsozialismus in katastrophalem Zustand.

Erziehung und Bildung wurden in der DDR maßgeblich durch den Einfluss des ukrainischen Pädagogen Anton Semjonowitsch Makarenko geprägt. Dieser galt als der einflussreichste Pädagoge der Sowjetunion. Das Leitziel seiner Bemühungen war, „den neuen Menschen zu schaffen“ (Zimmermann 2004, 52). Anfang der 1920er Jahre leitete Makarenko Arbeitskolonien, in denen „verwahrloste“ Kinder Disziplin lernen und resozialisiert werden sollten. Ein Verständnis von Erziehung als wechselseitigem Prozess und gegenseitiger Abhängigkeit fehlte bei Makarenkos Überlegungen. Auch Interessen, Fähigkeiten und Bedürfnisse der zu Erziehenden wurden nicht berücksichtigt. Vielmehr sollte ein klares Machtgefälle zwischen Erzieher und Zögling vorherrschen.

Die DDR übernahm Makarenkos pädagogische Lehren, verfälschte sie aber auch. Die Erziehung so genannter verhaltensabweichender Kinder und Jugendlicher fand in der DDR in Form von „Umerziehung“ statt. Oberstes Ziel war das Schaffen von sozialistischen Persönlichkeiten, die sich dem Kollektiv unterordnen. Paradigma war die „Machbarkeit von Erziehung“: Damit war zum einen die Realisierbarkeit von Erziehung gemeint, zum anderen die Manipulierbarkeit von Kindern und Jugendlichen. Sozialpädagogische Fragen hatten lange Zeit keinen großen Stellenwert, obwohl diese bei genauerer Betrachtung wichtig für die Umsetzung des sozialistischen Grundgedankens gewesen wären. Erziehung und Bildung sollten universal vermittelt werden, um die Kosten möglichst niedrig zu halten und das Einheitsgefühl der Gesellschaft zu stärken. Sozial- und Rehabilitationspädagogik mussten sich der Volksbildung unterordnen. Ab 1965 entstand eine **Verhaltensgestörtenpädagogik** in Ostdeutschland. Gesellschaftliche Erklärungen für Verhaltensstörungen wurden nicht anerkannt (Müller 2014, 224). Vielmehr führte man auffälliges Verhalten auf intra- und interpersonelle Gründe zurück, was einer reinen Schuldzuweisung an die betroffenen Kinder und Jugendlichen und deren Familien gleichkam. Man war zudem bestrebt, das Wissen in der Bevölkerung über die Existenz von Förderschulen möglichst gering zu halten, denn sie wurden als ein Eingeständnis für das Versagen des Schulsystems angesehen. Dennoch gab es „Sonderschulen mit Ausgleichsklassen für Verhaltensgeschädigte", jedoch durfte diese Schulform nur von der zweiten bis zur vierten Klasse besucht werden. Wer auffällig wurde und sein Verhalten nicht unter Kontrolle bekam, war schnell ein Fall für Fremdunterbringung. Es gab ein hierarchisch aufgebautes System unterschiedlicher Institutionen, das sich nach der Schwere der Auffälligkeiten richtete. „Verhaltensabweichende" Kinder und Jugendliche wurden per Zwangseinweisung aus ihrem „erziehungsunfähigen" Umfeld genommen und sollten in Abgeschiedenheit diszipliniert werden. Deshalb waren alle Einrichtungen örtlich von Regelschulen getrennt und lagen teilweise an entlegenen Orten, um den Einfluss auf Regelschüler und die Aufmerksamkeit innerhalb der Gesellschaft zu minimieren. Von Einrichtung zu Einrichtung verschärften sich die Maßnahmen. Arbeitsmaßnahmen wurden härter, Freizeit weniger und Besuchszeiten seltener. Kinder und Jugendliche „wanderten" von Aufnahmeheimen über Spezialheime zu Jugendwerkhöfen. Als ultima ratio galt der Geschlossene Jugendwerkhof Torgau. Bereits in Aufnahme- und Spezialheimen herrschte extreme Strenge. Der *Geschlossene Jugendwerkhof Torgau* zeichnete sich zudem durch besondere Härte aus. Militärischer Drill war an der Tagesordnung, der Alltag war reglementiert, penibel getaktet und permanent überwacht. Gegen Regelverstöße wurde drastisch vorgegangen: Durch Kollektivstrafen sollte dem Einzelnen vor Augen geführt werden, was sein Fehlverhalten angerichtet habe. Arrest und Züchtigung wurden für geringste Vergehen verhängt. Der Strafe selbst, unter Nutzung des Kollektivs, wurde eine erzieherische Wirkung zugeschrieben (Beyer/Strobl/Müller 2016). Die Willkür der Erziehenden fällt dabei besonders ins Auge: Bei vielen Maßnahmen ging es nicht um Erziehung, sondern darum, den Willen zu brechen und die Individualität der Insassen zu unterdrücken. Gerade die praktizierten Strafen wie Nachtisolierung, Zwangssport und Essensentzug verdeutlichen die Verletzung von Menschenrechten. „Verhaltensabweichende" Kinder und Jugendliche passten nicht ins sozialistische Weltbild. Ihre besonderen Bedürfnisse standen im Konflikt mit der angestrebten Kollektiverziehung. Deshalb wählte man den Weg der *Umerziehung*, welcher sich vor allem durch Exklusion, harte Arbeit und überzogene Strafen definierte.

Fragen zum Verständnis:

Wie versuchte man im Dritten Reich, die Euthanasie an verhaltensauffälligen Kindern und Jugendlichen zu rechtfertigen?
In der DDR war „Fremdunterbringung" die Universallösung für „verhaltensabweichende" Kinder und Jugendliche. Welches Verständnis von Verhaltensstörungen liegt diesem Vorgehen zu Grunde?

Fragen zum erweiterten Verständnis und zur Vertiefung:

Verhaltensauffällige Kinder und Jugendliche wurden in der NS-Zeit als „Asoziale" bezeichnet und galten als „erbkrank". Welche Rolle spielen soziale Einbindung und Vererbung jenseits von Ideologien für das Entstehen von Verhaltensauffälligkeiten?
Warum bemühte man sich in der DDR nicht um alternative Bildungswege für verhaltensauffällige Kinder und Jugendliche?

Antworthorizonte als Online-Material verfügbar..

Grundlagenliteratur:

Beyer, C., Strobl, C., Müller, T. (2016): „Hier kommste nicht raus". Geschlossener Jugendwerkhof Torgau: Endpunkt erzieherischer Willkür der SED gegenüber verhaltensabweichenden Jugendlichen. Schneider, Hohengehren

2.3 Separation und Institutionen

Nach dem Zweiten Weltkrieg setzt der Ausbau eines vielgliedrigen Sonderschulwesens da an, wo er zuvor ins Stocken oder zum Erliegen gekommen war (s. thematische Skizze 3). Daher verbreiten sich auch **Schulen für Erziehungshilfe** in Deutschland mehr und mehr. Ausgangspunkt dieser Schulart waren Sonderklassen, die zu Beginn des 20. Jahrhunderts in Zürich und in Berlin als „Erziehungsklassen (E=Klassen) für schwererziehbare Kinder der Volksschule" (Fuchs 1930) entstanden. Auch wenn unter ande-

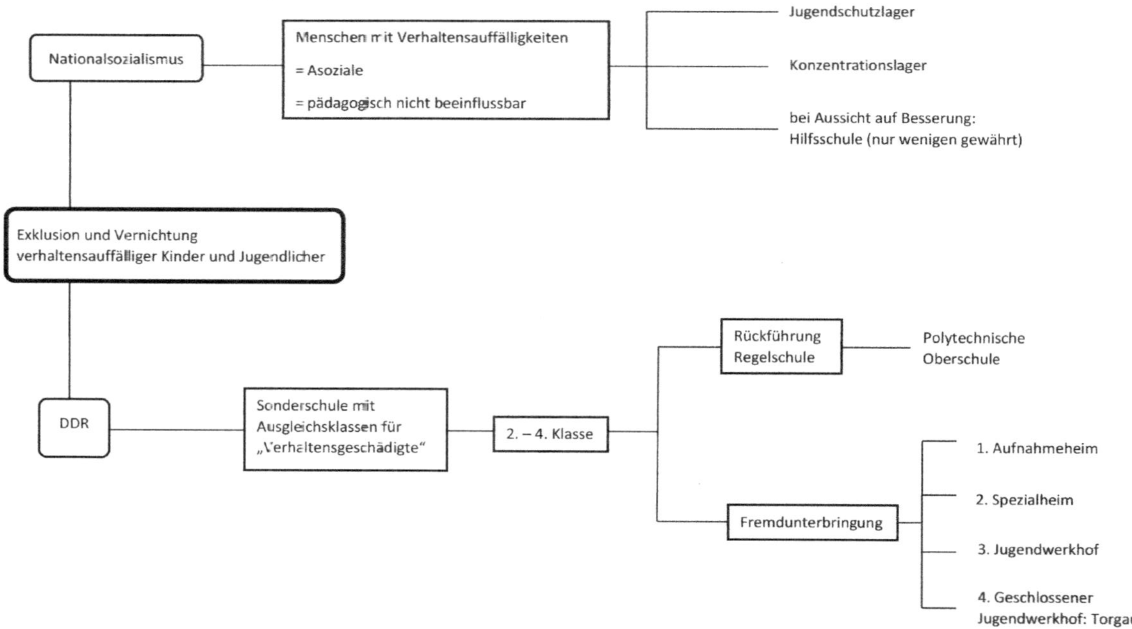

Thematische Skizze 2: Sicht auf verhaltensauffällige Kinder und Jugendliche im Nationalsozialismus und in der DDR

rer Terminologie („kriegsgeschädigt"), wurden dort vermutlich „traumatisierte" Kinder und Jugendliche beschult, die nach einer Phase intensiver pädagogischer Begleitung in einem pädagogischen Schonraum wieder dem Regelschulunterricht folgen sollten. Die Idee des Durchgangs ist von Anfang an ein Prinzip der Schule für Erziehungshilfe. Alsbald entwickelten sich diese Klassen zum „Sammelbecken" für alle möglichen Kinder und Jugendlichen, die durch ihr Verhalten aus dem Rahmen fielen und an den Regelschulen als unbeschulbar galten.

Nach dem Zweiten Weltkrieg wurden in Bremen, Hamburg und Berlin Kleinklassen für kriegsgeschädigte Kinder gegründet (Klink 1962, 92). Bald wurden sie zu Institutionen für leicht erregbare, leistungsverweigernde und anderweitig schwierige Schülerinnen und Schüler. Mitte der 1950er Jahre wurden bundesweit Sonderschulen für Erziehungshilfe gegründet, die unter uneinheitlichen Bezeichnungen bestanden. Zudem wurden aus einigen Heim- bzw. Heimvolksschulen Schulen für Erziehungshilfe (Mau 1981). Dem Gutachten des Deutschen Bildungsrates, stärker integrativ statt weiter separierend zu beschulen, folgte die Kultusministerkonferenz nicht – stattdessen wurde 1972 die Bezeichnung „Schule für Verhaltensgestörte" eingeführt und zudem entstanden sonderpädagogische Ambulanzen.

Trotz Diskussion um die Schule für Erziehungshilfe (Myschker/Stein 2018, 356f.) kam es nach der Wiedervereinigung zu einem Ausbau in Ostdeutschland. Sowohl in den „Empfehlungen zur sonderpädagogischen Förderung in den Schulen in der Bundesrepublik Deutschland" (KMK 1994) als auch in den „Empfehlungen zum Förderschwerpunkt emotionale und soziale Entwicklung" (KMK 2000, 24f.) wird dies dargelegt. Ging es der Schule für Erziehungshilfe vormals eher darum, Fehlentwicklungen zu verhindern, stehen aktuell der emotional-soziale Förderbedarf und besondere Erziehungsbedürfnisse im Mittelpunkt: Kinder und Jugendliche sollen die Möglichkeit erhalten, sich mit ihren Verhaltens- und Erlebensweisen auseinanderzusetzen, lernen und sich bilden zu können. Mit Blick auf die Schulqualitätsforschung halten Opp/Wenzel (2003) fest:

> „Die Begegnung mit gefühls- und verhaltensgestörten Kindern erfordert neben erweitertem theoretischen Wissen und methodischem Repertoire auch die kontinuierliche Reflexion der eigenen Arbeit. […]

> Es geht darum, dass sich die Professionellen selbst und in kollegialen Zusammenhängen mit den Herausforderungen, Möglichkeiten und Grenzen, Zielen und Problemstellungen der eigenen Arbeit konfrontieren" (Opp/Wenzel 2003, 34).

Da die Schule für Erziehungshilfe von Beginn an als *Durchgangsschule* verstanden wird, werden Kinder und Jugendliche in einigen Bundesländern nur bis zur 6. Klasse oder aber erst ab einer bestimmten Jahrgangsstufe beschult, was aber bisweilen zu Anschlussschwierigkeiten führt.

Schulen für Erziehungshilfe sollen Regelschulen von als störend empfundenem und auffällig erlebtem Verhalten entlasten. Damit geraten sie jedoch in die Gefahr der Negativfunktion einer Bedarfserfüllung, welcher an anderer Stelle nicht abgedeckt wird. Umgekehrt entlastet sie Schülerinnen und Schüler, die Schwierigkeiten mit großen Klassenverbänden und dem Leistungsanspruch der Regelschulen haben – also solche, die aufgrund ihrer biographischen Erfahrungen bereits ein oder zwei andere Kinder oder Jugendliche neben sich nicht aushalten. Aber auch der nicht auffällige Teil der Schülerschaft kann durch die Schule für Erziehungshilfe indirekt entlastet werden, wenn die Schülerinnen und Schüler ungestörter lernen können. Meist wird nach Regelschullehrplänen oder Adaptionen unterrichtet, um die Anschlussfähigkeit zu wahren. Darüber hinaus soll die Beschulungsfähigkeit bei Leistungs- und Schulverweigerung angebahnt bzw. wiederhergestellt werden. Emotional-soziale Ziele sind die Entwicklung von Ich-Stärke, Selbstwirksamkeitserleben, die angemessene Selbsteinschätzung eigener Potentiale, die Bewältigung subjektiv schwieriger Situationen, die Stärkung des Empathieempfindens, der Motivation und der Leistungsbereitschaft. Der Großteil der Schulen für Erziehungshilfe existiert als Halbtagsschule mit Klassen um die zwölf Schülerinnen und Schüler. Manche Bundesländer führen *Spezial- oder Kleinklassen* an Regelschulen. Zudem existieren noch einige wenige Heimschulen. Die Schulen haben ihre mobilen und beraterischen Hilfen ausgebaut. Formen integrativer und kooperativer Beschulung werden bisweilen erprobt. Zudem gibt es Schulen für Erziehungshilfe ohne Schülerschaft, deren Lehrkräfte „nur" ambulant an Regelschulen arbeiten. Verhaltensauffällige Kinder und Jugendliche werden nicht nur in diesen speziellen Schulen beschult, sondern auch in Regelschulen, in anderen Förderschularten, an (einigen wenigen) Berufsschulen speziell für verhaltensauffällige junge Erwachsene, in Schulen an Kinder- und Jugendpsychiatrien (Schulen für Kranke) und in Einrichtungen des Strafvollzugs.

Seit Inkrafttreten des Kinder- und Jugendhilfegesetzes (KJHG) im Jahr 1990 spielen die in diesem Rahmen eingerichteten **Hilfen zur Erziehung** auch für sonderpädagogische sowie für schulische Kontexte eine bedeutsame Rolle. Nahezu alle Kinder und Jugendlichen, die eine Schule für Erziehungshilfe besuchen, erhalten zusätzlich Hilfen zur Erziehung, um eine ganztägige und nachhaltige Versorgung zu gewährleisten. Neben der Stärkung des Elternwillens ist es Ziel des Gesetzes, ein gestaffeltes System von Maßnahmeangeboten zur außerschulischen Erziehungshilfe mit stark präventiven Anteilen vorzuhalten. Die Hilfen zur Erziehung sind in Form familienunterstützender, -ergänzender sowie -ersetzender Maßnahmen gestaffelt. Im Rahmen dieser drei Gruppen sind spezifische Maßnahmen vorgesehen, wobei sich Art und Umfang der Hilfe konkret am Einzelfall orientieren. Die Ausrichtung dieser Maßnahmen ist familien-, gruppen- oder auch einzelorientiert: Erziehungsberatung, Soziale Gruppenarbeit, Erziehungsbeistand und Betreuungshelfer, Sozialpädagogische Familienhilfe, Erziehung in einer Tagesgruppe, Vollzeitpflege, Heimerziehung und sonstige betreute Wohnformen sowie intensive sozialpädagogische Einzelbetreuung.

Neben diesen Hilfen zur Erziehung bietet der §35a Möglichkeiten der Eingliederungshilfe für von seelischer Behinderung bedrohte oder betroffene Kinder und Jugendliche. Diese Hilfen können ambulant, in teilstationären Einrichtungen, durch geeignete Pflegepersonen oder in stationär therapeutischen Einrichtungen realisiert werden. Ergänzend kommt auch der §42, die Inobhutnahme, zum Zuge. Im Falle von Delinquenz bestehen darüber hinaus Möglichkeiten, Hilfen zur Erziehung mit den Sanktionen des Jugendgerichtsgesetzes (Jordan 2005, 227 f.) zu verbinden.

Empirische Untersuchungen (BMFSFJ 2002; Macsenaere/Klein/Scheiwe 2003) zeigen, dass gerade die Effekte der niedrigschwelligen, präventiven Maßnahmen teilweise problematisch sind, während stark interventive Maßnahmen wie etwa stationäre Unterbringung im Vergleich recht gut abschneiden. Die zentrale rechtliche Stellung der Sorgeberechtigten ist zwar stark, aber nicht immer „günstig“, denn das Recht und damit unter Umständen

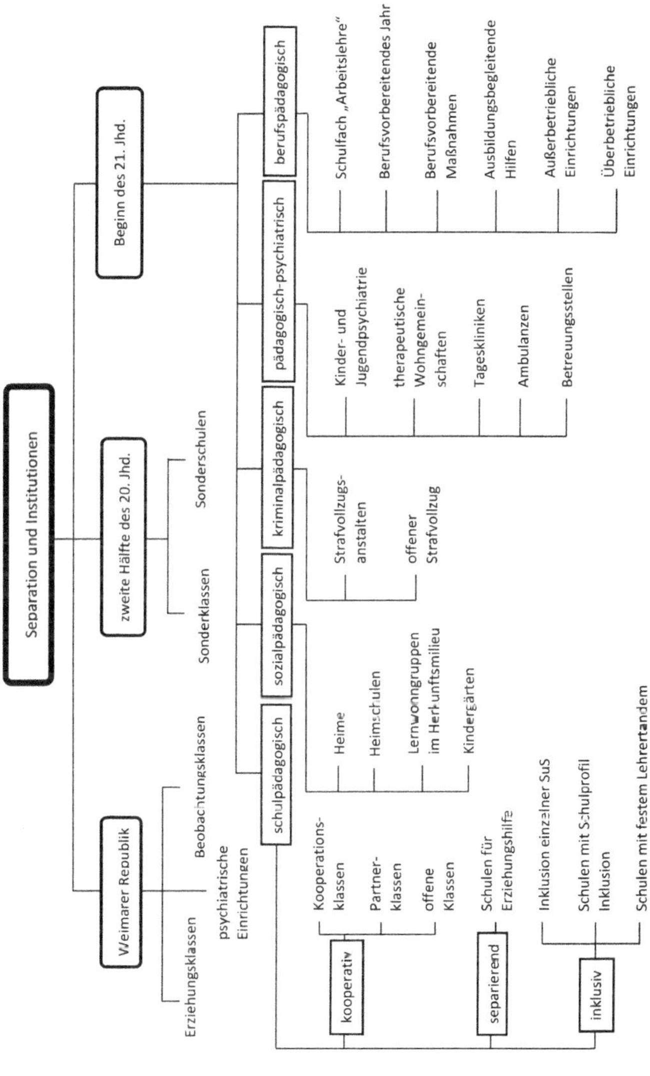

Thematische Skizze 3: Separation und Institutionen

auch das Wohlergehen der betroffenen Kinder und Jugendlichen können dahinter zurückbleiben. Besonders deutlich wird dieses Problem bei massiven Erziehungsschwierigkeiten in der Familie, bei Gewalt, Misshandlung und Missbrauch. Zwar bestehen hier Eingriffsmöglichkeiten seitens des Jugendamtes; diese sind jedoch recht hochschwellig, was mitunter auch an Erfahrungen im Umgang mit Familiengerichten und deren Entscheidungspraxis liegt. Bis hier Maßnahmen greifen, kann viel geschehen sein, wenn es an Einsicht und Kooperationsbereitschaft seitens der Sorgeberechtigten mangelt.

Die *Wirksamkeit erzieherischer Hilfen* ist in verschiedenen Studien und Metaanalysen untersucht und belegt worden: Wolf (2007) verweist hinsichtlich der Wirkung erzieherischer Hilfen insbesondere auf die Passung des Hilfearrangements, die Partizipation von Jugendlichen und Eltern an den für sie wichtigen Entscheidungen, auf die Qualität der Beziehung, auf klare, Orientierung gebende Strukturen und Regeln, auf Respekt vor den bisherigen Lebenserfahrungen und den in diesem Rahmen entstandenen Strategien und Deutungsmustern. Macsenaere/Esser (2012) bestätigen diese Ergebnisse im Wesentlichen und weisen nach, welche Aspekte erzieherischer Hilfen in welchen Formen besonders wirksam sind.

Fragen zum Verständnis:

Wie veränderte sich der Auftrag der Schule für Erziehungshilfe von ihrer Entstehung bis heute?
Welche beiden Entlastungsfunktionen hat die Schule für Erziehungshilfe?
Welches sind wirksame Maßnahmen außerschulischer Erziehungshilfe?

Fragen zum erweiterten Verständnis und zur Vertiefung:

Was macht sonderpädagogische Institutionen, die nach außen hin einen separierenden Charakter haben, für verhaltensauffällige Kinder und Jugendliche möglicherweise zu integrativen Einrichtungen?
Warum werden sonderpädagogische Einrichtungen mit dem Förderschwerpunkt emotionale und soziale Entwicklung vermutlich auch in Zukunft unentbehrlich sein?

Antworthorizonte als Online-Material verfügbar.

Grundlagenliteratur:

Macsenaere, M., Esser, K. (2015): Was wirkt in der Erziehungshilfe? Ernst Reinhardt, München

2.4 Integration und Inklusion

Mit der UN-Konvention von 2008 nahm die kritische Auseinandersetzung mit der Notwendigkeit der Schulen für Erziehungshilfe zu. Dennoch hat sich die Zahl der in diesen Schulen geförderten Schülerinnen und Schüler zwischen 2001 und 2018 nahezu verdoppelt (KMK 2019b) und steigt weiter an. Aber auch Versuche integrativer Beschulung (z.B. regelschulintegrierte Klassen, Kooperationsklassen, ambulante und mobile Dienste und Hilfen, dezentrale schulische und außerschulische Erziehungshilfen, etc.) wachsen (s. thematische Skizze 4).

> „Der Weg zur Inklusion im Bereich der schulischen Erziehungshilfe wird dahinführen, bestehende Systeme weiter zu entwickeln, die sich fortsetzende Ausdehnung der separierenden Beschulung zu stoppen, zu reduzieren und inkludierende Förderformate auszuweiten [...]. Ziel ist es, gestufte Fördersysteme mit differenzierten Ansätzen und intensiver Vernetzung v.a. mit der Jugendhilfe, flächendeckend zu etablieren [...]" (Willmann 2007, 130).

Verhaltensauffällige Kinder und Jugendliche sind oft vielfältigen Exklusionserfahrungen ausgesetzt: dazu zählen massive Konflikte in der Familie ebenso wie im häuslichen Umfeld, in Kindergarten oder Schule. Diese Erfahrungen sind bisweilen tiefgreifend und führen bei ihnen selbst, aber auch in ihrem Umfeld vielfach zu Leid und Trauer, auch wenn es angesichts von Wutausbrüchen, Übergriffen und zerstörerischem Verhalten auf den ersten Blick nicht danach aussieht. Die Biographien der Betroffenen belegen dies jedoch „eindrucksvoll" (Nölke 1994; Ader/Schrapper 2002; Hamberger 2008; Goblirsch 2010).

Die Schule, aber auch ein erheblicher Teil der Hilfemaßnahmen zur Erziehung sind so organisiert, dass sie auf ein gewisses Maß an Gruppenfähigkeit setzen. Es gibt jedoch Kinder und Jugendliche, die durch ihre biographischen Erfahrungen emotional und sozial so hoch belastet sind, dass sie nur wenige oder kein anderes Kind neben sich ertragen. Jenseits von zunehmender Professionalisierung im Bereich der allgemeinbildenden Schulen wird es daher auch weiterhin schulische Maßnahmen benötigen, die solchen Bedarfen gerecht werden. Darüber hinaus wäre es fahrlässig anzunehmen, dass jede Verhaltensweise eine Bereicherung innerhalb einer Klasse darstellt, besonders, wenn es zu gewalttätigen oder sexuell motivierten Übergriffen, selbstverletzendem Verhalten und Delinquenz kommt. In der Diskussion um Inklusion wird bisweilen aber ein zu idealistisches Bild vermittelt:

> „Es scheint so, als träfen ausschließlich Schüler aufeinander, die guten Willens sind, bereit und in der Lage, sich miteinander zu verständigen. Auftretende Probleme sollen mit den gängigen pädagogischen Mitteln gelöst werden, eventuell unterstützt durch sonderpädagogische Hilfen. Aggressivität und Destruktivität, die diesen gemeinsamen Rahmen sprengen, haben im Normalitätstheorem keinen Platz, Grenzen einer fruchtbringenden Vielfalt kommen nicht vor" (Ahrbeck 2011, 65).

Die *Inklusionsdebatte* sollte nicht den Eindruck erwecken, als sei das Miteinander von unterschiedlichen Menschen in der Verbindung zu einer Lerngemeinschaft grundsätzlich gut. Die Zunahme des emotional-sozialen Förderbedarfs (KMK 2020) sowie die Tatsache, dass etwa ein Fünftel aller Kinder und Jugendlichen an einer psychischen Störung erkranken (Hölling et al. 2008), lässt den Schluss zu, dass es eine intensive Unterstützung aller Schularten benötigt, besonders dann, wenn sie sich den Herausforderungen eines inklusiven Unterrichts stellen. Im Sinne der Kinder und Jugendlichen, die niemanden neben sich aushalten (können) und im Sinne derer, die es vor Übergriffen zu schützen gilt, werden spezielle Schulen auch in Zukunft unerlässlich sein. Wo diese Schulen abgeschafft werden, droht die Gefahr, dass verhaltensauffällige Kinder und Jugendliche eine „In-klusion" der anderen Art erleben: nämlich Einschluss in Psychiatrien, Forensiken und Justizvollzugsanstalten.

> „Inklusion verwirklicht sich also nicht unbedingt mit dem Verbleib von störenden, auffälligen oder schwierigen Kindern und Jugendlichen an Regelschulen, genauso wenig wie die Schule zur Erziehungshilfe

als Allheilmittel gelten kann. […] Ziel bleibt es, diesen Kindern und Jugendlichen Stabilität und Verlässlichkeit, Kontinuität und Orientierung, Wertschätzung und Anerkennung anzubieten, wie auch immer man die Schulen, die das realisieren können, systemisch verorten mag" (Müller 2013, 43).

Aktuell steht die Pädagogik bei Verhaltensstörungen vor zwei großen Herausforderungen: dem *„wait-to-fail-Problem"* und dem *„Ressourcen-Etikettierungs-Dilemma"*. In vielen Fällen wird mit sonderpädagogischen Interventionen solange gewartet, bis das Verhalten eines Kindes oder Jugendlichen in der Regelschule nicht mehr tragbar ist. Oftmals haben sich Verhaltensweisen dann manifestiert und lassen sich auch durch gezielte Maßnahmen nicht mehr in den Griff bekommen, was im schlimmsten Fall zu späten Schulwechseln, aber auch Abbrüchen ohne Abschluss führt. Daher befasst sich die Pädagogik bei Verhaltensstörungen explizit mit Fragen der Prävention sowie der Wirksamkeit eingesetzter Maßnahmen (z.B. Hartke/Koch 2008; Hennemann et al. 2015), auch wenn damit Erziehungsprozesse nicht abgelöst werden können (Stein/Müller 2018, 258). Damit einher geht das Dilemma, dass Ressourcen für eine sonderpädagogische Intervention erst dann zur Verfügung gestellt werden, wenn eine Störung im Verhalten und/oder Erleben diagnostiziert wurde. Dies erfordert zum einen Zeit, in der sich Verhaltensweisen verfestigen können und leidvolle Erfahrungen vergrößern. Es bringt zum anderen das Problem mit sich, die Betroffenen ggf. zu stigmatisieren, selbst wenn dies nicht beabsichtigt ist (Kap. 4.3.4). Förderbedarfe aus Angst vor Stigmatisierung jedoch nicht mehr festzustellen, bringt wiederum die Gefahr mit sich, dass (existentiell) notwendige Hilfe, Unterstützung und Begleitung ggf. nicht realisiert werden können. Es bleibt zu überlegen, ob im Sinne einer *advokatorischen Ethik*, jenseits von *paternalistischen Absichten*, nicht genau dies das immer wieder zu reflektierende Wagnis ist, welches die Pädagogik bei Verhaltensstörungen einzugehen hat.

Mit Blick auf eine inklusive Zukunft hat die Pädagogik bei Verhaltensstörungen ihre Professionalität in mindestens drei Handlungsfelder einzubringen:

- Zum einen gilt es, eine präventive pädagogische Praxis in der Elementarbildung auszubauen,
- zum zweiten eine integrative und inklusive pädagogische Praxis an Regelschulen weiterzuentwickeln, ohne Exklusion in der Inklusion zu erzeugen,
- und zum dritten geht es um den Erhalt sonderpädagogischer, schulischer und außerschulischer Intensivangebote sowie ihre Weiterentwicklung im Hinblick auf Aufenthaltszeiten, Durchlässigkeit und Übergänge, aber auch konzeptionelle Qualitäten.

Fragen zum Verständnis:

Was ist mit dem „wait-to-fail-Problem" gemeint?
Welche grundsätzlichen Versuche einer integrativen Beschulung verhaltensauffälliger Kinder und Jugendlicher gibt es?
Weshalb muss sich gerade die Pädagogik bei Verhaltensstörungen mit präventiven Maßnahmen auseinandersetzen?

Fragen zum erweiterten Verständnis und zur Vertiefung:

Lässt sich das Ressourcen-Etikettierungs-Dilemma auflösen? Wenn ja, wie?
Wie könnte ein gelingendes inklusives Bildungssystem aussehen, in welchem auch verhaltensauffällige Kinder und Jugendliche ihren Platz finden?

Antworthorizonte als Online-Material verfügbar.

Grundlagenliteratur:

Stein, R., Müller, T. (Hrsg.) (2018): Inklusion im Förderschwerpunkt emotionale und soziale Entwicklung. Kohlhammer, Stuttgart

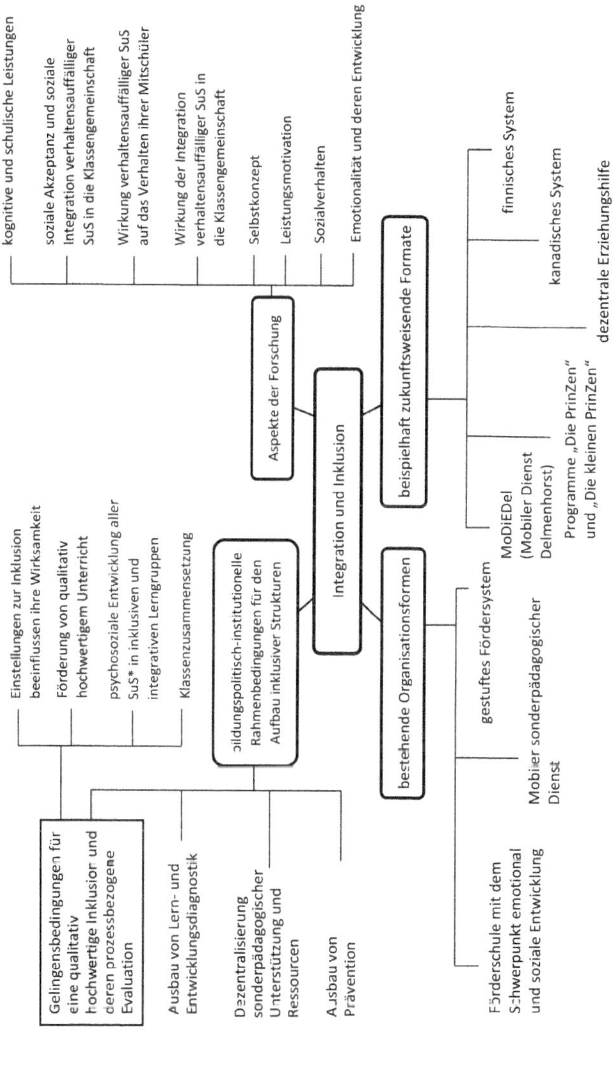

Thematische Skizze 4: Integration und Inklusion

3 Begriffe und Ordnungen

Jede Wissenschaftsdisziplin verfügt über eigene Begrifflichkeiten, um ihren Gegenstandsbereich zu strukturieren. Dies geschieht immer wieder neu und ist nicht abschließend möglich. Als Fach, das sich mit gesellschaftlichen Entwicklungen und ihren Auswirkungen auf Kinder und Jugendliche befasst, aber auch mit den Wirkungen ihrer Verhaltens- und Erlebensweisen auf die Gesellschaft, ist ein Zugang über Werte, Normen und Normalität bedeutsam. Daraus lassen sich Definitionsversuche ebenso ableiten wie Versuche der Rekonstruktion des Gegenstandsbereichs. Klassifikationen wollen die Vielfalt bündeln und epidemiologische Erkenntnisse geben Auskunft über die Verbreitung spezifischer Phänomene.

Aufgabe der Pädagogik bei Verhaltensstörungen als **Wissenschaftsdisziplin** ist es, Fachbegriffe zu bilden, zu begründen, zu hinterfragen und weiterzuentwickeln. Insbesondere in einem Arbeitsfeld, in dem die Betroffenen Opfer von Stigmatisierung und Ausschluss werden können (Kap. 2.3 und 2.4), ist dies bedeutsam. Spricht man über verhaltensauffällige Kinder und Jugendliche, öffnet sich ein Kosmos verschiedener Begriffe: „Verhaltensstörungen", „Verhaltensauffälligkeiten", „emotional-sozialer Förderbedarf", „Verhaltensbehinderung", „abweichendes Verhalten", „verhaltensoriginell", „Erziehungsschwierigkeiten" oder „Kinder und Jugendliche mit überraschendem Verhalten" (Goetze 2001, 12).

Jede Begrifflichkeit ist „Ausdruck des dahinter stehenden Denkens und Verstehens" (Stein 2019, 9f.), sodass die jeweilige Auffassung den Umgang und das Verständnis des beschriebenen Phänomens mitbestimmt. Dies wiederum beeinflusst die öffentliche Wahrnehmung, aber auch die ggf. zur Verfügung stehenden Unterstützungsmaßnahmen. Zudem wirken sich Begriffe und die hinter ihnen stehenden Auffassungen auf pädagogisches Handeln und die Sichtweisen Professioneller aus, denn ihre Einstellungen sind ausschlaggebend für die Arbeit mit den Betroffenen. Es ist daher unerlässlich, diese in Theorie und Praxis zu reflektieren.

Was genau unter einer *Störung, Auffälligkeit, Behinderung* oder

Förderbedürftigkeit verstanden wird, kann erheblich differieren: während die einen Störung als Steigerung von Auffälligkeit auffassen, verbergen sich für andere sehr spezifische Sichtweisen hinter beiden Begriffen, die in unterschiedliche Verhältnisse zueinander gebracht werden können: in die personorientierte, die systemische und die interaktionistische Sicht.

Auch der Begriff „*emotional-sozialer Förderbedarf*" ist zu hinterfragen: Da sich ein Förderbedarf immer auf ein einzelnes Kind oder einen einzelnen Jugendlichen bezieht und an diesem festgemacht wird, steht er ähnlich oder möglicherweise sogar noch stärker als der Störungsbegriff in der Gefahr, Verhaltensweisen ursächlich zu personalisieren, und verhindert eine Sichtweise, in der die Störung als Zustand begriffen wird, der (nur) in einer bestimmten Situation zwischen bestimmten Menschen existiert oder als solcher von anderen beobachtet werden kann.

Zudem verbreiten sich, besonders im Zuge der Diskussion um Inklusion, Formulierungen wie „*Verhaltensoriginalität*", „*überraschendes Verhalten*" oder auch „*Kinder und Jugendliche mit kreativem Verhalten*". Damit jedoch droht die Gefahr, dass belastende lebensgeschichtliche Erfahrungen, wie beispielsweise massive Gewalt oder sexueller Missbrauch, welche zu auffälligen Verhaltensweisen führen können, verharmlost und nivelliert werden. In einer Situation ein Verhalten zu zeigen, das überrascht, originell oder kreativ erscheint, ist das eine. Das andere sind Verhaltensweisen, die ursächlich oft mit Leid, Schmerz und Verzweiflung verbunden sind. Hinzu kommt, dass viele Verhaltensweisen nicht so überraschend oder kreativ sind, wie sie auf den ersten Blick scheinen, sondern vielmehr stereotyp, festgefahren und vorhersehbar; vor allem dann, wenn man sich auf das dahinter liegende subjektive Erleben einlässt.

3.1 Werte, Normen und Normalität

Ein Wert bzw. eine Wertaussage beschreiben eine Beziehung zwischen einem Subjekt und einem Gut. Eine Norm ist dagegen ein Satz, der eine Handlung erlaubt, gebietet oder verbietet. Über Werte lässt sich daher nur etwas in der ersten Person aussagen, während von Normen immer in der dritten Person die Rede ist. Werte und Normen spielen in Bezug auf Verhaltensauffälligkeiten als soziales Phänomen eine wichtige Rolle, insofern sie die Personen betreffen, die als auffällig bezeichnet werden, aber auch jene, die eine Auffälligkeit beschreiben oder diagnostizieren (s. thematische Skizze 5). Wer ein Verhalten als auffällig bezeichnet, geht dabei stets von einer bestimmten **Bezugsnorm** aus. Verhaltensauffälligkeiten ergeben sich aus einem Vergleichsmaßstab heraus, für das, was als nicht auffällig oder als nicht normal gilt. Zur Klärung eines als auffällig eingestuften Verhaltens ist der „Rahmen", in welchem das Verhalten gezeigt und beobachtet wird, von großer Bedeutung. Zudem spielt die soziale Gruppe, in der sich das Individuum befindet, eine wichtige Rolle.

- Legt man eine *individuelle* Bezugsnorm an, werden Verhalten und Erleben anhand der Verhaltens- und Erlebensweisen des Individuums an diesem selbst beurteilt und gemessen. Im Vordergrund steht also, welche Verhaltensweisen für diese Person typisch sind und welche aus typischen Verhaltensmustern herausfallen.
- Bei einem *Situations-* oder *Sachbezug* geht es zum einen um ein Verhalten, welches aufgrund der Situation, in der es gezeigt wird, als angebracht oder als unangebracht beurteilt wird; und zum anderen um den situationsangemessenen Umgang mit einer Sache.
- Bei einem *gesellschaftsbezogenen* Maßstab orientieren sich Personen hinsichtlich des Verhaltens häufig an Normen, welche in einem Kulturkreis oder einer sozialen Gruppe vorherrschen. Diese Normen werden zur Bewertung eines Verhaltens herangezogen. Normen und Werte sind jedoch zeit- und kulturabhängig und folglich, ebenso wie Verhaltensauffälligkeiten, relativ und abhängig von anderen Größen, Bezugssystemen und Gegebenheiten.

Bach (1989, 11 f.) unterscheidet für die Beurteilung und das Ausmaß die situative, die soziale, die altersgemäße, die weltanschauliche und ethnische, die epochale, die geschlechtsbezogene und die Beurteilungsrelativität voneinander. Eine mögliche Definition von Verhaltensauffälligkeiten müsste daher derartigen Relativitäten gerecht werden, indem sie diese abbildet oder zumindest auf sie verweist.

Ein anderer Weg der Annäherung könnte über verschiedene **Dimensionen der Normsetzung** erfolgen. Seitz (1982, 11 f.) unterscheidet dabei wie folgt:

- **Explizite Normen** sind gesetzlich verankerte Regeln. Normgerechtes und normabweichendes Verhalten ist in Gesetzen festgeschrieben und wird durch festgelegte Instanzen sanktioniert.
- **Soziokulturelle Normen** dagegen sind gesellschaftsabhängig und in einer sozialen Gruppe, Gesellschaft, Gemeinschaft oder auch Ethnie verbreitet. An ihnen orientieren sich die Mitglieder in ihrem Verhalten und in dessen Bewertung. Sie gehen einher mit beispielsweise weltanschaulichen, religiösen und volkstumbezogenen Relativitäten und können daher in verschiedenen Gruppierungen erheblich differieren.
- **Statistische Normen** unterliegen dem Gesetz der Zahl und werden, oft mithilfe der Entwicklungspsychologie, zur Normbildung herangezogen. Es gilt das Verhalten als normal, welches in einer Gruppe von Personen zu einem gewissen Zeitpunkt am häufigsten auftritt. Verhalten kann daher in zweierlei Hinsicht als auffällig bewertet werden: einerseits *nach unten* und andererseits *nach oben abweichend.*

Eine weitere Möglichkeit der Normsetzung ist mit *psychologisch-fachwissenschaftlichen Erkenntnissen* über „regelrechtes" oder „gesundes" Verhalten verbunden. Es handelt sich hierbei um die Bewertung von Verhaltensweisen auf Grundlage spezifischer Modelle, beispielsweise der Bindungstheorie (Kap. 4.2.3). Ob es individuelle Normen gibt, ist eher fraglich, aber die persönlichen Idealvorstellungen eines Beobachters können letztlich auch zur Normsetzung dienen. Maßstäbe basieren unter anderem auf *persönlichen Erfahrungen* und Überlegungen der Beurteilenden und führen dazu, dass eine Person etwas als auffällig oder unerwünscht bezeichnet, das von einer anderen Person als angemessen oder erwünscht angesehen wird.

Bisher nicht berücksichtigt wurde die Frage, wie unabhängig eine als auffällig bezeichnete Person ihr Verhalten und Erleben selbst bewertet:

> „[...] betroffen sind Kinder mit massiven Verhaltensstörungen, die wiederholt und in unterschiedlichen Erfahrungsräumen erleben müssen, dass sie sich als Person nicht verdeutlichen können. [...] Ihre Botschaften laufen ins Leere: [...] unter anderem deshalb, weil ihre inneren Notwendigkeiten keine andere Lösung zulassen. Sie bleiben unverstanden, weil sie sich selbst nicht verstehen, sind in sich selbst verfangen und verstricken andere gleichermaßen" (Ahrbeck 2011, 61).

Aus pädagogischer Sicht müssen immer auch die **subjektiven Maßstäbe**, die **inneren Notwendigkeiten** und **guten Gründe** einer Person, sich so und nicht anders zu verhalten, Berücksichtigung finden. Dies ist durchaus herausfordernd, denn oft

> „halten wir unsere Wahrnehmung für Gewissheit und vergessen dabei, dass das, was wir nicht verstehen, die Gewissheit von Anderen sein kann. [...] Nur wer imstande ist, das eigene Echo im vermeintlich Fremden zu erkennen, kann sich von Vorwürfen und Schuldzuweisungen befreien und sich dem Gegenüber annähern" (Arnold/Arnold-Haecky 2009, 11).

Norm und Normalität können „ineinander fallen", aber auch sehr weit auseinander liegen. Der Begriff des „Normalen" umfasst vieles, lässt sich aber auch eingrenzen. Der Begriff tauchte erstmals in der zweiten Hälfte des 18. Jhd. im Zusammenhang mit Massenproduktion und der Erhebung von Massendaten auf und entwickelte sich im Laufe der Zeit zu einem gesamtgesellschaftlichen Topos, erkennbar an Aspekten wie der Gauß'schen Normalverteilung, Statistiken, Festlegungen in Medizin und Psychologie, aber auch in der Industrie mit Bezug auf technische Normalgrößen. Normalität ist ein relatives Maß, abhängig von Kultur und Zeit. Daraus folgt: Was normal ist, wandelt sich. Westeuropäische Gesellschaften lassen sich als flexibel normalistisch charakterisieren – im Gegensatz zu protonormalistischen Gesellschaften, die von starren Vorstellungen oder Ideologien geprägt sind. Nach dem Modell der flexiblen Normalität orientieren sich Menschen daran, was andere Menschen machen oder was sie von Politik, Medien, Kirche u.a. als Orientierungsmarken für Normalität aufgezeigt bekommen. In diesem Sinne sind es die Menschen selbst, die im Zusammenspiel mit den vorhandenen Normalisierungsangeboten bestimmen, was normal ist und was nicht. Daraus wird deutlich, dass Normalität auch mit *Diskursen* verbunden ist. Was normal ist, wird unter den Mitgliedern einer Gemeinschaft immer wieder neu verhandelt. Dabei treffen diese Diskurse auch auf statistische Maße, die sich auf das durchschnittliche Verhalten der Mehrheit einer Bevölkerung beziehen, woraus die Frage entsteht, ob sich Normalität immer am Durchschnitt messen lässt. Normalität orientiert sich zwar oft am statistischen Durchschnitt, aber man kann sie nicht mit diesem gleichsetzen.

Normalität ist von *Normen* zu unterscheiden, denn diese regeln das Zusammenleben und haben zum Ziel, dieses zu erleichtern, überschaubarer, gerechter und vergleichbarer zu machen. Normen haben einen *präskriptiven* Charakter im Sinne ihrer Erfüllung bzw. gegebenenfalls drohender Sanktionen. Normalität ist dagegen im *deskriptiven* Sinne eine Orientierung, die, richtet man sich nicht an ihr aus, Risiken, aber auch Entwicklungschancen mit sich bringen kann. So ist es für manche Menschen kein Kompliment, als normal zu gelten: sie halten sich und ihr Leben für einzigartig und wollen auf keinen Fall sein wie alle anderen. Auch in der Kunst ist die Überschreitung dessen, was Norm und Normalität vorgeben, immer wieder notwendig, um Neues zu schaffen. Dieses Spannungsverhältnis greift Ahrbeck auf, wenn er mit Blick auf den Inklusionsdiskurs festhält:

> „Wenn es normal ist, anders zu sein, was ist mit denjenigen, die diesen Gemeinschaftswunsch nicht teilen? Auch sie können sich auf ihre Besonderheit berufen, auf ein spezielles Anliegen zur Selbstverwirklichung und eine subjektive Interessenslage, die von denjenigen der Mehrheit abweicht. Sollen sie auf ihre Individualität verzichten? Kann und darf man sie zwingen […] zugunsten des Gemeinschaftsprinzips auf ihre ureigensten Wünsche zu verzichten" (Ahrbeck 2011, 62)?

Mit Blick auf verhaltensauffällige Kinder und Jugendliche muss insbesondere vor einer Inflation der Normalitätsidee gewarnt werden. Wenn **Verschiedenheit** zur Normalität erklärt wird, dann mag dies manche Menschen in ihrer Lebensweise von *Stigmatisierungen* zu einem „normalen" Leben hin befreien. Dort wo diese Verschiedenheit sich in Verhaltensweisen ausdrückt, die entweder Ergebnis leidvoller Erfahrungen durch Gewalt, Missbrauch, psychische Misshandlung und emotionale Verwahrlosung sind oder aber dazu führen, dass andere Kinder und Jugendliche unter übergriffigen Verhaltensweisen zu leiden haben, ist eine derartige Normalisierung von Verschiedenheit naiv und zugleich menschenverachtend.

> „Es ist normal, anders zu sein: Mit dieser Formel haben insbesondere Kinder und Jugendliche Schwierigkeiten, die im starken Maße emotionale Beeinträchtigungen aufweisen. Nicht, dass es in ihrer inneren und auch äußeren Lebenssituation keine Besonderheiten gäbe. Im Gegenteil: Sie existieren sehr wohl und oft im Übermaß. Ihr Problem besteht vielmehr darin, dass sie aufgrund ihres Andersseins den gestellten Gemeinschaftsanforderungen nicht entsprechen können: selbst dann, wenn sie es mit aller Kraft wollen. Ihre inneren Notwendigkeiten lassen ihnen keine Wahl: Sie erzwingen es, dass sie immer wieder in Widerspruch zu gängigen Normalitätsanforderungen geraten. Mit Verhaltensweisen, die für andere schwer erträglich und mitunter beim besten Willen nicht auszuhalten sind. […]. Das ist ein Teil der Normalität ihres Lebens" (Ahrbeck 2011, 63f.).

Normalität stellt eine terminologisch graue Masse dar, sie lässt sich nie vollständig greifen, wohl aber in ein reflexives Verhältnis zu geltenden Normen setzen. Die Fähigkeit des Menschen, Regelmäßigkeiten zu benennen, sie in Formeln umzusetzen oder in Modellen darzustellen und zur Grundlage auch der pädagogischen Professionen zu machen, ist Chance zu Verständigung und Entwicklung gleichermaßen.

Fragen zum Verständnis:

Weshalb sind Normen relativ?
An welchen Bezugsgrößen können sich Normen festmachen?
Was ist mit der Aussage „Was normal ist, wandelt sich" gemeint?

Fragen zum erweiterten Verständnis und zur Vertiefung:

Wie beeinflussen sich Norm und Normalität gegenseitig?
Warum ist es aus der Perspektive der Pädagogik bei Verhaltensstörungen nicht normal, verschieden zu sein?

Antworthorizonte als Online-Material verfügbar.

Grundlagenliteratur:

Ahrbeck, B. (2011): Der Umgang mit Behinderung. Kohlhammer, Stuttgart

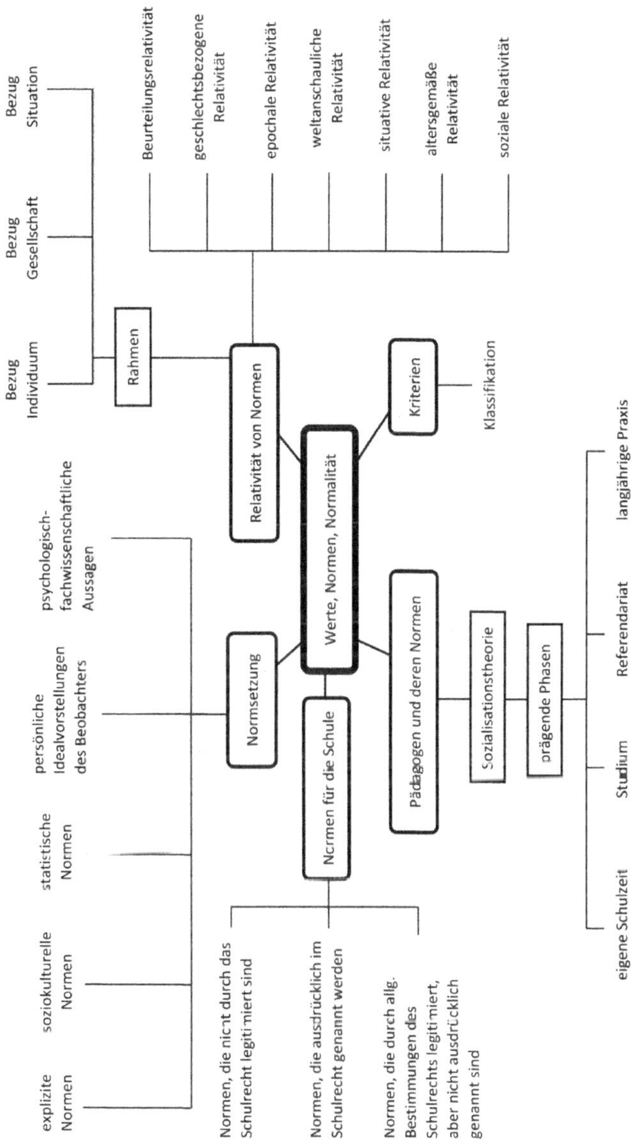

Thematische Skizze 5: Werte, Normen und Normalität

3.2 Definitionen

Die Definition von Myschker und Stein (2018) legt den Schwerpunkt zum einen auf die *Genese von Verhaltensstörungen*, zum zweiten auf ihre *Manifestation* und zum dritten auf die *Hilfe*, die sich daraus ableiten lässt:

> „Verhaltensstörung ist ein von zeit- und kulturspezifischen Erwartungsnormen abweichendes maladaptives Verhalten, das organogen und/oder milieuaktiv bedingt ist, wegen der Mehrdimensionalität, der Häufigkeit und des Schweregrades die Entwicklungs-, Lern- und Arbeitsfähigkeit sowie das Interaktionsgeschehen in der Umwelt beeinträchtigt und ohne besondere pädagogisch-therapeutische Hilfe nicht und nur unzureichend überwunden werden kann" (Myschker/Stein 2018, 56).

Ein zentraler Aspekt der Definition umfasst die *Kriterien* einer Störung. Diese sind die zeit- und kulturspezifischen Erwartungsnormen, wodurch Umwelteinflüsse berücksichtigt werden. Des Weiteren verweisen sie auf Anlässe für die Entstehung von Verhaltensstörungen. So basieren ein abweichendes und schlecht angepasstes (maladaptives) Verhalten auf organischen Gründen oder milieuaktiven Bedingungen. Darunter fallen unter anderem Sozialisation und Erziehung. Zudem finden sich die Auswirkungen einer Störung wieder, die negativen Einfluss auf unterschiedliche Lebens- und Entwicklungsbereiche des Individuums hat, was zu besonderer Hilfebedürftigkeit führt – Hilfe in Form professioneller pädagogischer und therapeutischer Unterstützung. Verhalten verstehen Myschker/Stein dabei als „die Gesamtheit menschlicher Aktivitäten […], die im Wechselspiel zwischen Organismus und Umwelt generiert werden" (Myschker/Stein 2018). Damit lenken sie den Blick hinsichtlich Verhaltensstörungen sowohl auf personale als auch soziale Umstände, womit Aspekte einer *interaktionistischen Perspektive* angedeutet sind, Tendenzen zu einer eher personenorientierten Definition sowie den damit verbundenen Problemen aber nicht aufgehoben werden. So konstatieren sie mit Blick auf die Definition selbst:

> „Mit dieser Definition soll – was im Hinblick auf Missverständnisse und spezifische theoretische Positionen anzumerken ist – ein Begriff, der sich eingebürgert hat, der sehr unterschiedliche Phänomene zu-

> sammenfasst […], die mit den unterschiedlichsten Ursachen zusammenhängen können, in einer Weise präzisiert werden, dass er der fachlichen Kommunikation auf hohem Abstraktionsniveau, aber auch einem so wichtigen Bereich wie der Diagnostik dienlich sein kann" (Myschker/Stein 2018, 56).

Bach hingegen richtet mit seiner Definition von Verhaltensstörungen den Blick auf die Aspekte der *Systeme*, der *Beobachter* und der *Beurteilung*.

> „Unter Verhaltensstörung soll die Art des Umgangs eines Menschen mit anderen, mit sich selbst und mit Sachen verstanden werden, die von der erwarteten Handlungsweise negativ abweicht, indem sie als sinnvolle Zustände oder Handlungsabläufe, Zusammenleben oder individuelle Entwicklung gefährdend, beeinträchtigend oder verhindernd angesehen wird" (Bach 1989, 5).

Er verweist darauf, dass es „nicht ein Verhalten an sich ist, das die Störung ausmacht, sondern die Diskrepanz zwischen einem von einem Beurteiler in bestimmten Situationen erwarteten und dem faktisch gezeigten Verhalten eines Menschen" (Bach 1989, 6). Demnach setzt sich eine Störung des Verhaltens aus der Beziehung zwischen einem bestimmten Verhalten und einem Beurteiler zusammen. Weiterhin schließt er alle Lebensalter mit ein, da, seiner Ansicht nach, Auffälligkeiten in jeder Lebenslage und jedem Alter auftreten können. Auch hinsichtlich der Entstehungsmöglichkeiten beinhaltet die Definition keine Einschränkung. Auffälligkeiten, die von einem Beurteiler fälschlicherweise als Verhaltensstörung klassifiziert wurden, bezeichnet er als *Pseudoverhaltensstörung*. Störungen die „besonders umfangreich, in verschiedenen Situationen, schwerwiegend und zeitlich überdauernd zutage treten" (Bach 1989, 12) fasst er unter dem Terminus der *Verhaltensbehinderung* zusammen. Bachs Definition beschreibt Verhaltensstörungen also als Diskrepanz zwischen dem erwarteten und dem gezeigten Verhalten, wobei die Störung bei der Person selbst, sei es in der Position des Sich-Verhaltenden, sei es in der des Beurteilenden verortet wird, was sie letztlich, trotz des systemischen Fokus, in die Nähe einer personenorientierten Definition rückt.

Seitz erweitert den Fokus auf Verhaltensstörungen und definiert sie als

> „eine Auffälligkeit […], die in einer Störung des Funktionsgleichgewichts des Person-Umwelt-Bezugs liegt, sei es, dass für eine bestimmte Funktion […] unangemessene, nicht regelgerechte Mittel […] eingesetzt werden oder dass eine bestimmte Teilfunktion des Gesamtsystems […] zu sehr in den Vordergrund tritt" (Seitz 1991, 7).

Er definiert Verhaltensstörungen demnach als Abweichung des Erlebens und Verhaltens einer Person von einer Norm, verbunden mit einer gewissen negativen Qualität. Im Vordergrund steht dabei nicht die Auffälligkeit selbst, sondern die Differenz des Zusammenspiels zwischen Person und Umwelt. Zudem zeigt sich die Verhaltensstörung in Form von Auffälligkeiten, was diese zum Signal für eine solche Problematik machen. Seitz lenkt den Blick weg von der Person selbst auf die *Wechselbeziehung* zwischen ihr und ihrem Umfeld, was als **interaktionistische Sicht** bezeichnet werden kann. Verhaltensstörungen werden dabei als Störungen im *Person-Umfeld-Bezug* betrachtet (Stein 2019, 11): Etwas in der Interaktion zwischen einem Kind und den situativen Bedingungen, in denen es sich befindet, läuft nicht regelgerecht. Dabei wird der Tatsache Rechnung getragen, dass sowohl die beteiligten Personen, wie beispielsweise Lehrkräfte, als auch die Bedingungen und Anforderungen einer Situation eine Rolle spielen können – und dies zumeist in einem komplexen, wechselseitigen Verhältnis. Solche Störungen werden im Ergebnis an den Schülerinnen und Schülern als Auffälligkeiten des Verhaltens und Erlebens offensichtlich. Verhaltensauffälligkeiten sind damit Hinweise auf eine hinter ihnen sich verbergende Störung, welche aber nicht zwingend am auffälligen Kind oder Jugendlichen festgemacht werden kann und muss.

Eine interaktionistische Sicht ist auch für die inklusive Beschulung auffälliger Kinder und Jugendlicher bedeutsam, weil Schwierigkeiten nicht erst identifiziert werden, wenn sie verfestigt sind, sondern bereits dann, wenn sie sich in Form von Verhaltensauffälligkeiten bei Schülerinnen oder Schülern anbahnen. Damit wird dann nicht alleine auf das Kind oder den Jugendlichen geblickt, sondern stets auch auf dessen Lebenssituation und die Anforderungen, die an es oder ihn gestellt werden. Stein (2019) verbindet die Auffassungen von Myschker und Stein, Bach und Seitz zu einer eigenen **Definition, die auch diesem Buch zugrunde liegt**:

„**Verhaltensstörungen** sind Störungen im Person-Umwelt-Bezug. Sie treten in sozialen Systemen auf und äußern sich bei Kindern und Jugendlichen in Form von Verhaltensauffälligkeiten als Beeinträchtigungen des Verhaltens und Erlebens, welche problematische Folgen für die betroffene Person selbst und/oder ihr Umfeld nach sich ziehen. Dabei bedürfen überdauernde, verfestigte Verhaltensauffälligkeiten besonderer pädagogischer und gegebenenfalls auch therapeutischer Unterstützungsmaßnahmen" (Stein 2019, 12).

Es geht demnach nicht nur um Kinder und Jugendliche, sondern auch um deren *soziales Umfeld* und die *gegenwärtigen Situationen*, mit denen sich die Betroffenen auseinanderzusetzen haben. So wird eine Auffälligkeit im Verhalten und Erleben zwar beim Individuum selbst gesehen, die Störung jedoch wird in der dahinterstehenden Interaktion verankert. Dies wiederum macht die Verhaltensauffälligkeit (wie bei Seitz) zum Signal der eigentlichen Verhaltensstörung. Auch lassen sich die Folgen einer solchen Störung sowohl bei der Person selbst als auch im Umfeld des Individuums festmachen. Dies führt zu einem weiteren und kritischeren Blick auf das, was vordergründig auffällt. Zudem wirft die Definition die Frage auf, ob Auffälligkeiten anhaltend oder nur vorübergehend auftreten. Verstärkt werden könnten evtl. Aspekte des Erlebens und der in diesem enthaltenen Sinnhaftigkeit jeglichen Verhaltens als Lösungs- oder Anpassungsversuch.

In „Konkurrenz" zu Definitionen von Verhaltensstörungen stehen Erziehungsschwierigkeiten und Unterrichtsstörungen. „Unter einer Erziehungsschwierigkeit versteht man eine Regelübertretung eines Schülers, die von einem schulischen Erzieher wahrgenommen und als störend und unangemessen beurteilt wird" (Havers 1978, 21).

Allerdings bleibt unberücksichtigt, dass sich diese **Erziehungsschwierigkeiten** auch in der Familie zeigen könnten oder nur dort, nicht aber in der Schule. Dennoch, in Havers Sinne könnte dann „jede Erziehungsschwierigkeit […] auch ‚Verhaltensstörung' genannt werden, aber nicht umgekehrt jede Verhaltensstörung ‚Erziehungsschwierigkeit'" (Havers 1978, 24). Es bleibt aber offen, wer diese Schwierigkeit hat, der zu Erziehende oder auch der Erziehende. Ähnliche Fragen wirft der Begriff der Schwererziehbarkeit auf, der die Möglichkeiten erzieherischen Einflusses drastisch einschränkt.

Wendet man den Begriff der **Unterrichtsstörungen** an, so ist von „Verhaltensstörungen in didaktischer Perspektive" (Hillenbrand 2011, 26) die Rede. D.h., dass nicht Schülerinnen und Schülern alleine Verantwortung für die Störung zugewiesen wird, sondern diese „niemals vom sozialen Rahmen, also dem Unterrichtsprozess und der Unterrichtssituation" (Hillenbrand 2011, 27) getrennt werden können. Zwar ist mit Unterrichtsstörungen ein wichtiges Segment, lange aber nicht das gesamte Spektrum beschrieben, mit dem es die Pädagogik bei Verhaltensstörungen zu tun hat (s. thematische Skizze 6).

An den Begrifflichkeiten „Störung" und „Verhaltensstörung" gibt es jedoch unabhängig von der zugrundeliegenden Definition Kritik. Schlee (1989) wendet ein, dass dieser Begriff eine *heimliche Wertigkeit* enthalte, da in ihm beschreibende und bewertende Anteile vermischt würden. Auf eine Verhaltensstörung könne nicht direkt aus der Beobachtung oder Wahrnehmung von spezifischen Verhaltensweisen geschlossen werden. Vielmehr benötige es den Vergleich des Verhaltens mit geltenden Normen und Wertvorstellungen, welchen die Idee eines nichtgestörten oder normalen Verhaltens implizit sei. Wertvorstellungen sind jedoch, selbst bei größerem Konsens, immer subjektiv, was in der Folge auch den Begriff der Verhaltensstörung zu einer wertenden (subjektiven) Positionierung macht. Des Weiteren verweist Schlee auf die Unklarheit des Begriffs, da dessen Objektbereich nicht eindeutig zu bestimmen sei. Da Menschen sich immer und überall verhalten, sei dieser Begriff so komplex und umfassend, dass keinerlei Differenzierung möglich sei, was zumindest aus pädagogischer Perspektive problematisch erscheine. Verhaltensweisen geraten damit schnell in die Gefahr, völlig unterschiedlich verstanden und bewertet zu werden, sodass keine begriffliche Konstanz entstehen kann und diese zu einer Leerformel verkommen.

Hinzu kommt, dass die Bezeichnung Verhaltensstörungen Ausdruck einer *Machtposition* ist, denn der Terminus wird in der Regel von Erwachsenen gegenüber schwächeren und abhängigen, sich darüber ggf. ohnmächtig erlebenden Kindern und Jugendlichen eingesetzt, was zu einer Definitionsmacht auf Seiten der Erwachsenen führt. Wird diese Macht unreflektiert akzeptiert, werden die Betroffenen in der Folge zu inaktiven und machtlosen Empfängern dieser Mächtigkeit. Neben Schlee kritisiert u.a. auch Bach (1989, 4) den Begriff der Verhaltensstörung, indem er auf dessen

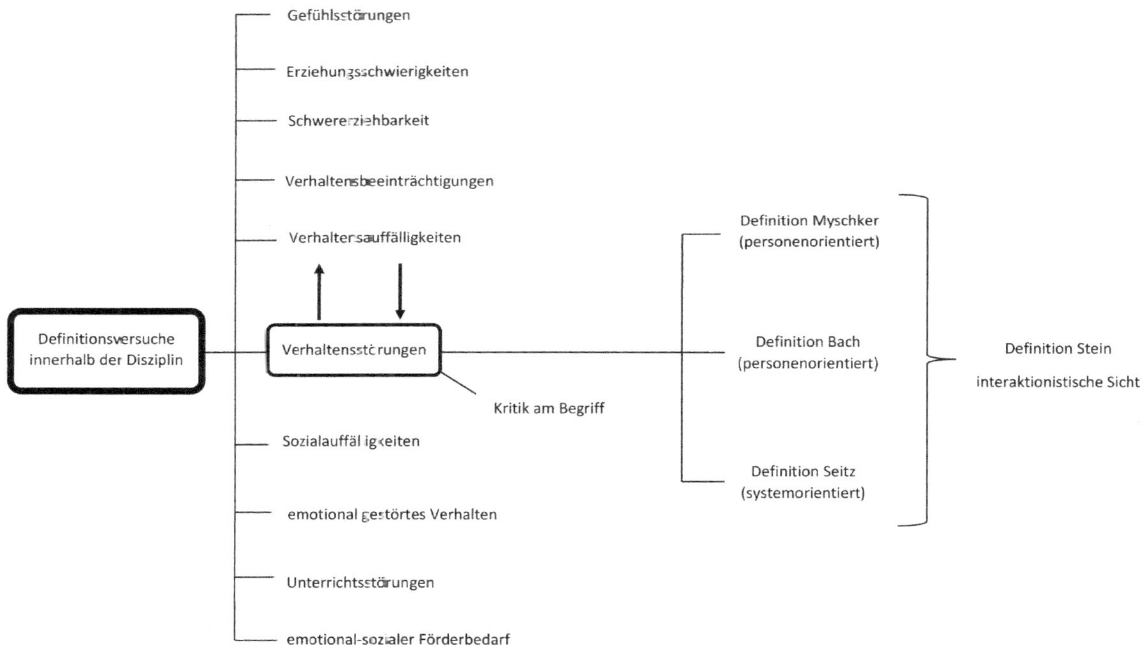

Thematische Skizze 6: Definitionen

negative Attribuierung hinweist. Der Terminus werde im Alltag kaum positiv oder neutral aufgefasst, sondern reduziere die (diagnostische) Aufmerksamkeit auf die Person selbst, was zusätzliche negative Folgen nach sich ziehen könne.

Es stellt sich daher die Frage, ob man aufgrund der bestehenden Probleme und kritischen Einwände versuchen sollte, ohne Begrifflichkeit auszukommen. Möglicherweise wäre damit eine Stigmatisierungsgefahr gebannt, wie aber steht es um notwendige Hilfen? Bach konstatiert, dass sich „ohne Benennung dieser Probleme [...] schwerlich zielorientierte Aktivitäten im Interesse von Menschen mit besonderen Problemen und im Interesse von Gruppen, die beeinträchtig werden oder beeinträchtigen, in Gang setzen und durchhalten lassen“ (Bach 1989, 4). Stein teilt diese Meinung und fügt hinzu:

> „Es wird kaum möglich sein, ohne Begriffe auszukommen, wenn bestimmte Phänomene und Probleme beschrieben und angegangen werden sollen. So lange keine besseren Alternativen in Sicht sind, scheinen daher Begriffe wie ‚Verhaltensstörungen' oder ‚Verhaltensauffälligkeiten' notwendig und hilfreich. Zudem muss darauf hingewiesen werden, dass sich das Verständnis des Phänomens ‚Verhaltensstörungen' in einem Wandel befindet" (Stein 2019, 15).

Fragen zum Verständnis:

Welche Kriterien, Entstehungsgründe und Auswirkungen von Verhaltensstörungen beschreiben Myschker/Stein in ihrer Definition und welche Ziele verfolgen sie damit?
Welche vier Aspekte beschreibt Schlee in seiner Kritik am Begriff „Verhaltensstörung" und wie begründet er diese?
Was unterscheidet Erziehungsschwierigkeiten von Unterrichtsstörungen?

Fragen zum erweiterten Verständnis und zur Vertiefung:

Inwieweit können durch einen Verzicht auf Benennungen Prozesse der Stigmatisierung aufgehoben werden?
Weshalb ist die Bezeichnung „verhaltensoriginell" abzulehnen?

Antworthorizonte als Online-Material verfügbar.

Grundlagenliteratur:

Seitz, W. (1991): Erscheinungsweise und Prozesse der Entwicklung von Verhaltensstörungen. In: Hansen, G., Seitz, W. (Hrsg.): Entstehung und Behandlung von Verhaltensstörungen im Kindes- und Jugendalter. Centaurus, Pfaffenweiler, S. 7–46

3.3 Perspektiven

3.3.1 Resilienz und Vulnerabilität

Mit **Resilienz** wird die „psychische Widerstandsfähigkeit von Personen [bezeichnet], die trotz biologischer, psychischer oder sozialer Entwicklungsrisiken eine gesunde und funktionale Anpassungsleistung an widrige und oftmals traumatische Lebensumstände aufweisen" (Noeker/Petermann 2008, 255). Resilienz meint demnach, Krisen, verschiedener beeinflussender Art auf den Lebensvollzug, mithilfe persönlicher und sozial vermittelter *Ressourcen* zu meistern und entwicklungsfördernd zu nutzen (s. thematische Skizze 7). Schumacher et al. sehen „Resilienz als eine relative Widerstandsfähigkeit gegenüber pathogenen Umständen und Ereignissen" (Schumacher et al. 2005). Diese Definition beinhaltet, dass der Begriff nicht zwingend einen grundsätzlich zu erreichenden Zustand beschreibt, sondern es sich vielmehr um einen dynamischen oder kompensatorischen Prozess der Anpassung an sich verändernde Bedingungen der Lebensumwelt handelt und dabei hilft, Belastungen auszuhalten (Lenz/Kuhn 2011). Resilienz stellt damit keine grundsätzlich zeitlich stabile oder situationsübergreifende Eigenschaft dar, sondern eine Fähigkeit, akuten Belastungserfahrungen entgegenzustehen. Dabei kann eine Person bestimmten Belastungen gegenüber resilient sein und zu einem anderen Zeitpunkt vulnerabel erscheinen. Um Risiken entgegenwirken zu können, werden *Bewältigungskompetenzen* entwickelt, welche dabei helfen, die Folgen herausfordernder Lebensumstände relativ unbeschadet zu überstehen (Lenz/Kuhn 2011). Dafür werden familiäre, soziale oder andere kompensatorische Risiko- bzw. Schutzfaktoren erarbeitet und als Ersatz genutzt. Sie wirken dabei eher kontextabhängig und spezifisch und werden dann greifbar, wenn Belastungsaspekte eintreten. Fehlen diese protektiven Einflüsse, können Risikofaktoren voll entwicklungshemmend wirken und die Person in ihrem Lebensvollzug entscheidend negativ beeinflussen (Lenz/Kuhn 2011, 273) Um mittels *Schutzfaktoren* Bewältigungsprozesse zu initiieren, müssen Ressourcen der Person mit Hilfe kognitiver und emotionaler Bemühungen aktiviert werden. Bei der Entwicklung resilienter Fähigkeiten sind unterschiedliche adaptive Systeme auf verschiedenen Ebenen involviert (Noeker/Petermann 2008, 255 f.): z.B. personale Kompetenzen (Stressverarbeitung, Selbstregulation, Motivation, Lernen), das Familiensystem, soziale Netzwerke sowie gesellschaftlich-kulturelle Faktoren. Resilienz entwickelt sich durch einen dynamischen und wechselseitigen Prozess zwischen Person und Umwelt (Noeker/Petermann 2008, 256). Diese Entwicklungen macht sich Resilienzforschung zum Gegenstand: Sie untersucht, aufgrund welcher Umstände sich Kinder und Jugendliche trotz widriger Bedingungen und gehäufter Belastungsfaktoren gesund entwickeln und andere unter vergleichbaren Bedingungen besonders auffällig werden (Lenz/Kuhn 2011, 287). Alle Befunde zeigen, dass vorhandene Risikofaktoren nicht automatisch die gesundheitliche Entwicklung variabel beeinflussen, sondern den ressourcenbedingten Schutzfaktoren eine gesundheitserhaltende Bedeutung zugemessen werden kann (Lenz/Kuhn 2011, 293). Demnach sind Kinder und Jugendliche mit stabilen familiären und sozialen Ressourcen, wie Zusammenhalt, festen Bezugspersonen von entsprechender Beziehungsqualität und starken personalen Ressourcen wie einem positiven Selbstkonzept und Selbstsicherheit von vornherein mit besonders protektiven Schutzfaktoren ausgestattet. Dies zeigt zum einen die besondere Prägnanz der *Präventionsarbeit* (8.1) für Risikofamilien und zum anderen die besondere Relevanz des Themas für die Pädagogik bei Verhaltensstörungen.

Welche Aspekte sich als Wirkfaktoren im Zusammenhang mit belastenden Lebensumständen auf die psychische Gesundheit von Kindern und Jugendlichen filtern lassen, untersuchte die *Kauai-Studie* von Werner (1992). Daten von 698 Kindern der Insel Kauai von einheimischen und eingewanderten Familien aus zumeist sozioökonomisch benachteiligten Verhältnissen wurden von der pränatalen Phase bis ins Erwachsenenalter erfasst. Ein Aspekt der Forschungsergebnisse scheint im schulischen Kontext besonders relevant, denn

> „alle resilienten Kinder [...] konnten auf mehrere Lehrer in der Grundschule oder höheren Schule hinweisen, die sich für sie interessierten und sie herausforderten. Diese Kinder gehen gern zur Schule und machen sie in vielen Fällen zur zweiten Heimat" (Werner 2020, 15).

Lösel und Bender (1999) untersuchten die Entwicklung von Resilienz unter Bedingungen besonders hoher Risikofaktorenbelastung. Dabei wurden Biographien von stationär untergebrachten Jugendlichen, die „aus belasteten und unterprivilegierten Multiproblem-Milieus mit unvollständigen Familien, Armut, Erziehungsdefiziten, Gewalt und elterlichen Suchtproblemen entstammen" näher beleuchtet (Lenz/Kuhn 2011, 278). Die resilienten Jugendlichen zeigten ein flexibleres und weniger impulsives Temperament. Sie hatten eine realistischere Zukunftsperspektive und waren in ihrem Bewältigungsverhalten aktiver und weniger vermeidend. Sie vertrauten mehr auf eigene Kräfte und waren daher leistungsmotivierter in der Schule. Sie hatten häufiger eine *feste Bezugsperson* außerhalb der hochbelasteten Familie (Lenz/Kuhn 2011). Aufgrund der Annahme, dass grundlegende, jedoch konsistent beeinflussende Schutzfaktoren bestehen, kann eine pädagogische Förderung von Resilienzaspekten als nützlich angesehen werden. Im Rahmen schulischer Maßnahmen besteht eine Vielzahl an Ansätzen und Programmen, z.B. der Setting-Ansatz nach Theis-Scholz, der aufgrund der begrenzten Einflussmöglichkeit von Schule auf externe Lebenskontexte eine Stärkung personaler Ressourcen fokussiert (Theis-Scholz 2007, 265). Hierzu zählen das Erleben von Alltagsroutinen, Kontakt zu Gleichaltrigen, die Wahrnehmung der Probleme, die Lehrkraft als positives Gegenmodell zu den Eltern und die Chance, sich durch Leistung zu profilieren.

Vulnerabilität wird pädagogisch als eine „konstitutionelle Versehrbarkeit" (Brumlik 2000, 207) verstanden. Sie ist eine „grundlegende Dimension und Folge der leiblichen und psychischen Bedürftigkeit, wie sie mit den spezifischen Bedingungen des menschlichen Auf-die-Welt-Kommens und Heranwachsens verbunden ist" (Andresen 2015, 25). Durch diese fundamentale Angewiesenheit entsteht ein Verletzungsrisiko des Kindes, welches durch alle sozialen Akteure bedingt ist. Der Verletzbarkeit ist die *Vulneranz* zuzuordnen, womit die Fähigkeit bzw. Bereitschaft gemeint ist, andere zu verletzen. Die menschliche Verwundbarkeit stellt eine Angriffsfläche dar und ist daher mit der Möglichkeit des Machtmissbrauchs verbunden. Damit entsteht die begründete Notwendigkeit, sich selbst vor den Verletzungen durch andere schützen zu wollen. Kinder und Jugendliche sind durch ihre psychische und physische Bedürftigkeit deutlich verletzbarer als Erwachsene. Die Angst davor, verwundet zu werden, übt eine starke Macht aus, und durch die eigene Verwundbarkeit wird der Ruf nach Sicherheit lauter.

> „Eine pädagogische Konzentration auf die Handlungsfähigkeit von Kindern und Jugendlichen und eine zudem möglicherweise zu einseitige Fokussierung auf die Leistungen der Resilienzforschung lässt bei aller Nachvollziehbarkeit jene Kinder und Jugendliche außer Acht, deren Ohnmachtserfahrungen und -erleben so stark sind, dass ihre Handlungsfähigkeit in persönlichen und schulischen Zusammenhängen völlig zum Erliegen gekommen ist" (Müller 2019, 292).

Kinder und Jugendliche im Gegenstandsbereich der Pädagogik bei Verhaltensstörungen haben oft Verletzungen unterschiedlichster Art erfahren (Gewalt, Missbrauch, Vernachlässigung, psychische Misshandlung etc.), was in logischer Konsequenz Einfluss auf ihre Handlungsfähigkeit im sozialen Raum hat. Das von Stärken ausgehende Resilienzkonzept kommt bei diesen Kindern und Jugendlichen möglicherweise an seine Grenzen, denn „in der Überbetonung der kindlichen Handlungsfähigkeit, Selbstwirksamkeit und Kompetenz einerseits sowie der Konstitution des Kindes in seinem Noch-nicht-Erwachsensein andererseits liegt die Gefahr des Abhandenkommens der Sensibilität gegenüber dem verletzlichen Subjekt und des Verlustes der Achtsamkeit für dieses begründet" (Heinze 2017, 49).

Das verletzte Kind agiert infolge seiner Erfahrungen möglicherweise auffallend. Bereits drohende Konflikte könnten Verhaltensauffälligkeiten auslösen und in Verletzungsspiralen führen, da verhaltensauffällige Kinder und Jugendliche zumeist ein Mehr an Begrenzungen und Kontrolle erleben, welche Erwachsene mittels ihrer Machtposition, nicht immer angemessen, durchzusetzen versuchen werden.

Vulnerantes Verhalten kann demnach als „Handlungen aus gutem Grund, nämlich dem der eigenen, massiven, nachhaltigen, nicht mehr wieder gut zu machenden Verletzungen" (Müller 2019, 293) zu begegnen, bzw. als schutzwirkende Folge angesehen wer-

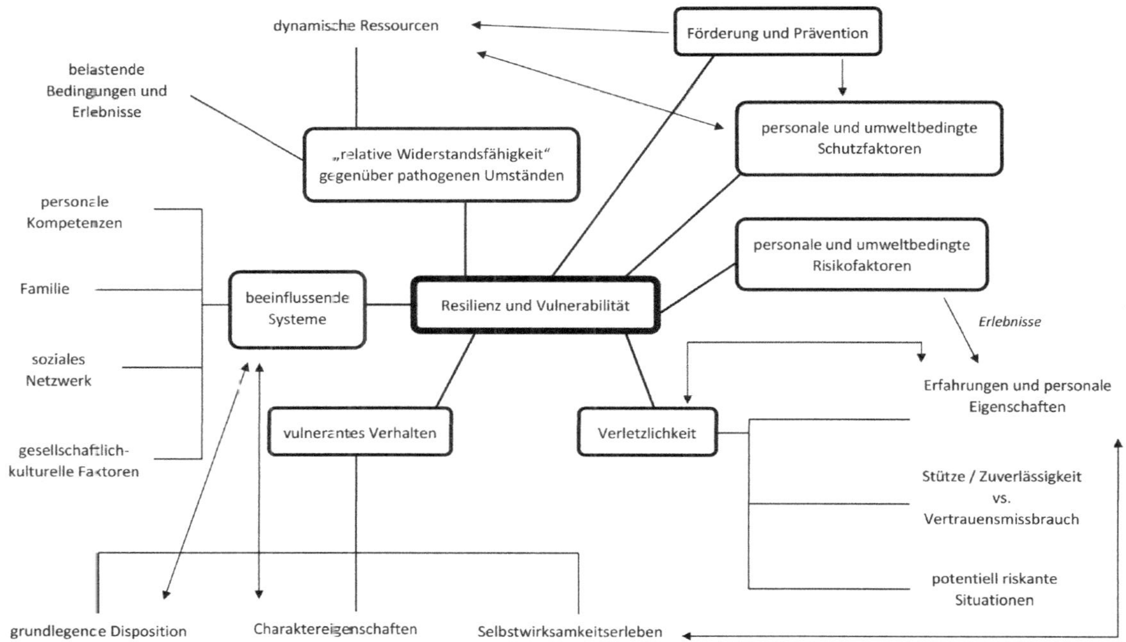

Thematische Skizze 7: Resilienz und Vulnerabilität

den – auch, wenn die damit verbundene schädliche Wirkung des Kindes, gegen sich selbst oder andere, nicht toleriert werden muss (Müller 2019). Im Sinne des Einbezugs des Kindes kann vulnerantes Verhalten also als dem Selbstschutz dienendes Verhalten angesehen werden, ohne es zu akzeptieren.

Grundlagenliteratur:

Heinze, C. (2017): Verletzlichkeit und Teilhabe. In: Miethe, I. (Hrsg.): Bildung und Teilhabe. Springer, Wiesbaden, S. 47–63

3.3.2 Psychosoziale Belastungen und soziale Benachteiligung

Die sozio-ökonomischen und sozio-kulturellen Bedingungen, in die Kinder hineingeboren werden, können mit verantwortlich dafür sein, welchen Belastungen sie ausgesetzt sind und wie diese zur Entstehung von Verhaltensauffälligkeiten beitragen (s. thematische Skizze 8). Dabei gibt es keine Kausalitäten und die unter 3.3.1 getroffenen Aussagen zu Resilienz legen dies auch nahe. Dennoch weisen Laucht/Esser/Schmidt (2000) nach, dass ein hoher Anteil sozial und emotional belasteter Kinder und Jugendlicher in sozial benachteiligten Verhältnissen bzw. Armut lebt. Und auch die Ergebnisse der KiGGS-Studie (Hoffmann et al. 2018; Klipker et al. 2018) lassen die Aussage zu, dass Kinder und Jugendliche in Familien mit niedrigem sozialen Status besonders stark von Entwicklungs- und (psychischen) Gesundheitsgefährdungen betroffen sind. Dies zieht nach sich, dass die Betroffenen nicht nur materiellen Mangel, sondern vor allem sozialen Mangel erleiden und damit weniger Anerkennung und Selbstwirksamkeit erfahren als vielmehr Isolation und Beschämung. Derartige Erfahrungen bestätigen sich bisweilen in schulischen und nachschulischen Biographien. Fehlen *soziale Einbindung, personale Anerkennung* und *schulischer Erfolg*, so führt dies schnell zu Bewältigungsversuchen, die sich gegen andere oder aber die eigene Person richten (Göppel 2002). Angesichts steigender Kinderarmut kommen in Deutschland mehr Kinder in Familien zur Welt, in denen Bildung kaum eine Rolle spielt oder nie einen Platz finden konnte, aber gleichzeitig auch die Fähigkeiten wie Fertigkeiten zu einer selbst verantworteten Lebensführung zunehmend verloren gegangen sind.

> „Nicht Kinder machen arm, sondern Armut gebiert Kinder. Sie beginnt mit dem Fehlen materieller und kultureller Ressourcen, übersetzt sich in Frustration und Verlust an Bindungsfähigkeit […] und damit schließt sich der Teufelskreis der Armut und Chancenlosigkeit für Kinder" (Nolte 2006, 149).

Und mit dieser „Übersetzung" beginnt der Weg von äußerer zu *„innerer Armut*" (Müller 2008). Den vulnerablen Familienstrukturen in sozial bedrängenden Lebenslagen fehlt es nicht nur an gesellschaftlichen Gelegenheiten zur Teilhabe, sondern zudem an sozialen wie emotionalen Kompetenzen, um das eigene Leben zu gestalten. Nolte geht sogar so weit zu behaupten:

> „Die postmoderne Glorifizierung der Patchworkfamilie ist ein akademisch-intellektueller Lebensentwurf, der in anderen sozialen Schichten vermehrt in Erziehungskatastrophen, in Vernachlässigung, Verwahrlosung, im Extremfall in Gewalt mündet. […] Es gibt einen engen Zusammenhang zwischen Armut und Einsamkeit" (Nolte 2006, 99).

Und auch Ricking konstatiert:

> „Die zunehmende Zahl der betroffenen Kinder ist durch die unzureichende Qualität kindlicher Lebenswelten in ihrem Werden gehemmt, häufig gerahmt von erzieherischer Insuffizienz und sozialer Anomie […]. Erziehung an den Grenzen ist vielfach Erziehung im Rahmen entwicklungsfeindlicher Lebens- und Lernbedingungen" (Ricking 2018, 211)

Die Verhaltens- und Erlebensweisen dieser Kinder und Jugendlichen verweisen also stark auf die eigenen lebensgeschichtlichen Erfahrungen. Herz/Zimmermann (2018, 150f.) fokussieren dabei insbesondere auf „1. gestörte familiäre Interaktionsmodi, 2. Gewalt und sexualisierte Gewalt und 3. Trennungen und Verluste" (Herz/Zimmermann 2018, 156f.). Unter Bezug auf die Erkenntnisse der *Bindungstheorie* (Kap. 4.2.3) zeigen sie die existentielle Angewiesenheit auf feinfühlige, Sicherheit stiftende und zur Exploration ermutigende Beziehungen. Aber „die psychische Energie emotional beeinträchtigter Männer und Frauen reicht vielfach nicht aus, um in diesen wichtigen Dialog mit den Kindern einzutreten. Im Gegenteil: Zusätzlich zu ihren eigenen Emotionen müssen

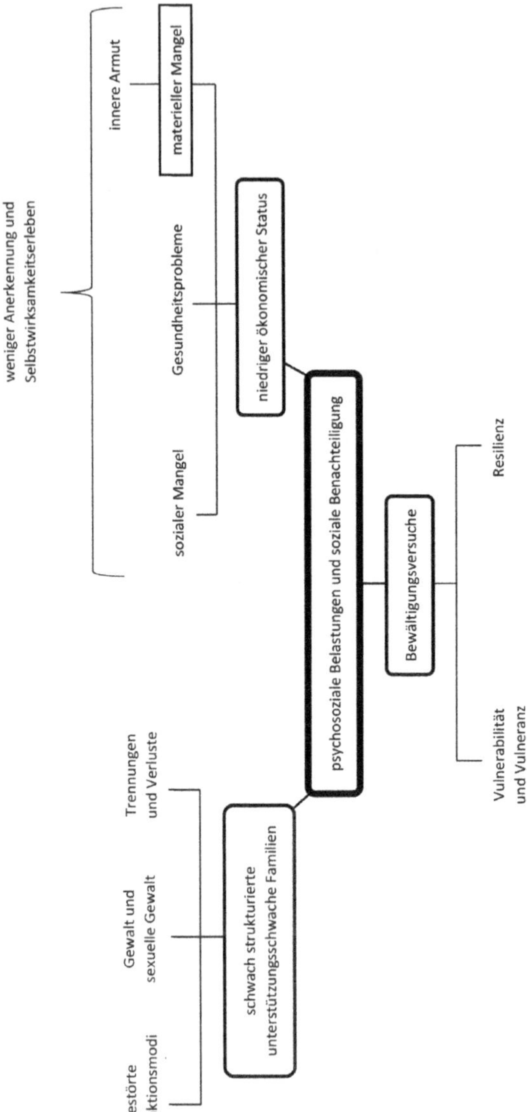

Thematische Skizze 8: Psychosoziale Belastungen und soziale Benachteiligung

die Kinder dann die Hilflosigkeit der Eltern ertragen“ (Herz/Zimmermann 2018, 157). Für die Betroffenen gilt daher für ihr Aufwachsen (Müller 2008, 35 ff.), dass sie kaum oder keine Veränderungen mehr ermöglichen können, sondern sich äußeren wie inneren Zuständen ausgeliefert sehen, was emotional bisweilen zu pauschalen Deutungen von Gut und Böse oder zur Verherrlichung bzw. Verdammung von Bezugspersonen führt, nicht aber zu emotionaler Flexibilität und einer ausgeprägten Ambiguitätstoleranz. Vielstimmige Interpretationen der eigenen Lebensgegebenheiten sind ihnen nicht (mehr) möglich und so richten sie sich identitär früh und notgedrungen in dem ein, was sie wahrnehmen: Ohnmacht, Isolation, Ausgeliefertsein und Chancenlosigkeit. Jeder pädagogische Versuch, Ressourcen zu erkunden, kleine gelingende Erfahrungen anzuerkennen und Leistungen zu loben, führt in autoreaktive Abwehr und feindselige Aggression – oft zum Erstaunen und zur emotionalen Enttäuschung der pädagogischen Fachkräfte. Dies jedoch können die Folgen eines Aufwachsens sein, in dem es einerseits oft an verlässlicher Zuwendung und emotionaler Wärme fehlt und in dem Kinder und Jugendliche andererseits massivem Stress durch das Erleben von sozialer Ungleichheit und Armut ausgesetzt sind. Ihre Verhaltens- und Erlebensweisen können als eine Reaktion auf beides verstanden werden.

Fragen zum Verständnis:

Wie ist der Resilienzbegriff entstanden und was genau bezeichnet er?
Wie unterscheiden sich Vulnerabilität und Vulneranz voneinander?
Welche lebensgeschichtlichen Ereignisse sind besonders in den Blick zu nehmen, wenn es um verhaltensauffällige Kinder und Jugendliche geht?

Fragen zum erweiterten Verständnis und zur Vertiefung:

Weshalb ist Resilienz eine kritisch zu betrachtende Zielkategorie?
Inwieweit lässt sich vulnerantes Verhalten von Kindern und Jugendlichen als Ausdruck ihrer eigenen Vulnerabilität verstehen und akzeptieren?
Armut und soziale Benachteiligung erzeugen Stress. Was bedeutet dies für das Entstehen von auffälligem Verhalten?

Antworthorizonte als Online-Material verfügbar.

Grundlagenliteratur:

Göppel, R. (2002): „Wenn ich hasse, habe ich keine Angst mehr ...". Psychoanalytisch-pädagogische Beiträge zum Verständnis problematischer Entwicklungsverläufe und schwieriger Erziehungssituationen. Auer, Donauwörth

3.4 Klassifikationen und Epidemiologie

3.4.1 Klassifikationen

In der Wissenschaft sind Klassifikationen Versuche, *allgemeingültige Ordnungen* vorzunehmen und bestimmte Objekte aufgrund ihrer Eigenschaften zu bündeln bzw. gegeneinander abzugrenzen. Allerdings erweisen sich trennscharfe Klassifikationen oft als schwierig, so auch in der Pädagogik bei Verhaltensstörung (s. thematische Skizze 9). Diese hat es mit einzigartigen, sich entwickelnden Kindern und Jugendlichen zu tun, deren Verhalten und Erleben in unterschiedlichen Situationen stark voneinander abweicht und unterschiedlich motiviert sein kann. Zudem fallen eine Vielzahl von Phänomenen (z.B. Aggressivität, Aufmerksamkeits- und Angststörungen, dissoziale Verhaltensweisen, Essproblematiken, Substanzmissbrauch, Devianz, Suizidalität u.v.a.m.) in den Gegenstandsbereich der Pädagogik bei Verhaltensstörungen, sodass Anfang und Ende einer Klassifikation nicht ohne Weiteres zu bestimmen ist. *Klassifikationen* werden bisweilen von *Einteilungen* unterschieden, wobei erstere als geschlossener und damit trennschärfer und zweitere als offener und damit ungenauer angesehen werden. Von daher ist in der Pädagogik bei Verhaltensstörungen eher der Versuch einer Klassifikation zielführend als der einer Einteilung (Reiser 1999, 145).

Seitz (1982, 11 f.) unterscheidet die deskriptive, die explanatorische, die funktionsbezogene und die interventionsbezogene Einteilung voneinander.

- Mit einer **deskriptiven Einteilung** wird äußerlich beobachtbares Verhalten beschrieben und auf dieser Basis nach Erscheinungsformen eingeteilt. Havers (1978) unterteilt dies in die „theoretisch-phänomenologische“ und die „empirisch-phänomenologische Klassifikation“. Damit ist ein Weg der Klassenbildung von zwei Seiten her beschrieben: zum einen können aus theoretischen Vorüberlegungen Klassen entworfen werden, die sich dann in der Realität finden und beobachten lassen oder auch nicht. Zum anderen lässt sich durch Befragungen und systematische Beobachtungen eruieren, welche Verhaltensweisen bei welchen Kindern und Jugendlichen unter bestimmten Bedingungen immer wieder auftreten und so eine Klassifikation vornehmen. In jedem Fall jedoch bleibt das innere Erleben der Betroffenen unberücksichtigt. Die inneren Notwendigkeiten eines Kindes oder Jugendlichen, die dazu führen, sich auffällig zu verhalten, können sich jedoch wesentlich von den Gründen und Motiven eines anderen Kindes oder Jugendlichen unterscheiden, auch wenn beide nach außen hin das gleiche Verhalten zeigen.

- Anhand der **explanatorischen Einteilung** versucht man, Verhaltensweisen auf gemeinsame Ursachen, wie beispielsweise genetische Ursachen, Erziehungsstil, Milieu u.a., zurückzuführen. Dies vernachlässigt jedoch, dass es oft eine komplexe Gemengelage von Faktoren ist, die dazu führt, dass sich ein Kind oder Jugendlicher auffällig verhält. Umgekehrt: lassen sich Ursachen ausmachen, dann bietet sich damit auch ein Ansatzpunkt, die bestehende Situation ggf. zu verändern.
- Die **funktionsbezogene Einteilung** nähert sich vom Motiv des Kindes oder Jugendlichen. Nicht, warum sich jemand ursächlich so und nicht anders verhält, ist von Interesse, sondern wozu. Ähnlich wie bei einer explanatorischen Einteilung bestehen aber oft zahlreiche, bisweilen konkurrierende Gründe, oder aber die Motive lassen sich nicht ermitteln bzw. sind dem Kind oder Jugendlichen selbst nicht bewusst. Lässt sich die Wozu-Frage jedoch klären, bietet sich damit auch eine pädagogische Möglichkeit, nicht nur auf ein gezeigtes Verhalten zu reagieren, sondern am inneren Erleben anzusetzen und nachhaltige Entwicklungen anzustoßen.
- Bei der **interventionsbezogenen Einteilung** handelt es sich um den Versuch einer Einteilung nach bestimmten Handlungs- und Förderansätzen, was aber eher eine theoretische Möglichkeit darstellt.

Für die Pädagogik bei Verhaltensstörungen sind mehrere Klassifikationssysteme von Bedeutung. Das Modell nach Peterson/Quay/Tiffany (1961) weist eine empirisch-deskriptive Ausrichtung auf und nimmt eine Einteilung in vier Gruppen vor:

- Zum einen in „unsozialisiert-psychopathisch", also Verhaltensstörungen aggressiver Art, die sich externalisierend zeigen.
- Zum zweiten ist die Rede von Verhaltensstörungen gehemmter Art, sprich internalisierende, ängstlich gehemmte Verhaltensweisen, bei denen sich eine Tendenz zu erhöhter Ängstlichkeit und zu sozialem Rückzug ausmachen lässt.
- Die dritte Gruppe bezeichnet fehlende Reife und zielt damit auf nicht altersgemäße Verhaltensweisen.
- Und schließlich gibt es Verhaltensstörungen delinquenter Art. Hier geht es um Kinder und Jugendliche, die sich in Subgruppen zusammenfinden und aufwachsen und/oder sozial delinquent sind.

Dieses Konzept ermöglicht es, auffällige Verhaltensweisen zu ordnen, und liefert gleichzeitig erste erklärende Komponenten, ohne jedoch funktionale Aussagen treffen zu können.

Relevant sind auch die *psychiatrischen Klassifikationen* der ICD-10 (International Classification of Diseases der WHO zur Klassifizierung psychischer Störungen) und des DSM-5 (Diagnostical and Statistical Manual). Sie wurden unabhängig voneinander entwickelt, reagieren aber in ihren Überarbeitungen aufeinander und finden ihren Einsatz hauptsächlich in der Kinder- und Jugendpsychiatrie. Beide Systeme sind multiaxial aufgebaut, wobei die ICD-10 in die Verschlüsselung des klinisch-psychiatrischen Syndroms, die Erfassung von umschriebenen Entwicklungsstörungen, die Erfassung des Intelligenzniveaus, die körperliche Symptomatik, die aktuellen abnormen psychosozialen Umstände sowie in eine Globalbeurteilung der psychosozialen Anpassung einteilt. Alle Achsen sind in weitere Untergruppen gegliedert, um eine möglichst genaue Einordnung vornehmen zu können. Insgesamt hat die ICD-10 eine deskriptive Ausrichtung, um einen möglichen Theorienstreit wie er als Ergebnis einer explanatorischen Ausrichtung denkbar wäre, zu vermeiden. Ziel ist vielmehr ein theorienneutrales System. Das DSM-5 (Diagnostical and Statistical Manual) ist im Vergleich zur ICD-10 ein spezifisch psychiatrisches Diagnosesystem. Seine Achsen erfassen klinische Störungen sowie andere klinisch relevante Probleme, psychosoziale oder umgebungsbedingte Probleme sowie eine globale Beurteilung des Funktionsniveaus. Der Fokus liegt insgesamt stärker auf Symptomlisten, welche zur Herleitung von Diagnosen dienen sollen. Kritisch zu bedenken ist, dass zum einen nur eine „sprachliche Annäherung an Symptome erfolgen kann, da es sich um ‚modellhaft' beschriebene Erscheinungen von Verhalten, insbesondere in sozialen Kontexten, handelt, die der Beurteiler jeweils mit den konkret vorliegenden, auch wiederum von ihm wahrzunehmenden Erscheinungen vergleichen muss" (Stein/Müller 2014, 234). Zum anderen muss gewährleistet bleiben, dass neben personenbezogenen auch situative Aspekte wie etwa psychosoziale Belastungen (Kap. 3.3.2) berücksichtigt werden, um nicht auf Kinder und Jugendliche alleine zu fokussieren und sie damit, gewollt oder ungewollt, zu den alleine Problemverantwortlichen zu erklären.

Die *ICF* (International Classification of Functioning, Disability and Health) der WHO ist ein weiteres Instrument, mit dem eine Unterscheidung nach medizinischen, psychologischen und soziologischen Problemen vorgenommen werden kann. Es handelt sich um einen funktionsbezogenen Ansatz, welcher drei Teilbereiche unterscheidet (DIMDI 2004). Zum einen geht es um Schädigungen im Sinne von Abweichungen von allgemein anerkannten Standards bezüglich des biomedizinischen Zustands des Körpers und seiner Funktionen. Zum zweiten wird auf die Funktionsfähigkeit aus individueller Perspektive geachtet, sprich: wie gut die Durchführung spezifischer Handlungen gelingt. Zum dritten geht es um die Funktionsfähigkeit aus gesellschaftlicher Perspektive – also um Aspekte einer gelingenden Sozialisation.

So nachvollziehbar das Anliegen ist, in einer schwierigen Situation mit einem Kind oder Jugendlichen wissen zu wollen, woran man ist und „dem Kind einen Namen zu geben", so fraglich ist es, ob ein Klassifikationssystem notwendig und wünschenswert ist, gerade dann, wenn man Kinder und Jugendliche als einzigartige Individuen ansehen und sie entsprechend begleiten möchte.

3.4.2 Epidemiologie

Zur *Verbreitung* von Verhaltensauffälligkeiten eine Aussage treffen zu können, ist schier unmöglich. Solche Aussagen sind immer abhängig von den Sichtweisen und Zugängen zu den Phänomenen Verhaltensauffälligkeiten und -störungen. *Metaanalysen*, wie beispielsweise von Ihle/Esser (2002; 2008), aber auch die KiGGS-Studie (Hölling et al. 2008; Klipker et al. 2018) zeigen, dass sich die Zahl psychisch erkrankter Kinder und Jugendlicher in den vergangenen Jahren nicht wesentlich verändert hat: knapp 20 % sind betroffen. Nur etwa 10 % „nehmen" diese Erkrankung „mit" ins Erwachsenenleben. Auffällig dabei ist: nicht ADHS, aggressive Verhaltensweisen oder Gewaltbereitschaft führen die Liste der Erkrankungen an, sondern Angststörungen. Diese äußern sich jedoch nicht immer in Form ängstlichen oder schüchternen Verhaltens, sondern werden auch externalisierend zu bewältigen versucht.

Klipker et al. (2018) machen deutlich, dass Jungen eine signifikant höhere Prävalenz aufweisen als Mädchen. Je mehr die Kinder jedoch ins Jugendlichenalter kommen, umso mehr gleichen sich die Werte an. Familien mit niedrigem sozio-ökonomischen Status sind signifikant häufiger von psychischen Erkrankungen betroffen als bessergestellte. So wird jedes dritte bis vierte bzw. nur jedes 15. Mädchen auffällig. Insgesamt lässt sich ein Rückgang psychischer Störungen im Vergleich zu Welle 1 (KiGGS-Studie) attestieren, insbesondere für die Jungen. Danach wird „nur" noch jeder sechste und nicht mehr jeder vierte Junge auffällig. Doch nicht jede psychische Erkrankung äußert sich auch in auffälligen Verhaltensweisen; ebenso wie nicht jede Verhaltensauffälligkeit unmittelbar mit einer psychiatrischen Diagnose in Beziehung gebracht werden kann.

Die Statistiken der Kultusministerkonferenz zur Beschulung von Kindern mit emotional-sozialem Förderbedarf in allgemeinbildenden Schulen verdeutlichen, dass sich ihr Anteil in den vergangenen zehn Jahren verdreifacht (KMK 2019a) hat. Dies scheint auf den ersten Blick in direktem Widerspruch zu den genannten Metaanalysen zu stehen. Auch die Zahl der Kinder und Jugendlichen, die eine Schule mit dem Förderschwerpunkt emotional-soziale Entwicklung besuchen, hat sich im gleichen Zeitraum fast verdoppelt (KMK 2019b) – und das, obwohl etliche Bundesländer gerade diese Schulen im Zuge der Realisierung eines inklusiven Schulsystems abgeschafft oder ihre Zahl deutlich reduziert haben.

Es mögen verschiedene Aspekte sein, die dazu führen, dass einerseits die Zahl der Kinder, die psychisch erkranken, nicht ansteigt und andererseits die Zahl der Kinder, die als auffällig gelten und denen man einen emotional-sozialen Förderbedarf attestiert, in die Höhe schießt. Sicherlich tragen gesamtgesellschaftliche und bildungspolitische Entwicklungen erheblich dazu bei. Für die Pädagogik bei Verhaltensstörungen gilt, dass mit den Zahlen über psychische Erkrankungen von Kindern und Jugendlichen bei weitem nicht der gesamte Gegenstandsbereich beschrieben ist. Sie ist auch zuständig für Kinder und Jugendliche, deren Erziehung unter erschwerten Bedingungen abläuft (Kap. 5.2), sowie für Kinder und Jugendliche, die durch ihr Verhalten und Erleben den Unterrichtsablauf stören. Nicht jede psychische Störung führt zu *Erziehungsschwierigkeiten* oder *Unterrichtsstörungen*, ebenso wenig, wie sich Erziehungsschwierigkeiten und Unterrichtsstörungen automatisch kausal bedingen. Hinzu kommt, dass das, was Erziehung unter erschwerten Bedingungen genannt bzw. als Unterrichtsstörung empfunden wird, erheblich von den Beurteilenden abhängt.

Einen Hinweis auf die Verbreitung von Verhaltensauffälligkeiten könnte auch der Blick auf die gewährten *Hilfen zur Erziehung* liefern. 2018 gab es erstmals mehr als eine Million erzieherische Hilfen für Kinder und Jugendliche, und auch die Anzahl der Kindeswohlgefährdungen steigt seit Jahren beständig an (Stat. Bundesamt 2019). Dies liefert deutliche Hinweise auf gestiegene Verhaltensauffälligkeiten und Förderbedarfe im Bereich der emotional-sozialen Entwicklung. Gleichzeitig gilt auch hier, dass nicht jede gewährte Hilfe zur Erziehung und nicht jede vorliegende Kindeswohlgefährdung auf einer Verhaltensauffälligkeit oder einer Erziehungsschwierigkeit basiert.

Fragen zum Verständnis:

Welche Formen der Einteilung von Verhaltensstörungen lassen sich unterscheiden?

Welche Absicht verfolgt die ICF in Bezug auf Klassifikationen?

Weshalb sind große Studien zur Verbreitung psychischer Erkrankungen für die Pädagogik bei Verhaltensstörungen nur bedingt aussagekräftig?

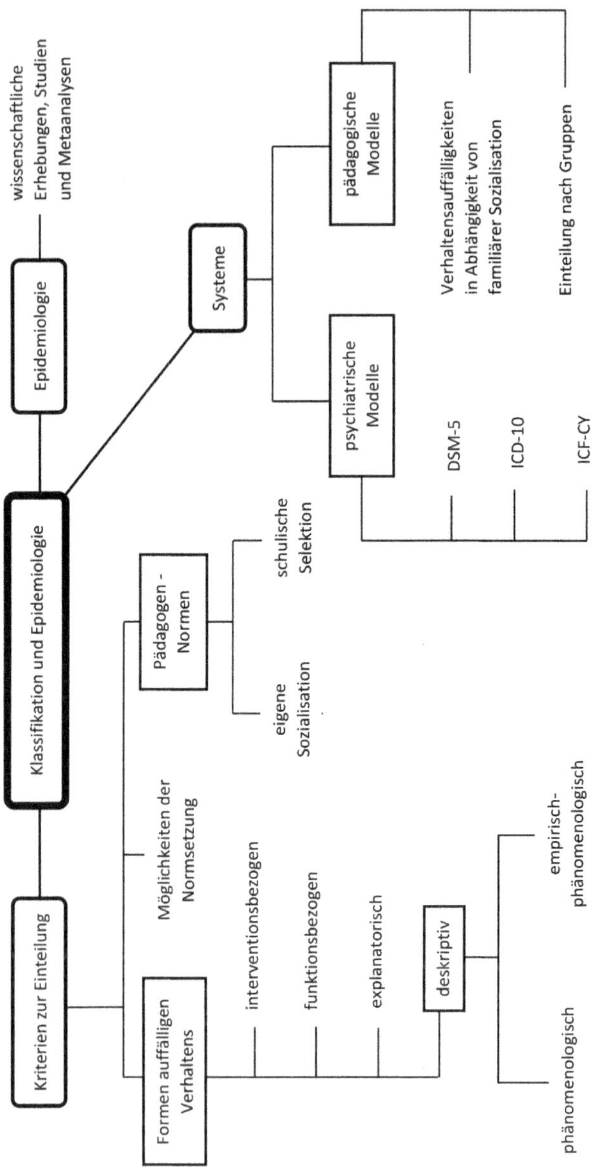

Thematische Skizze 9: Klassifikation und Epidemiologie

Fragen zum erweiterten Verständnis und zur Vertiefung:

Welche Vor- und Nachteile bringen Klassifikationssysteme aus pädagogischer Sicht mit sich?
Woran könnte es liegen, dass die Zahlen zur psychischen Erkrankung von Kindern und Jugendlichen über die Jahrzehnte im Wesentlichen gleich geblieben sind, der emotional-soziale Förderbedarf aber stark angestiegen ist?

Antworthorizonte als Online-Material verfügbar.

Grundlagenliteratur:

DIMDI (2014): Internationale statistische Klassifikation der Krankheiten und verwandter Gesundheitsprobleme.
In: https://www.dimdi.de/static/de/klassifikationen/icd/icd-10-gm/kodesuche/htmlgm2014/

4 Verhalten erklären – Erleben verstehen

Sowohl in der Psychologie als auch in der Soziologie bestehen zahlreiche Theorien, Ansätze und Überlegungen, um Verhaltensstörungen und auffälliges Verhalten zu erklären und verstehbar zu machen. Eine Unterscheidung nach Erklären und Verstehen ist der Versuch, verschiedene Qualitäten im Zugang zu auffälligem Verhalten und Verhaltensstörungen zu verdeutlichen, auch wenn sich dies nicht gänzlich trennscharf realisieren lässt.

Aus ihrer wissenschaftlichen Tradition heraus widmet sich die Psychologie zumeist dem Individuum als solchem, und versucht aufzudecken, weshalb oder wozu sich jemand auffällig verhält, während die Soziologie Verhaltensstörungen eher als „Ergebnis" gesellschaftlicher Entwicklungen und Bedingungen in den Blick nimmt. Allerdings lassen sich soziologische Erkenntnisse nicht individualistisch umdeuten. Psychologische Ansätze können daher hilfreich sein, um individuelles auffälliges Verhalten zu erklären oder zu verstehen; darüber hinaus, bezogen auf einen gesamtgesellschaftlichen Kontext, können aber nur wenige Aussagen getroffen werden.

Eine Möglichkeit, vorhandene Erklärungsansätze zu ordnen, kann am Herkommen der Disziplin Pädagogik bei Verhaltensstörungen festgemacht werden: diese ist, grob gesagt, zum einen von **psychoanalytischen** und zum anderen von **lernpsychologischen Strömungen** geprägt (s. thematische Skizze 10). Einer der wesentlichen Beiträge der Psychoanalyse und der gleichnamigen Pädagogik ist das stete Bemühen, um das Verstehen des (inneren) Erlebens eines Menschen. Eine wichtige Annahme lautet: jedes Verhalten gehorcht inneren Notwendigkeiten, es kennt gute Gründe bzw. ist subjektiv sinnvoll. Werden Verhaltensstörungen über das Verstehen des Erlebens von Kindern und Jugendlichen erklärt, entgeht man der Gefahr, vorschnell auf das rein beobachtbare, nur äußerlich sichtbare Verhalten zu reagieren, aber nichts grundlegend zu verändern. Allerdings kann es kaum endgültige Gewissheiten über das innere Erleben und das mit ihm im Zusammenhang stehende Verhalten geben, sodass umgekehrt Probleme vorschnellen Verstehens in Form von Deutungen, Projektionen oder Fehlinterpretationen entstehen können. Daher sind lernpsychologische Zugänge, die das Verhalten von Menschen genau beobachten, messen und darüber zu erklären versuchen wichtig, um dieser Gefahr zu entgehen. Gleichzeitig ist aber auch eine auf das beobachtbare Verhalten gerichtete Erklärungsperspektive nicht frei von Fehlern und läuft ihrerseits Gefahr, an der Oberfläche zu verhaften: eben auf Verhalten nur vordergründig zu reagieren und die Beweggründe der Betroffenen außer Acht zu lassen, und somit in der pädagogischen Arbeit am Kern bestehender Schwierigkeiten und Nöte vorbeizulaufen.

Für die Pädagogik bei Verhaltensstörungen kann es daher nur richtig sein, sich nicht ideologisierend auf die eine oder die andere Seite zu stellen, sondern auffälliges Verhalten und Verhaltensstörungen stets **multiperspektivisch** zu betrachten, wozu das von Seitz (1992) entworfene Modell, welches sich um ein mögliches Zusammenspiel und die Verschränkungen verschiedener Perspektiven müht, einen Beitrag leistet.

4.1 Psychologische Erklärungsansätze

4.1.1 Lernpsychologische Perspektive

Die Wurzeln der lernpsychologischen Perspektive liegen im radikalen **Behaviorismus**, dessen Fokus auf der Beobachtung und Beschreibung von menschlichem Verhalten anhand von Reiz- und Reaktionszusammenhängen liegt. Jegliche inneren bzw. kognitiven Prozesse, die im Menschen ablaufen, werden dabei ausgeklammert, weshalb der Mensch als eine Art „Black Box“ angesehen wird. Die Lernpsychologie öffnet sich allerdings hin zur **kognitiven Perspektive**, woraus resultiert, dass Prozesse der Informationsverarbeitung zunehmend miteinbezogen werden (Stein 2019, 94 f.).

Ein Grundgedanke ist, dass jedes Verhalten erlernt und somit auch wieder verlernt, also verändert werden kann. Durch eine Umstrukturierung von situativen Rahmenbedingungen kann das Verhalten gezielt hervorgerufen und in seiner Auftretenswahrscheinlichkeit vermehrt oder reduziert werden (Hartke/Vrban 2015, 23). Verhaltensauffälligkeiten werden damit als problematisch erlernte Verhaltensgewohnheiten angesehen. In diesem Rahmen können diverse Problematiken unterschieden werden: Von einem *Verhaltensdefizit* spricht man, wenn ein erwünschtes Verhalten zu selten oder zu schwach gezeigt wird. Bei einem *Verhaltensüberschuss* wird ein bestimmtes Verhalten hingegen zu oft oder zu stark ausgeführt. Eine weitere Unterscheidung gilt es zwischen einem Kompetenzdefizit und einer Kompetenzstörung zu treffen. Beim *Kompetenzdefizit* ist das Kind oder der Jugendliche nicht in der Lage, das Verhalten auszuführen, da die dafür notwendigen Kompetenzen nicht vorhanden sind. In diesem Fall muss die Förderung am Aufbau des kompetenten Verhaltens ansetzen. Liegt eine *Kompetenzstörung* vor, beherrscht die Person die Verhaltensweise durchaus, wird aber aus diversen Gründen daran gehindert (z. B. aus Angst). Maßnahmen beziehen sich in diesem Fall auf die Erhellung der dahinterstehenden Problematik (Stein 2019, 90).

Als zentrale Lernformen gelten das klassische und das operante Konditionieren sowie das Modelllernen. Das **klassische Konditionieren** wird auch als „Assoziationslernen" beschrieben, in dessen Verlauf eine Verknüpfung zwischen einem natürlichen Reiz und der darauffolgenden Reaktion verinnerlicht wird. Die Voraussetzung für eine erfolgreiche Konditionierung stellt dabei die räumliche und zeitliche Nähe zwischen dem zunächst neutralen Reiz und dem ursprünglichen, eine Reaktion auslösenden Reiz dar, was als Kontiguität bezeichnet wird. Insbesondere beim Entstehen von emotionalen Reaktionen, wie beispielsweise diversen Ängsten, Phobien oder Panikstörungen, aber auch Aggressionen spielen klassische Konditionierungsprozesse eine relevante Rolle. Im Gegensatz dazu wollten Vertreter des **operanten Konditionierens** herausfinden, wie sich Konsequenzen eines Verhaltens auf dieses selbst auswirken. Hierbei sind Erkenntnisse zum Lernen am Erfolg und zum Lernen durch Verstärkung von Bedeutung (Altenthan et al. 2012, 60). Das Lernprinzip des operanten Konditionierens basiert auf adaptivem Hedonismus, was besagt, dass ein Verhalten auf die darauffolgenden Konsequenzen abgestimmt wird. Entsprechend kann ein Verhalten durch Umweltbedingungen gezielt gesteuert werden. Das von Skinner entwickelte Prinzip des Lernens durch Verstärkung beschreibt einen „Prozess, in dessen Verlauf Verhaltensweisen aufgrund ihrer Konsequenzen vermehrt gezeigt werden" (Altenthan et al. 2012, 63). Diesbezüglich können zwei Formen unterschieden werden: Bei einer *positiven Verstärkung* wird ein Verhalten häufiger gezeigt, weil dadurch eine angenehme Konsequenz herbeigeführt oder aufrechterhalten wird. Tritt ein Verhalten vermehrt auf, weil dadurch ein unangenehmer Zustand beseitigt bzw. unterbrochen wird, spricht man von einer negativen Verstärkung. Ein zentrales Postulat ist es, jeden Schritt, der in die Richtung eines erwünschten Verhaltens gezeigt wird, zu unterstützen. Entsprechend sollte zunächst häufig und konstant verstärkt werden, wodurch eine Verhaltensweise recht schnell aufgebaut werden kann. Allerdings ist sie kaum löschungsresistent und wird schnell verlernt, da sie in einem großen Abhängigkeitsverhältnis zur Konsequenz steht. Unterschieden wird auch zwischen Prozessen der Verstärkung und der Bestrafung, die im Erziehungsalltag gezielt und geplant eingesetzt werden können (Kap. 5.2.3). Wird die Auftretenswahrscheinlichkeit eines unerwünschten Verhaltens durch nachfolgende Konsequenzen vermindert, handelt es sich um eine Form der Bestrafung. Wird eine negative Konsequenz hinzugefügt, spricht man von einer positiven Bestrafung. Dahingegen handelt es sich um eine Bestrafung negativer Art, wenn ein angenehmer Reiz entfernt wird, um ein Verhalten abzubauen.

Besonders dem operanten Konditionieren wird in der Erziehungspraxis eine hohe Wirkmacht unterstellt. Von besonderer Relevanz ist diesbezüglich die Kontingenz, also der Zusammenhang zwischen der Verstärkung bzw. der Bestrafung und dem zuvor gezeigten Verhalten. Nur wenn dieser für das Kind oder den Jugendlichen transparent und nachvollziehbar ist, kann die Maßnahme Erfolge erzielen. Darüber hinaus sollte unerwünschtes Verhalten stets durch eine Koppelung von Verstärkung und Bestrafung abgebaut und alternative, erwünschte Verhaltensweisen aufgezeigt werden, die verstärkt werden.

Das **Beobachtungs- bzw. Modelllernen** nach Bandura (1976) hat sich aus der Kritik einer rein verhaltenstheoretischen Sichtweise entwickelt. Es werden kognitive und soziale Elemente herangezogen, um den Erwerb und die Nachahmung von Verhaltensweisen zu erklären (Urhahne/Dresel 2019, 17). Der Prozess des Lernens durch Beobachtung gliedert sich in Aufmerksamkeits-, Behaltens-, Nachbildungs- und Motivationsphase. Während die ersten beiden Phasen dem Erwerb von Verhaltensweisen dienen, beziehen sich die letzten beiden Phasen auf die Verhaltensausführung. Zu Beginn des Lernprozesses sind Faktoren der Aufmerksamkeit und des Behaltens zentral. Nur wenn ein Modellverhalten Aufmerksamkeit erhält, wird dieses auch beobachtet und kann anschließend im Gedächtnis gespeichert werden. Insbesondere Attraktivität, Macht, Erfolg oder eine wahrgenommene Ähnlichkeit zwischen Modell und Beobachter sind wesentliche Aspekte, welche die Wahrscheinlichkeit zum Beobachtungslernen deutlich erhöhen. Darüber hinaus entscheidet die Qualität der Beziehung zwischen Modell und Beobachter maßgeblich darüber, ob ein Modelllernen stattfindet oder nicht. Nachdem das Modellverhalten beobachtet und gespeichert wurde, erfolgt üblicherweise die Ausführung des Verhaltens. Allerdings ist diese nicht zwingend erforderlich, um von einem erfolgreichen Lernprozess sprechen zu können, da dazu in der Regel eine reine Beobachtung genügt. Zentral für die Verhaltensreproduktion sind zwei Aspekte: die *Effizienz-* und die *Konsequenzerwartung*. Nur wenn sich eine Person in der Lage fühlt, ein Verhalten erfolgreich auszuführen, wird sie dieses auch nachahmen. Darüber hinaus hängt die Ausübung des Verhaltens eng mit Verstärkungsprozessen zusammen. Erwartet der Beobachter, dass mit der imitierten Verhaltensweise angenehme Konsequenzen einhergehen, wird die Wahrscheinlichkeit der Nachahmung deutlich steigen. Nach dem Prinzip des Modelllernens können sowohl erwünschte und hilfreiche als auch unerwünschte und problematische Verhaltensweisen aufgebaut werden. Darüber hinaus können auch Verhaltensweisen, die bereits im Repertoire vorhanden sind, durch Beobachtungslernen abgeschwächt oder verstärkt werden. Außerdem kann ein Modellverhalten auch die Funktion eines diskriminativen Hinweisreizes für bereits gelernte Verhaltensweisen haben, z.B. in welchen spezifischen Situationen man sich mit aggressiven Verhaltensweisen durchsetzen kann und in welchen nicht (Stein 2019, 94).

Aus diesen Erkenntnissen haben sich Maßnahmen zur **Verhaltensmodifikation** entwickelt. Dabei ergibt sich für pädagogisches Handeln die Konsequenz: Jede Verhaltensweise, die erlernt wurde, kann grundsätzlich wieder ver- oder umgelernt werden. Besonders verbreitet sind *Token-Systeme* und *Response-Cost-Verfahren*. Bei einem Token handelt es sich um ein Objekt, beispielsweise einen Spielchip, welches zum Platzhalter für einen realen Verstärker wird. Tokens können im Laufe des Lernprozesses gesammelt werden, wenn das gewünschte Verhalten gezeigt wird. Ist eine gewisse

Anzahl erreicht, können sie gegen einen materiellen, sozialen oder Handlungsverstärker (z.B. attraktives Lernmaterial, gemeinsame Zeit mit der Lehrkraft, besondere Unternehmung) eingetauscht werden. Ziel dieser Programme ist der Aufbau eines vorher definierten erwünschten Verhaltens und der anschließende Transfer auf andere Kontexte, in denen das Verhalten nicht durch den Einsatz von Tokens verstärkt wird. Nachdem das erwünschte Verhalten festgelegt wurde, muss dieses möglichst genau beschrieben werden, um Nachvollziehbarkeit zu gewährleisten. Des Weiteren muss eine exakte Festlegung des gesamten Verfahrens stattfinden. Üblicherweise werden alle Vereinbarungen in einem gemeinsamen *Kontingenzvertrag* festgelegt. Um den gewünschten Transfer des Verhaltens in andere Kontexte zu erreichen, sollten möglicherweise Situationen außerhalb des institutionellen Rahmens miteinbezogen werden (Stein 2019, 253).

Bei Response-Cost-Verfahren handelt es sich um ein umgekehrtes Vorgehen, das dem Abbau von unerwünschtem Verhalten dient. Die Kinder bzw. Jugendlichen erhalten eine bestimmte Anzahl an Punkten und die unerwünschten Verhaltensweisen werden definiert. Wird ein Fehlverhalten gezeigt, wird eine vereinbarte Anzahl an Punkten abgezogen.

Dringend abzuraten ist von allen Formen an Verstärkerplänen und Token-Systemen für Kinder und Jugendliche, die stark frustriert sind und keinen Bedürfnisaufschub leisten können. Für sie sind solche, zumeist im Klassen- oder Gruppenverband öffentliche Formen der Verhaltensrückmeldung eine Zurschaustellung ihrer Probleme und führen schnell zu Leidvergrößerung statt zum Abbau unerwünschter Verhaltensweisen. Leidvoll sind solche Systeme vor allem für die Kinder und Jugendlichen, die mit Performanzproblemen zu kämpfen haben, sich z.B. an die geltenden Regeln halten wollen, es aber beim besten Willen nicht können, oder es können und wollen, sich aufgrund ihrer biographischen Erfahrung jedoch selbst verbieten (müssen). Gute Token-Systeme sind daher lange durchdacht im Hinblick darauf, für wen sie zur Anwendung kommen und auch im Hinblick auf die Belohnungen oder Strafen, die in Aussicht stehen. Diese sollten stets an der Sache orientiert sein, die durch den Einsatz eines Token-Systems erreicht werden soll, und Rücksicht nehmen auf die individuelle Frustrationstoleranz und das Selbstwertempfinden eines Kindes oder Jugendlichen.

Auch verschiedene Formen des „**Time Out**" basieren auf lernpsychologischen Annahmen und werden häufig eingesetzt. Der Einsatz dieses Verfahrens ist ursprünglich für Situationen vorgesehen, in denen sich eine Person selbst- oder fremdverletzend verhält. Lernpsychologisch wird angenommen, dass bestimmte Aspekte der Situation das Verhalten verstärken und dadurch aufrechterhalten. Entsprechend soll das Kind oder der Jugendliche möglichst schnell aus der Situation genommen und in eine völlig neutrale Umgebung gebracht werden. Dadurch erhofft man sich, dass alle potentiellen Verstärker, die das Verhalten aufrechterhalten, wegfallen und das Verhalten abgebaut wird. Damit die Herausnahme aus dem Kontext nicht verstärkend wirkt, muss besonders auf den möglichst neutralen Charakter des Raumes geachtet werden. Des Weiteren sollte das Time-Out unmittelbar erfolgen, damit das Kind oder der Jugendliche eine Verbindung zum unerwünschten Verhalten herstellen kann. Anschließend sollte eine Aufarbeitung der Situation erfolgen, in deren Rahmen alternative Verhaltensweisen eruiert werden. Insbesondere der Charakter der Maßnahme muss geklärt sein: Das Time-Out darf nicht als Bestrafungsmaßnahme angesehen werden. Hocherregte Kinder und Jugendliche, bei denen das Ausmaß des weiteren Verhaltens nicht abgeschätzt werden kann, sollten jedoch unter keinen Umständen alleine gelassen werden.

Wird das „Nicht-in-der-Klasse/Gruppe-Sein" nicht als Strafe erlebt, kann es genutzt werden, um Kindern und Jugendlichen eine Möglichkeit einzuräumen, sich selbst durch eine Veränderung der situativen Rahmenbedingungen zu regulieren. Entsprechend kann eine Auszeit von sozialen Anforderungen auch seitens der Betroffenen eingefordert werden.

Immer öfter werden **Trainingsräume** eingesetzt: In diesen, so der Anspruch, bleiben die Kinder und Jugendlichen nicht sich selbst überlassen, sondern werden durch pädagogisch Professionelle aufgefangen. Das Konzept geht auf den „Responsible Thinking Process" nach Ford (1994) zurück und wurde für Deutschland adaptiert. Verschiedene Vertreter des Konzepts erhoffen sich eine den Unterricht entlastende Wirkung. Allerdings ist die Gefahr groß, dass Trainingsräume zum Sammelbecken für schwierig erlebte Kinder und Jugendliche verkommen, in denen ihnen, wenn auch nicht intentional, die alleinige Verantwortung (Pongratz 2010) für eine entstandene Störung untergeschoben wird. Mit Blick auf ein inklusives Schulwesen ist die Existenz eines solchen Raumes fragwürdig und es erscheint problematisch, ob sich dort tatsächlich das trainieren lässt, was es gebraucht hätte, damit das Kind oder der Jugendliche nicht im Trainingsraum gelandet wäre. Die Idee des Trainings verweist darüber hinaus auf eine eher defizitäre Sicht auf das Verhalten von Kindern und Jugendlichen und blendet die Perspektive auf das innere Erleben aus. Eine umfangreiche Evaluation des Programmes (Wollenweber 2013) weist empirisch nach, dass der Trainingsraum keine signifikanten Effekte nach sich zieht. In Schulen stellt sich darüber hinaus die Frage, wie sichergestellt werden kann, dass häufig betroffene Kinder und Jugendliche nicht den Anschluss an die eigenen und gemeinsamen Lernprozesse verlieren.

Auch **Selbstinstruktion** und **kognitives Modellieren** sind Aspekte einer lernpsychologischen Perspektive. Dem „inneren Sprechen“, bei dem Gedanken das Verhalten steuern und begleiten, wird ebenfalls Bedeutung für eine Veränderung des Verhaltens beigemessen. Anweisungen, die sich ein Kind oder ein Jugendlicher selbst gibt, sind meist hilfreich und tragen zu einem selbstgesteuerten Verhalten bei. Unterschieden werden zwei Einsatzbereiche: die Unterstützung durch Selbstinstruktion kann sich sowohl auf die Bewältigung von persönlichen Problemsituationen als auch auf die Bearbeitung von komplexen Aufgaben beziehen (Stein 2019, 257). Verhaltensauffällige Kinder und Jugendliche weisen oft diverse Probleme mit der bewussten Steuerung ihres Verhaltens auf, was insbesondere in emotional aufgeladenen Situationen zu Schwierigkeiten führt. Verhaltenssteuernde Sätze, wie beispielsweise „Ich bleibe ruhig“ oder „Ich konzentriere mich“ können eine effektive Erinnerungs- bzw. Orientierungshilfe darstellen. Instruktionshilfen sollten mithilfe des „kognitiven Modellierens“ vermittelt werden, welches eine Kopplung von Selbstinstruktionsverfahren und Modelllernen darstellt. So lassen sich Selbstinstruktionen schrittweise verinnerlichen.

Auf auffälliges Verhalten sollten aus lernpsychologischer Perspektive sachlogische Konsequenzen erfolgen. Diese dürfen jedoch *keine beschämende Funktion* einnehmen, was sich bisweilen als herausfordernd erweist. Dafür ist es essentiell, zwischen der Person und dem Verhalten zu unterscheiden und dies auch zu verdeutlichen, um eine positive Beziehung aufrechtzuerhalten. Das nicht angemessene Verhalten sollte hingegen direkt benannt und alternative Handlungsweisen eingefordert und aufgezeigt werden (Hartke/Vrban 2015, 26). In der Lernpsychologie spielt die Auseinandersetzung mit dem individuellen Erleben des Kindes oder Jugendlichen eine untergeordnete Rolle. Um Verhalten verstehen und auf dieses adäquat einwirken zu können, ist eine solche Auseinandersetzung allerdings unabdingbar. Werden lernpsychologisch basierte Maßnahmen eingesetzt, ist daher darauf zu achten, die Erlebenskomponente nicht zu vernachlässigen. Lernpsychologische Programme (Kap. 8.2.3) sollten generell nicht pauschal eingesetzt werden, sondern stets in Bezug auf die individuellen Voraussetzungen der Betroffenen hinterfragt werden.

4.1.2 Perspektive der Selbst- und Handlungsregulation

In Situationen treten Menschen mit sich selbst und dieser Situation in Verbindung. Für das menschliche Erleben sind daher personale wie auch situationale Aspekte von Bedeutung. Auf personaler Seite spielt vor allem die *Selbstkontrolle* eine entscheidende Rolle und lässt sich durch vier Momente bestimmen (Seitz 1998, 121 f.):

- die Fähigkeit, ausgeglichen und gelassen reagieren zu können,
- die bewusste Wahrnehmung innerer und äußerer Prozesse,
- das Verinnerlichen sozial-moralischer Wertvorstellungen,
- das Erleben von Selbstverantwortung und Möglichkeiten der Einflussnahme auf Vorgänge.

Auf Seiten der Situation spielen Aspekte eine Rolle, welche die *Handlungskontrolle* erleichtern oder erschweren, ihren Aufforderungscharakter und ihre Komplexität betreffend. Die Handlungskontrolle ergibt sich aus der Auseinandersetzung einer Person mit ihrer Umwelt, anders als die Situationskontrolle, welche als ein überdauerndes personenbezogenes Merkmal gilt. Die Selbstregulation stellt insbesondere das individuelle Erleben in den Fokus und ist daher im Bereich der Persönlichkeitseigenschaften verortet. Es geht um persönliche Zielsetzungen und die situativen Rückmeldungen, inwiefern der Sollwert vom gegenwärtigen Istwert auf dem Weg zur Erreichung eines Ziels abweicht. Dies kann mit der Realität übereinstimmen, muss es aber, je nach Erleben, nicht. Für die Regulation von Handlungen sind zwei Dimensionen von Bedeutung: zum einen der zeitliche Ablauf und zum anderen die Bewusstheit einer Handlung. Werbik (1983) unterteilt den Ablauf einer Handlung in vier Phasen: Zu Beginn steht die Frage, ob sich eine Person zu einer Handlung aufgefordert fühlt, gefolgt von der Suche nach Handlungsmöglichkeiten sowie einem daraus resultierenden Plan. Daran schließt sich die Realisierung unter Berücksichtigung möglicher Schwierigkeiten an, was dazu führen kann, den Plan zu verändern. Währenddessen und abschließend werden Plan und Handlung analysierend bewertet. Ob eine Handlungsregulation gelingt, ist über alle Phasen hinweg abhängig vom Grad der Bewusstheit. Auch hierzu lassen sich vier Ebenen unterscheiden:

- Die **senso-motorische Ebene** dient dazu, reflexhaft auf Wahrnehmungsanteile einer Situation mit spezifischen Gefühlsqualitäten zu reagieren (z.B. Angst in Gefahrensituationen).
- Die **perzeptiv-anschauliche Ebene** gilt als strukturell gleichbleibende, an die Situation angepasste Handlung und führt zu wiederkehrenden Reaktionsmustern in bestimmten Situationen (z.B. körperliche Aggression bei Beleidigungen).
- Die **intellektuell-reflexive Ebene** beinhaltet das mehr oder weniger bewusste Durchlaufen aller Handlungsphasen. Somit können komplexe Probleme durch die Berücksichtigung der Wahrnehmung anderer Beteiligter, das Abwägen von Handlungsalternativen und möglichen Konsequenzen bewältigt werden. Aber auch abstrakte Denk-, komplexe Planungsprozesse und das Ableiten von Gesetzmäßigkeiten für bestimmte Sachverhalte fallen hierunter.
- Die **personal-ideologische Ebene** aus Wertvorstellungen und Überzeugungen schließlich bildet den querliegenden, meist unbewussten Bezugsrahmen für das Handeln, der insbesondere beim Suchprozess und der Interpretation zum Tragen kommt.

Aus dieser Konzeptionierung heraus lassen sich verschiedene Störungen der Handlungsregulation beschreiben, die im Phasenverlauf oder auf den Bewusstseinsebenen verortet werden können. Störungen können bereits im Bereich der Situationswahrnehmung auftreten und zu Problemen und Missverständnissen führen. Denkbar ist auch, dass die Handlungsregulation in der akuten Situation nicht gelingt, im Nachgang jedoch durchaus eine Analyse möglich ist. Dies ist der Fall, wenn in einer Situation hochautomatisch reagiert und die zur Verfügung stehenden Handlungsmöglichkeiten zu wenig reflektiert werden. Darüber hinaus könnte es sein, dass vorhandene moralisch-ethische Überzeugungen in einer emotional aufwühlenden Situation nicht abgerufen werden können.

Auch die Ebenen der Handlungsregulation eignen sich für die Erklärung von Verhaltensauffälligkeiten. So kann mangelnde bewusste Planung unter der Bedingung der kognitiven Kontrolle zu rein emotionsgesteuerten Reaktionen führen. Zusammenfassend ist festzuhalten, dass die Perspektive sowohl den kognitiven Fähigkeiten als auch dem emotionalen Erleben eine Bedeutung in Bezug auf Verhaltensauffälligkeiten zuschreibt – wenn auch die kognitive Ebene Vorzug zu erhalten scheint.

Im Kontext der Pädagogik bei Verhaltensstörungen spielt die Perspektive der **Selbst- und Handlungsregulation** insbesondere dort eine Rolle, wo sie es mit Kindern und Jugendlichen zu tun hat, die sich ohnmächtig und hilflos erleben. In der pädagogischen Arbeit müssen daher einerseits personale Aspekte in den Fokus rücken, die für das Gelingen der Handlungsregulation entscheidend sind. Zum anderen gilt es jedoch auch, Situationen im Hinblick auf ihre Komplexität, ihren Auf- und Anforderungscharakter sowie ihre Überschaubarkeit zu bewerten. Zusammengenommen ist dann auch das aktuelle Erleben von Bedeutung: Auf welchen Ebenen bzw. in welchen Phasen des Handlungsverlaufs treten Probleme auf? Welche sind die Erwartungen einer Person sowie die Zuschreibungen und Bewertungen, die sie vornimmt? Pädagogisches Ziel ist es, die Regulation und bewusste Handlungskontrolle direkt und adäquat zu unterstützen und dazu Wahrnehmungs- und Problemlösekompetenzen zu stärken. Dies kann jedoch kaum auf abstrakter Ebene, wie sie bisweilen durch Trainingsprogramme angeboten wird, erfolgen, sondern benötigt die Auseinandersetzung mit dem konkreten Erleben und Handeln in einer Konfliktsituation. Hierzu bieten sich beispielsweise Projekte an, die komplexe Anforderungen im Hinblick auf die Auseinandersetzung von Personen mit der (Lern-)Situation stellen, sowie Anforderungen, die auch das emotionale Erleben und soziale Handeln miteinschließen. Projektartige Unternehmungen bieten die Möglichkeit, Förderung auf Phasen *und* Ebenen der Handlung zu beziehen (Stein 2019, 156 f.). Darüber hinaus gilt es, gemeinsam

Denkfehler, Widersprüche und mangelhaft durchdachte Sachverhalte aufzudecken und zu reflektieren.

4.1.3 Perspektive der Selbstkonzepttheorie

Die Selbstkonzepttheorie begründet sich in der **humanistischen Psychologie** und ist aus Kritik an der klassischen Psychoanalyse, aber auch der Lernpsychologie entstanden. Der Mensch wird als freies, selbstbestimmtes Wesen gesehen, welches sich selbstverwirklichen kann. Beim Selbstkonzept handelt es sich um die Gesamtheit aller Informationen, welche ein Mensch über sich selbst gewinnt und sich zur „kognitiven Repräsentanz der eigenen Person“ (Neubauer 1976, 36) verdichten – ein Prozess, der fortlaufend ist und zu keinem Abschluss kommt. Das Selbstkonzept ist damit ein Teil der Identität eines Menschen. Anzumerken ist jedoch, dass es keine für sich stehende Selbstkonzepttheorie gibt, sondern „nur“ verschiedene Ansätze, was darin begründet ist, dass spezifische Begriffe in verschiedenen Wissenschaftsdisziplinen mit unterschiedlichen Bedeutungen belegt werden. So existieren auch Ansätze, in denen der Begriff des Selbst mit dem Begriff des Ichs oder der Identität gleichgesetzt werden.

Das Selbstkonzept entwickelt sich über die ganze Lebensspanne und wird ständig durch neue Informationen erweitert und angepasst. Dafür spielen eigene leibliche Erfahrungen, Fähigkeiten und Begabungen ebenso eine Rolle wie die Interaktion mit anderen. Je nach Relevanz der betreffenden Interaktion sind die gesammelten Informationen bedeutsam genug, um in das Selbstkonzept integriert zu werden. Diese Einbindung erfolgt durch Anpassung beziehungsweise Aktualisierung. Carl Rogers (2020) nahm an, dass der Mensch den inneren Wunsch zur ständigen Selbstheilung habe und negatives Verhalten durch eigene Aktualisierung, sprich durch Erhalt und Entfaltung des eigenen Entwicklungspotentials, zu verhindern versuche. Der Mensch sei von Grund auf gut. Diese Aktualisierungstendenz lässt sich auch auf das Selbst anwenden und wird daher als *Selbstaktualisierung* bezeichnet. Dies meint, dass das eigene Selbst ständig „überarbeitet“ und durch Informationen erneuert oder sogar erweitert wird. Voraussetzung dafür ist eine realistische Auseinandersetzung mit dem eigenen Selbst und seinen Fähigkeiten sowie das Vermögen, eine mögliche Verantwortlichkeit als Folge des eigenen Verhaltens erkennen zu können. Eine gelingende Selbstaktualisierung macht den Menschen autonomer und selbstbestimmter. Dafür ist es trotz der ständig nötigen Veränderung bedeutsam, dass sich über die Zeit eine gewisse Stabilität einstellt (Stein 2019, 101). Wenn sich aber Informationen mit dem bestehenden Selbstkonzept nicht vereinbaren lassen und dessen Stabilität gefährden, kommen *Abwehrmechanismen* zum Tragen, die den Integrationsversuch unterbinden. Unter Abwehrmechanismen versteht man die Verdrängung bestimmter Erfahrungen oder Informationen in das Unterbewusste, wobei diese jedoch nicht einfach verschwinden, sondern weiter das Handeln und Verhalten der Person beeinflussen können. Die Selbstkonzepttheorie verweist auf verschiedene Abwehrmechanismen: So können Informationen anders, dadurch aber auch falsch interpretiert werden. Dies kann so weit reichen, dass bestimmte Aspekte der Realität geleugnet werden (Neubauer 1976, 43). Eine andere Form stellt die Verdrängung dar: Gewisse Teile des Selbstkonzeptes werden durch andere, passender erscheinende ersetzt und die nicht passenden Aspekte werden verdrängt. Aber auch ein komplett starres Selbstkonzept stellt letztlich einen Abwehrmechanismus dar. Ein Grund für das Fungieren der Abwehrmechanismen ist, dass eine Information nicht zum Selbstkonzept passt, was dann der Fall ist, wenn diese dem Idealselbst widerspricht. Unter *Idealselbst* wird verstanden, was und wie ein Mensch gerne wäre. Auch das Idealselbst kann sich im Laufe des Lebens verändern und anpassen. Zu Beginn des Lebens wird oft auf Vorbilder zurückgegriffen, je differenzierter man sich aber mit seinen Mitmenschen auseinandersetzen kann, umso differenzierter wird auch das Idealselbst. Wirklich bewusst wird sich der Mensch seines Idealselbst erst im Jugendalter. Gerade hier entstehen auch meistens die ersten großen Spannungen in Bezug auf das Selbstkonzept (Schneider/Lindenberger 2012, 779).

Andauernde Spannungen im Selbstkonzept wirken sich auf das Verhalten aus und können in Auffälligkeiten münden. Diese lassen sich mit Hilfe der Selbstkonzepttheorie auf die Diskrepanz zwischen dem bestehenden Selbstkonzept und dem tatsächlichen Erleben zurückführen. Das von einer Person an den Tag gelegte Verhalten steht dabei immer im Zusammenhang mit dem eigenen Bezugssystem, in dessen Rahmen Handlungen bewertet werden (Neubauer 1976, 37). Stimmen das gezeigte Verhalten und die jeweilige Vorstellung der Person nicht überein, entstehen sogenannte *Inkongruenzen.* Diese werden durch Abwehrmechanismen eine gewisse Zeit unterdrückt, können aber auf Dauer zu Verhaltensauffälligkeiten führen. Drei Arten von Inkongruenzen lassen sich unterscheiden:

- Zum Ersten eine große Abweichung von Idealselbst und dem Selbstkonzept, die dadurch entsteht, dass Zielvorstellungen in das Idealselbst integriert wurden, die nicht zu dem Realselbst passen und damit zu einer generellen Unzufriedenheit mit sich selbst führen.
- Zum Zweiten liegt eine Inkongruenz dann vor, wenn die eigene Wahrnehmung nicht der tatsächlichen Realität entspricht.
- Und zum Dritten ist eine mögliche Differenz zwischen dem Körper und dem nicht immer realistischen Selbstbild von diesem zu nennen.

Da sich das Selbstkonzept in der frühen Kindheit entwickelt, bilden ungünstige Faktoren in der Erziehung der Kinder oft die Grundlage für Inkongruenzen. Und da zudem das Verhalten in der frühen Kindheit auf die positiven Reaktionen wichtiger Bezugspersonen ausgerichtet ist, kann sich ein fehlerhaftes Selbstkonzept entwickeln, wenn positive Reaktionen nur auf Verhaltensweisen folgen, welche den eigentlichen Vorstellungen des Kindes nicht entsprechen. Weil diese Verhaltensweisen von den Bezugspersonen aber als gutes Verhalten gewertet werden, integriert das Kind diese Bewertungen in sein Selbstkonzept, obwohl diese nicht zu den eigenen Bedürfnissen passen. Eine weitere Ursache für Auffälligkeiten im Verhalten, welche innerhalb der Familie entstehen, sind widersprüchlich formulierte Informationen, in denen der Inhalt und die mit ihm verbundene Emotion nicht übereinstimmen. Derartige Botschaften können sich zu Dauerbelastungen entwickeln. Um Verhaltensauffälligkeiten zu erklären, ist es also bedeutsam, sich mit dem Selbstkonzept einer Person auseinanderzusetzen und ggf. auch an diesem zu arbeiten. Zwar gibt es keine speziellen Programme zur Förderung des Selbstkonzeptes, allerdings könnten Programme zur Förderung von emotionalen und sozialen Kompetenzen hilfreich sein. Im Unterricht können offene, gut strukturierte Unterrichtsformen gerade bei schwächeren Schülerinnen und Schülern das Selbstkonzept fördern. Und auch die Berücksichtigung der individuellen statt der sozialen Bezugsnorm kann sich positiv auf das Selbstkonzept auswirken. Zudem gibt es Studien, die darauf hinweisen, dass eine größere Heterogenität von Gruppen ebenfalls eine positive Wirkung auf das Selbstkonzept haben kann (Einsiedler et al. 2011, 259 f.).

4.1.4 Interaktionistische Perspektive

Die bisher dargestellten Perspektiven orientieren sich insgesamt an der Person selbst. Dies ist nicht unproblematisch, weil die Gefahr droht, verhaltensauffällige Kinder und Jugendliche zu den allein Verantwortlichen für eine Verhaltensstörung zu erklären. Einflüsse, die von anderen Menschen, Systemen, dem situativen Kontext, bestehenden Machtstrukturen u.v.a.m. ausgehen könnten, werden dadurch ausgeblendet. Eine interaktionistische Perspektive betrachtet Verhaltensstörungen als „**gestörte Person-Umwelt-Interaktion**" (Stein 2019, 71): Etwas in der Interaktion zwischen einem Kind oder Jugendlichen und den situativen Bedingungen, in denen sich diese Person befindet, läuft nicht regelgerecht, irritiert oder führt zu einer Störung. Natürlich können personale Anteile daran ihren Anteil haben, aber eben auch Aspekte der Situation und dies oft in einem komplexen, wechselseitigen Verhältnis. Das bedeutet, dass sich Verhaltensstörungen zwar „an" Kindern und Jugendlichen in Form von Auffälligkeiten des Verhaltens und Erlebens zeigen. Diese jedoch gelten als ein Hinweis auf verborgene, komplexere Störungen. Erklärt man aber ausschließlich das Kind oder den Jugendlichen zum Merkmalsträger, wie dies einige systemtheoretische Modelle nahelegen, droht wiederum die Gefahr, dass die relevanten nicht-personalen Anteile keine Berücksichtigung im Erklärungs- und Verstehensprozess finden.

Der große Gewinn einer interaktionistischen Perspektive ist die Chance, auf verschiedene mögliche Ursachen zu fokussieren und nicht allein auf die Person. Daraus folgt gerade vor den Herausforderungen, ein inklusives Bildungssystem zu schaffen, die Notwendigkeit der Prävention (Kap. 8.1) (Hennemann et al. 2015). Zudem nimmt in der interaktionistischen Sicht auch die Rolle des Erlebens in Bezug auf eine bestimmte Situation (Seitz 1998, 549) einen wichtigen Platz ein, weshalb diese Sicht nicht trennscharf der hier vorgenommenen Unterteilung zugeordnet werden kann.

> „Das Konzept der Handlung impliziert all diese Aspekte, denn Handeln ist als Auseinandersetzung einer Person mit einer Situation zu verstehen […]. Aus diesem heraus erfolgt dann ein konkretes Verhalten, um parallel zu diesem sowie im Nachhinein zu bewerten, ob man sich dem angestrebten Ziel annähert, sein Verhalten ändern oder seine Lage vollständig neu durchdenken muss" (Stein 2019, 71).

Auch wenn automatisierte Verhaltensweisen in der interaktionistischen Perspektive mitbedacht werden, so wird bei allen Vorteilen zur Erklärung von Verhaltensstörungen dennoch deutlich, dass einer *rational gesteuerten Einsichtsfähigkeit* der Beteiligten großes Gewicht beigemessen wird. Es wäre zumindest zu überlegen, ob Bewertungen des eigenen Verhaltens so konsequent ablaufen wie dargestellt, und ob sich dies mit der *Emotionalität und Motivstruktur* der Betroffenen immer widerspruchsfrei vereinbaren lässt. Darüber hinaus wäre die Perspektive der Beobachter zu bedenken, also derjenigen, die eine Situation oder Person als auffällig bezeichnen, bewerten und ggf. etikettieren (Kap. 4.3.4). Diese kann maßgeblichen Einfluss auf das Erzeugen, Bestehen und Überdauern einer Verhaltensstörung haben.

Fragen zum Verständnis:

Welche Rolle kommt dem operanten Konditionieren in der Erziehung oft zu?
Welches sind die beiden zentralen Dimensionen der Handlungsregulation?
Was versteht man unter Aktualisierungstendenz?
Warum kann die interaktionistische Perspektive den Erklärungsansätzen zugeordnet werden?

Fragen zum erweiterten Verständnis und zur Vertiefung:

Inwiefern beeinflusst das eigene Selbstkonzept das pädagogische Handeln und wie lässt sich etwas darüber herausfinden?
Inwieweit lässt sich die interaktionistische Perspektive auch den Verstehensansätzen zuordnen?

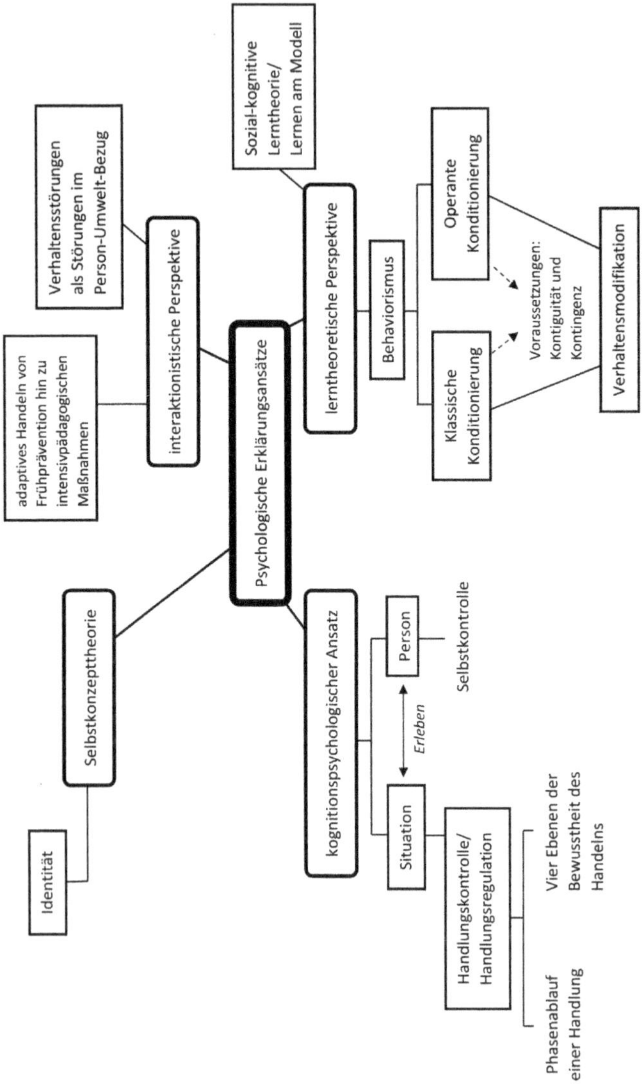

Thematische Skizze 10: Psychologische Erklärungsansätze

Antworthorizonte als Online-Material verfügbar.

Grundlagenliteratur:

Hartke, B., Vrban, R. (2015): Schwierige Schüler: 49 Handlungsmöglichkeiten bei Verhaltensauffälligkeiten. Persen, Buxtehude

4.2 Psychologische Verstehensansätze

4.2.1 Psychoanalytische Perspektive

Die Psychoanalyse spielt für die Pädagogik bei Verhaltensstörungen eine große Rolle, was sich an den Ansätzen von Aichhorn, Bettelheim, Redl u. a. erkennen lässt, aber auch daran, dass der erste Lehrstuhl für diese Disziplin in Deutschland mit Günther Bittner, einem Psychoanalytiker, besetzt wurde.

Der psychoanalytischen Perspektive liegen die *Triebtheorie, die Instanzen- und Phasenlehre* von Sigmund Freud zugrunde, womit die Bedeutung des menschlichen Erlebens – und nicht nur seines beobachtbaren Verhaltens – in den Fokus rückt. Insbesondere Wünsche und Bedürfnisse, Träume und Befürchtungen, Brüchigkeiten und Sehnsüchte kommen dabei zum Tragen ebenso wie die Frage nach dem menschlichen Erleben und Verarbeiten dieser angesichts bestehender Normen, gesellschaftlicher Strukturen und Konventionen. Störungen werden letztlich verstanden als das Unvermögen, *innerpsychische Konflikte* zu verarbeiten und in das eigene „Ich" zu integrieren. Aus der Auseinandersetzung mit den Formen, die solche Konflikte annehmen können, ist über die Jahrzehnte hinweg ein differenziertes Störungsverständnis entstanden, das stark auf Persönlichkeitsstörungen fokussiert. Die bis heute bestehenden Strömungen der psychoanalytischen Theoriebildung sowie die von außen wie innen geäußerte Kritik sind überaus komplex (s. thematische Skizze 11).

Eine Leistung besteht darin, die Bedeutung menschlichen Erlebens, die Bedingungen der Möglichkeit innerpsychischer Konflikte und den Einfluss des Unbewussten erhellt zu haben. Darüber hinaus liefert die psychoanalytische Perspektive für die Pädagogik wichtige Erkenntnisse zu Übertragungs- und Gegenübertragungsprozessen, die gerade mit verhaltensauffälligen Kindern und Jugendlichen große Sprengkraft entfalten können. Und auch das inzwischen stark angewachsene, hoch bedeutsame *Wissen um Traumatisierungen* und pädagogische Konsequenzen wäre ohne psychoanalytisches Denken nicht gegeben.

4.2.2 Individualpsychologische Perspektive

Alfred Adler gilt als Begründer der Individualpsychologie, mit der er sich von Freuds Trieblehre zu emanzipieren versuchte. Eine zentrale Stelle nimmt das Minderwertigkeitsgefühl in seinem Denken ein. Adler definiert es als Zweifel am eigenen Wert und den eigenen Fähigkeiten. Es werde vor allem durch Vergleichsprozesse mit anderen Menschen, aber auch den selbst gesteckten Zielen, hervorgerufen. Dieses Gefühl sei jedoch immer subjektiv und stelle nicht den „wahren Wert" des Menschen dar (Dreikurs 1989, 32). Folglich sind die Misserfolge, die ein Mensch erlebt, keine Ursache der *Minderwertigkeit*, sondern eine Folge dieser. Adler formulierte sein Konzept der Minderwertigkeit anfangs vor allem im Hinblick auf organische Mängel (Hannich 2018, 47), später erweiterte er dieses um geschlechtsbezogene und familiäre Aspekte. Nicht jede Einschränkung zieht ein Minderwertigkeitsgefühl nach sich – entscheidend ist die Einstellung des Menschen zu seinem Mangel (Dreikurs 1989, 39). Gibt der Mensch seiner Schwäche nach und fühlt sich dadurch eingeschränkt, wird dies zu einem Unvermögen führen. Ist sich der Mensch bewusst, dass eine Schwäche überwunden werden kann, so lässt sich mit ihr leben.

Nach Adler kann das Minderwertigkeitsgefühl durch das Aufwachsen in der Familie sowie den Erziehungsstil und den sozioökonomischen Status geprägt sein. Das Kind ist nach seiner Geburt auf Erwachsene angewiesen und fühlt sich von Beginn an in jeglicher Hinsicht unterlegen. Jedoch kann es „unter günstigen erzieherischen Bedingungen [ermutigt werden], das Gefühl der Unzulänglichkeit zu überwinden" (Hannich 2018, 47). Es kann aber auch das Gegenteil bewirkt werden, indem das Kind in seiner Entwicklung entmutigt wird, eigene Fähigkeiten nur schwer bis gar nicht eingeschätzt und die Minderwertigkeit so nicht kompensiert werden kann – ein Gedanke, der für die Pädagogik bei Verhaltensstörungen bedeutsam ist.

Menschen, die versuchen, ihr Minderwertigkeitsgefühl zu kompensieren, streben nach Macht und Überlegenheit. Dieses Machtstreben ist für alle Menschen bedeutsam, kann und wird aber durch das *Gemeinschaftsgefühl* begrenzt. Adler sieht den Menschen als soziales Wesen an, welcher in ständigem Austausch mit anderen Individuen lebt und auf gegenseitige Unterstützung angewiesen ist. „Die Einsicht, Teil eines größeren Ganzen zu sein, führt auch zu einem Interesse am Ganzen [...] teilzunehmen" (Dreikurs 1989, 56).

Der Mensch kann sich nur dann in die Gemeinschaft einfinden, wenn er sich gleichwertig fühlt, und nur dann kann er angemessen handeln und seinen Platz finden. Beginnt ein Mensch, an sich selbst zu zweifeln, entwickelt sich zur Kompensation der Minderwertigkeit ein *Geltungsstreben*, mit welchem er seine Überlegenheit zu demonstrieren sucht, da er sich anderen unterlegen fühlt. Dieses Geltungsstreben lässt sich aber nicht mit der Gemeinschaft vereinbaren, da nicht mehr in ihrem Sinne gehandelt, sondern eigene Ziele verfolgt werden. Ganz gleich, was der Mensch durch sein Streben erreicht, er wird das Gefühl der Minderwertigkeit nicht zur Gänze kompensieren können, denn „er wird niemals genug davon haben und unter ständiger Angst leben, das zu verlieren, was er sich erobern konnte" (Dreikurs 1989, 31). So entwickelt sich aus dem Gefühl der Minderwertigkeit ein *Minderwertigkeitskomplex*. Folgt der Mensch jedoch seinem Streben nach Gemeinschaft und fügt sich in diese ein, passt er sich automatisch an. Das Gefühl der Minderwertigkeit steht dem Leben in Gemeinschaft jedoch im Weg. Durch begrenzte Anpassungsfähigkeit wird er dann zu einer Art Außenseiter, was das Gefühl der Minderwertigkeit nur noch verstärkt und ebenfalls zu einem Minderwertigkeitskomplex werden lässt. Die Entwicklung eines Kindes ist nicht nur durch seine vererbten Anlagen bestimmt, sondern vor allem durch seinen entschiedenen Umgang mit diesen, was Adler als Willensfreiheit bezeichnet. Das bedeutet: „es kommt nicht darauf an, was einer mitbringt, sondern was einer daraus macht" (Ansbacher/Ansbacher 1995, 145). Aus dieser unterstellten Entscheidungsfreiheit folgt, dass der Mensch sein Leben selbst verwirklichen kann und nicht durch Triebe oder Anlagen bestimmt ist. Entwickelt der Mensch eigene Ziele, muss er Entscheidungen treffen, die andere Möglichkeiten ausschließen. So entsteht ein eigener *Lebensstil*, der sich aus dem Leben des Menschen, seinen individuellen Wahrnehmungen und Einflüssen herauskristallisiert und somit die Grundlage für weitere Entscheidungen schafft. Er erfüllt gleichzeitig aber „die Funktion eines Abwehr- und Sicherungsmechanismus" (Hannich 2018, 61). Denn durch den „vorgefertigten" Lebensstil im Individuum werden Erfahrungen, die nicht passend erscheinen, ausgeblendet.

Die Ziele, für die sich ein Mensch entscheidet, müssen jedoch nicht immer bewusst gewählt sein. Vielmehr geht es Adler um die unbewussten Entscheidungen, die der Mensch auf Grundlage seines bisherigen Lebens trifft und welche in seinem Denkprozess Annahmen über die Wirklichkeit erzeugen. Die Erreichung der Ziele, genannt: *fiktionaler Finalismus*, die sich ein Mensch auf Grundlage seines Lebensstils setzt, bestimmt den Lebensweg unterbewusst, ebenso wie das Minderwertigkeitsgefühl. Individualpsychologisch betrachtet ist jedes Verhalten zielgerichtet und der Zweck das Erreichen der Fiktionen. „Das subjektiv geschaffene, unbewusste Ziel stellt damit das einigende Prinzip der Persönlichkeit dar" (Hannich 2018, 51).

In individualpsychologischer Lesart der Pädagogik bei Verhaltensstörungen kann sich ein Minderwertigkeitskomplex in zwei Formen ausdrücken:

- Zum einen gibt es die **Fehlkompensation**, bei welcher der Komplex mit einem ausagierenden Verhalten zu kompensieren versucht wird.
- Zum anderen kann der Minderwertigkeitskomplex durch **Rückzug** dekompensiert werden (Stein 2019, 83).

Ausgangspunkt für die Notwendigkeit einer Förderung oder begleitenden Hilfestellung ist der Versuch der Kompensation des Minderwertigkeitsgefühls und die fehlende Anpassung an die Gemeinschaft. Um Kinder und Jugendliche zu unterstützen, gilt es daher vor allem, die Ziele im Sinne des fiktionalen Finalismus zu verstehen. Zu unterscheiden ist dabei die Beschreibung eines Verhaltens von seiner Erklärung.

Im Kontext der Förderung kommt es vor allem auf die **Ermutigung** an. Denn „alle Kinder, die sich schlecht benehmen oder versagen, sind entmutigt" (Dreikurs 1989, 116). Adler definiert Ermutigung als die Aktivierung des Gemeinschaftsgefühls (Ansbacher/Ansbacher 1995, 275). Kinder und Jugendliche würden durch eine Erziehung entmutigt, die auf ihre Fehler ausgerichtet sei. Dadurch beginnen sie, sich aufzulehnen und gegen Autoritäten anzukämpfen. Ermutigt man dagegen, werden die Schwächen, die das auffällige Verhalten auslösen, überwunden werden. Zudem ist es wichtig, dass Kinder und Jugendliche die Erziehenden als Führungsperson akzeptieren, da die Gruppe selbst auch eine Gemeinschaft darstellt. Eine Klasse oder Gruppe soll geführt werden, aber auch „zur eigenen Verantwortlichkeit, zur aktiven Mitarbeit an den gemeinsamen Zielen" (Dreikurs 1989, 120) erzogen werden. Adler war der Meinung, dass sich das Verhalten ändern kann, wenn „der Patient einmal Mut gewonnen [hat], eine Begleiterscheinung des gesteigerten Gemeinschaftsgefühls, und ist er zum Verständnis seiner Fehler gelangt, so wird er sie weiterhin nicht mehr machen" (Ansbacher/Ansbacher 1995, 263).

4.2.3 Bindungstheoretische Perspektive

Die Bindungstheorie (Bowlby 2016) beschäftigt sich mit verschiedenen Formen auffälligen Verhaltens in Zusammenhang mit *frühkindlichen Erfahrungen* und widmet sich damit stärker dem *inneren Erleben* und weniger dem beobachtbaren Verhalten. Dabei spielt vor allem die Art und Weise, wie Eltern mit ihrem Kind umgehen, eine besondere Rolle. Die seelische Bindung wird als grundlegender emotionaler Bezug zwischen Menschen und zwischen Mensch und Umwelt angesehen. Sie geschieht meist unbewusst und basiert auf Erfahrungen mit Körperkontakt und Gefühlen.

Die Bindungstheorie geht davon aus, dass sich die *seelische Bindung* ab dem Zeitpunkt der Zeugung entwickelt und sich besonders bei und nach der Geburt ausprägt. Das ist auch der Grund, weshalb es üblich ist, dass Mütter ihr Baby sofort nach der *Entbindung* zum Aufbau einer *sicheren Bindung* auf die Brust gelegt bekommen. Entscheidend ist, dass Eltern „feinfühlig" (Ainsworth/Salter 1978) mit ihrem Kind umgehen und dabei seine Signale richtig lesen und beantworten. Dies bedeutet, das Kind weder unter- noch überzuversorgen, also weder zu vernachlässigen noch überzubehüten. Entscheidend ist aus Sicht der Bindungstheorie, dass die Reaktionen der Eltern auf die Signale des Babys in einer angemessenen Frustrationszeit erfolgen. Es besteht jedoch die

Gefahr, dass Signale falsch interpretiert, verzerrt oder umgedeutet werden und darüber beispielsweise eigene, elterliche, Bedürfnisse auf das Kind übertragen werden – z. B. nach dem Motto: „Du sollst es mal besser haben als ich …“. Es wird angenommen, dass die Qualität der Bindung besonders in den ersten drei Lebensjahren von besonderer Bedeutung ist und sich nach und nach als Bindungsmuster verfestigt. Damit sind Bindungserfahrungen wesentlich dafür verantwortlich, wie im späteren Leben mit Gefühlen umgegangen werden kann. Nachweisen kann man die Bindungsmuster von Kleinkindern durch den *Fremde-Situations-Test*, in dem in einer Experimentalsituation die Reaktion eines spielenden Kindes auf die Trennung von der Mutter, auf eine fremde Person und die Wiederkehr der Mutter beobachtet wird.

Dabei lassen sich Kinder im Normalfall einem von drei grundsätzlichen Bindungsmustern zuordnen:

- *Sicher gebundene Kinder* zeigen ein deutliches Bindungsverhalten, rufen nach der Mutter und sind deutlich gestresst. Auf ihre Wiederkehr reagieren sie mit Freude und wollen getröstet werden. Sie beruhigen sich schnell und können sich wieder ins Spiel vertiefen.
- *Unsicher-vermeidend gebundene* Kinder reagieren auf die Trennung mit wenig Protest und spielen weiter. Sie wollen bei der Wiederkehr eher nicht getröstet werden und suchen keinen intensiven Körperkontakt.
- *Unsicher-ambivalent gebundene* Kinder zeigen großen Stress und weinen heftig. Sie lassen sich kaum beruhigen und tun sich schwer, ins Spiel zurückzufinden. Im Körperkontakt suchen sie Nähe, um getröstet zu werden, wehren sich zugleich aber auch, um ihre Wut zum Ausdruck zu bringen.

Wachsen Kinder in Dauerstresssituationen auf oder erleben Traumatisches, kann es zu einer **Bindungsstörung** kommen, die sich durch desorganisierte Verhaltensweisen ausdrückt. Ihr Bindungsmuster wird dann entweder als *unsicher-vermeidend-desorganisiert* oder als *unsicher-ambivalent-desorganisiert* bezeichnet (Crittenden 1995) und weist darauf hin, dass sie in Stresssituationen keine geeigneten Verhaltensmuster zur Verfügung haben, um mit der Situation umgehen zu können.

Kinder, die unsicher-vermeidend-desorganisiert gebunden sind, haben oft Erfahrungen der Vernachlässigung gemacht und früh gelernt, dass von Erwachsenen keine Sicherheit ausgeht, ganz im Gegenteil. Ihre „Erkenntnis" lautet: auf Erwachsene kann man sich nicht verlassen und daher sollte man sie am besten meiden. Sicher kann man sich nur fühlen, wenn man für sich selbst sorgt, alles selbst macht und kontrolliert. Dagegen haben unsicher-ambivalent-desorganisierte Kinder oft die Erfahrung gemacht, dass nicht klar ist, ob sie sich auf Erwachsene verlassen können. Mal wurden ihre Signale angemessen beantwortet, dann wieder gar nicht. Ihre „Erkenntnis" lautet: Man kann nicht wissen, ob man sich auf Erwachsene verlassen kann, deshalb ist es besser, die Beziehung zu Erwachsenen ständig zu prüfen und zu testen.

Untersuchungen (z.B. Julius 2014) zeigen, dass sich Kinder mit desorganisierten Bindungsmustern vielfach in Kinder- und Jugendhilfeeinrichtungen finden, ihre Eltern oft selbst erheblichen psychischen Belastungen ausgesetzt sind oder traumatische Erfahrungen, beispielsweise durch Gewalterfahrungen oder Missbrauch, gemacht wurden.

Bindungsstörungen können nur schwer diagnostiziert oder eindeutig festgeschrieben werden, aber es lassen sich wichtige Hinweise im Verhalten der Kinder finden, die auf eine Bindungsstörung hinweisen können. Aus diesen Hinweisen lassen sich in der Folge auch wichtige Folgerungen für den Unterricht ableiten (Müller 2018a, 65 ff.).

Kinder und Jugendliche, die unsicher-vermeidend-desorganisiert gebunden sind, fallen meist dadurch auf, dass sie kaum Verunsicherung oder Angst zeigen, was nicht heißt, dass diese nicht existieren. Sie bestreiten zumeist, dass sie Hilfe durch Erwachsene benötigen, und äußern dies auch. Die emotionale und körperliche Nähe der Fachkräfte wird nur schwer ausgehalten und abgelehnt. Sie reagieren auf Arbeitsanweisungen schnell aggressiv und ihre Leistungen im sprachlichen Ausdruck und kreativen Denken sind eher eingeschränkt, weil sie sich wenig explorativ verhalten und (daher) kaum Übung darin haben.

Kinder, die unsicher-ambivalent-desorganisiert gebunden sind, fallen meist durch folgende Verhaltensweisen auf: Sie weisen ein hohes Maß an Ängsten und Unsicherheiten auf und äußern dies auch. Sie haben ein überaus hohes Bedürfnis nach Zuwendung durch Erwachsene und nehmen auch Strafen in Kauf, wenn sie dadurch die Aufmerksamkeit gewinnen können. Sie haben bisweilen Probleme in der selbstständigen Aufgabenbewältigung und versichern sich immer wieder bei Erwachsenen. Sie halten eine Arbeitsphase meist nicht durch, weil sie Angst haben, die Aufmerksamkeit der Erwachsenen zu verlieren. Zudem sind sie meist recht eloquent, weisen aber eher schlechte schriftliche und rechnerische Leistungen auf.

Neuere Untersuchungsergebnisse (Langer 2019) verweisen darauf, dass Kinder und Jugendliche mit Bindungsstörungen ihre Bindungsmuster nicht Eins-zu-Eins auf andere erwachsene (pädagogische) Bezugspersonen übertragen, sondern durchaus in der Lage sind, Unterschiede zwischen Erwachsenen zu machen und „flexibler" mit ihren Bindungsmustern umzugehen, als bislang vermutet. Allerdings scheitern *bindungskorrigierende Erfahrungen* in pädagogischen Institutionen wohl noch zu häufig am komplementären Verhalten der dort pädagogisch Tätigen.

Fragen zum Verständnis:

Welche neue Perspektive erbrachte die Psychoanalyse für die Arbeit mit verhaltensauffälligen Kindern und Jugendlichen?
Was ist mit Lebensplan und fiktionalem Finalismus gemeint?
Was unterscheidet unsicher-vermeidend-desorganisierte Bindung von unsicher-ambivalent-desorganisierter Bindung?

Fragen zum erweiterten Verständnis und zur Vertiefung:

Was lässt sich dem Menschenbild Adlers aus pädagogischer Sicht entgegenhalten?
Inwieweit steht die Bindungstheorie in einer psychoanalytischen Tradition?

Antworthorizonte als Online-Material verfügbar.

Grundlagenliteratur:

Bettelheim, B. (1990): Der Weg aus dem Labyrinth. dva, München

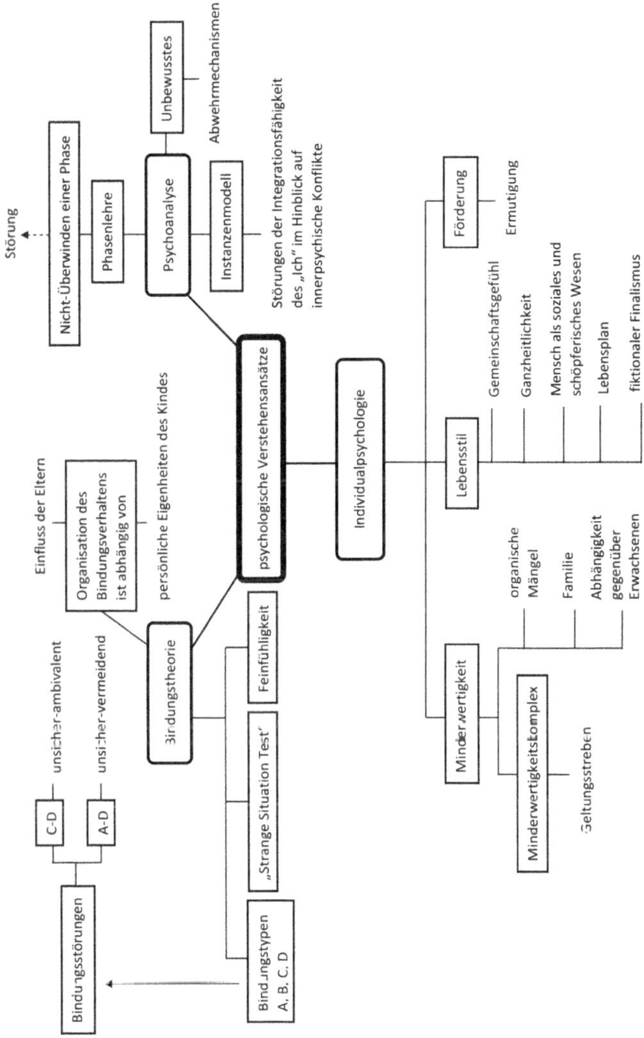

Thematische Skizze 11: Psychologische Verstehensansätze

4.3 Soziologische Erklärungsansätze

4.3.1 Perspektive der Theorien der Subkultur und des Kulturkonflikts

Zu Beginn des 20. Jahrhunderts untersuchte Thrasher verschiedene Gangs, die er als „das Ergebnis des Wirkens verschiedener sozialer Umstände" (Lamnek 2013, 151) beschrieb. Seine Annahme lautete, dass die Gesellschaft für viele Unterschichtsjugendliche *keine Teilhabemöglichkeiten* biete, sodass diese versuchten, anderweitig ihr *Gemeinschaftsbedürfnis* zu befriedigen. Gangs entstehen also aufgrund sozialer Missstände, sind eine Art Ersatzlösung und stellen häufig die einzige Chance des Statuserwerbs dar (Lamnek 2013, 150 f.). In ihnen herrscht eine hohe soziale Kontrolle und Verstöße gegen geltende Normen werden sanktioniert. Thrasher bezweifelt, dass dies positive Sozialisationsaspekte seien, denn die Zugehörigkeit zu einer Gang habe Einfluss auf eine mögliche spätere Berufskriminalität. Er charakterisierte Gangs ausführlich und unterschied Banden im Hinblick auf ihre Altersstruktur sowie Typen von Gangs, z.B. diffus, gefestigt, konventionell und kriminell.

Whyte war weniger an Ursachen und Erscheinungsformen als an *Strukturen und Organisationsformen* interessiert. Die von Thrasher beschriebenen Merkmale einer Gang konnte Whyte mit seiner Arbeit bestätigen. Beide liefern damit einen Einstieg für spätere Studien, ihre Ergebnisse können aber nicht verallgemeinert werden. Auch wenn die Ergebnisse von Thrasher und Whyte nur noch begrenzt relevant sind, spielen ihre Überlegungen eine Rolle für die in Deutschland zunehmende Migration und die Bildung von *Subkulturen* (Lamnek 2013, 153 f.).

Cohen (1961) beschrieb in seiner strukturell-funktionalen Theorie Subkulturen als kollektive Reaktion auf Anpassungsprobleme. Auch er beobachtete jugendliche Gangs, deren Mitglieder der Unterschicht angehörten und die aufgrund ihrer sozialen Benachteiligung keine Entwicklungsmöglichkeiten sahen. Kennzeichnend für seine Theorie ist „die Annahme des Abweichens von gesamtgesellschaftlichen Werten und Normen bei partieller Übernahme ihrer kulturellen Inhalte" (Dollinger/Raithel 2006, 88). Nach Cohen bestehe für Unterschichtsangehörige keine ausreichende Möglichkeit des Statuserwerbs, woraus Unzufriedenheit, Spannungen und Frustrationen resultieren. „Die Kultur der Bande löst diese Probleme, indem sie Statuskriterien schafft, nach denen diese Kinder und Jugendlichen zu leben imstande sind“ (Cohen 1961, 91).

Delinquentes Verhalten sei in den Subkulturen grundsätzlich nicht zielgerichtet, sondern stelle eher eine irrationale Reaktion auf die *Anpassungs- und Statusprobleme* dar. Der negativistische Charakter ergibt sich daraus, dass die allgemeingültigen Mittelschichtsnormen nicht umgesetzt werden können, „um den Leidens- und Versagensdruck zu mildern und den Einzelnen [...] von Schuldgefühlen, Selbstklagen und Selbsthass zu befreien“ (Lamnek 2013, 160). Daher werden Mittelschichtsmaßstäbe abgelehnt und vorhandene Aggressionen legitimiert (Dollinger/Raithel 2006, 87f.). Hinzu kommen verstärkt negative Einflüsse auf das individuelle Leistungsstreben durch die Unterschicht; statt der Betonung des Individualismus eine stärkere Abhängigkeit von Primärgruppen und statt der Selbstkontrolle die zunehmende Bedeutung von Aggressivität. Die Unterschichtsjugendlichen erhalten keine Möglichkeit, für die Mittelschicht adäquate Verhaltensweisen einzuüben. Delinquentes Verhalten stellt also eine bewusste Ablehnung der herrschenden konventionellen Kultur dar (Lamnek 2013, 160f.). Die Subkulturen erfüllen nach Cohen (1961) verschiedene Funktionen: Zum einen verleihen sie ihren Mitgliedern einen Status, den sie anderweitig nicht erreichen können, und zum anderen rechtfertigen sie die Feindseligkeit und Aggressionen gegenüber denjenigen, derentwegen die Selbstachtung ihrer Mitglieder leidet. Dafür wird die Gesamtheit der Mitglieder als Bezugsgruppe herangezogen und somit Schuldgefühle vermindert.

Yinger kritisiert die unpräzise Verwendung des Begriffs Subkultur und arbeitet drei Hauptbedeutungen heraus: Subkultur im Sinne von Präkultur, Subkultur als normatives System bzw. Teilsystem einer größeren Einheit und Subkultur als Ergebnis eines Konflikts einer Gruppe mit der Gesamtgesellschaft. Er schlägt vor, statt von Subkultur von Kontrakultur zu sprechen (Lamnek 2013, 166f.). Für Yinger stellen Subkulturen ein normatives System von Gruppen innerhalb einer Gesellschaft dar, die sich von ihr hinsichtlich Sprache, Werten, Religion oder Lebensstil unterscheiden können. Sie stehen daher nicht zwangsläufig im Konflikt mit dem gesellschaftlichen System und lassen sich „nach dem Umfang der Gruppe, nach der Bedeutung der verschiedenen Lebensbereiche, für die die relevanten Normen gelten, nach Lebensdauer, nach dem Ursprung oder nach dem Verhältnis zu Umwelt" (Lamnek 2013, 167) klassifizieren. Außerdem merkt er an, dass zur Erklärung von abweichendem Verhalten soziologische Theorien alleine nicht ausreichend sind, sondern es auch einer sozialpsychologischen Erklärungsebene bedarf. Mit seinem *Kontrakulturansatz* versucht er, abweichendes Verhalten zu erklären, sagt jedoch nichts über ihre Entstehung aus.

Zur Perspektive der Theorien der Subkultur und des Kulturkonflikts zählt auch die Unterschichtkultur-Theorie nach Miller. Seine Ansichten unterscheiden sich deutlich von Cohen und Yinger, denn er sieht Subkulturen nicht als primäre Reaktion auf das Nichterreichen von Mittelschichtzielen an, sondern als Manifestation einer eigenen Kultur der Unterschicht. Daher kritisiert er auch die Herangehensweise, Verhaltensweisen an einem anderen kulturellen System zu messen, und regt an, sich den Standpunkt des Akteurs zu eigen zu machen. Seiner Ansicht nach versuchten die Mitglieder der Subkulturen nicht, Mittelschichtsnormen zu verletzen, sondern hätten die Intention, sich den Unterschichtsnormen gegenüber konform zu verhalten. Eine Abweichung wird von Miller als reines „Nebenprodukt" gesehen – ganz im Gegenteil: die Mitglieder verfügten über die Fähigkeit und Motivation zur Konformität mit den Normen der Unterschicht. Dazu beschreibt er Aspekte wie die permanente Beschäftigung mit Schwierigkeiten, männliche Härte, geistige Wendigkeit im Sinne von Schläue, die Suche nach Spannung als Gegengewicht zu Perioden relativer Inaktivität, die Auffassung, dass zielgerichtete Anstrengungen letztlich vergeblich bleiben, und eine besondere Sensibilität gegenüber Autorität und Kontrolle. Bei Jugendlichen spielten zusätzlich die Zugehörigkeit (große Bedeutung der Gruppe) und der Status (Härte, Gerissenheit, Widerstand gegenüber Autorität) eine Rolle. Für die Erklärung von *Delinquenz* ergibt sich daraus, dass Verhalten nach den Unterschichtsnormen folgelogisch gesetzliche Normen verletzt. Auch wenn alternative Handlungen zum gleichen Ziel führten, entsteht durch den gesetzwidrigen Weg eine deutlich größere und unmittelbarere Bestätigung (Lamnek 2013, 172 f.).

Short und Strodtbeck (1965) greifen Yingers Frage nach der Funktion einer Gang auf und kritisieren gleichzeitig die Einseitigkeit der Subkulturansätze, die sich nur auf die sozialstrukturellen Variablen konzentrieren. Sie konnten zeigen, dass die Normen und Ziele der delinquenten Jugendlichen grundsätzlich nicht von denen der Mittelschicht abweichen und widerlegen damit die Grundlagen einiger Subkulturtheoretiker. Ihre *Social Disability-These* gründet darauf, dass Kindern und Jugendlichen der Unterschicht Erfahrungen und Fertigkeiten vorenthalten werden, die durch das Nebeneinander von Wertesystemen erforderlich wären. Es fehle die nötige Handlungsflexibilität und Erfahrungsbreite, die durch die meist desorganisierten Familien der Unterschicht nur unzureichend vermittelt werden können. Banden werden als mehr oder weniger freiwillig gewählte Rückzugsgebiete gesehen, in denen Gruppennormen, positive interpersonale Beziehungen und emotionale Sicherheit gegeben sind. Durch die emotionale Benachteiligung seien die Mitglieder nicht fähig, sich gegenseitig zu unterstützen. Aus Enttäuschung resultiere Aggression bei gleichzeitiger Angst vor emotionaler Abhängigkeit. Solidaritätserzeugende Gefahrensituationen stellen daher eine Lösung für die Betroffen dar.

4.3.2 Perspektive der Anomietheorien

Anomie bezeichnet den *Zustand der Gesetzlosigkeit* und wird verstanden als „Zustand mangelhafter gesellschaftlicher Integration innerhalb eines sozialen Gebildes, der besonders durch Normabweichung und Nichtbeachtung bisher gültiger Verhaltensweisen gekennzeichnet ist" (Duden online). Eine Anomietheorie an und für sich gibt es nicht, vielmehr ist sie ein *Hypothesengerüst*, dessen Inhalte verschieden aufgefasst und ausgelegt werden (Lamnek 2013). Beginnend mit den Überlegungen Durkheims aus dem Jahr 1893 zeigt sich eine Entwicklung des Terminus Anomie bis hin zur „Broken-Windows-Theorie" (Wilson/Kelling 1982).

Durkheim führte den Begriff 1893 ein und versuchte damit, die Negativwirkungen einer schnell voranschreitenden Arbeitsteilung in der Frühindustrialisierung zu erfassen. Er stellte die Frage nach den Konsequenzen der Arbeitsteilung auf den moralischen Zustand der Menschen (Endreß 2018) und meinte, dass Arbeitsteilung dazu führe, dass sich Gesellschaften zunehmend ausdifferenzierten. Traditionelle Gesellschaften seien segmentär organisiert und zeichneten sich durch familiale Strukturen, ein geringes Maß an sozialer Differenzierung und in der Folge eine hohe Übereinstimmung ihrer Mitglieder aus. Die Ähnlichkeit der Lebens- und

Arbeitsformen führe zu einer mechanischen Solidarität untereinander und somit zu einem starken Kollektivbewusstsein, welches auf gemeinsamen Ideen und Idealen fuße (Endreß 2018; Lamnek 2013). Moderne Gesellschaften hingegen seien funktional differenziert und durch zahlreiche Abhängigkeiten und Verflechtungen untereinander gekennzeichnet. Die Beziehungen in modernen gesellschaftlichen Organisationssystemen werden mit einem lebenden Organismus verglichen, in dem alle einzelnen Organe notwendiger Bestandteil des (Über-)Lebens des gesamten Systems sind. Die Solidaritätsform komplexer Gesellschaften – basierend auf einem zunehmenden Individualismus – wird somit als organische Solidarität gefasst (Endreß 2018; Lamnek 2013). Moderne Gesellschaften hätten aber auch die Tendenz, dass einzelne Teile des Systems stärker hervorträten, was zu Lasten anderer Teile ginge. Kollektivbewusstsein, also eine Identifikation und Solidarität mit den Zielen der Gesamtgesellschaft, gingen infolgedessen verloren.

Durkheims Überlegungen zu Gesellschaftstypen fußen auf empirischen Analysen und stellen keine bloßen theoretischen Annahmen dar. Lamnek (2013) spannt den Bogen zu den Beziehungen der einzelnen Mitglieder einer Gesellschaft, deren Verständigungsbasis bei mangelndem Bewusstsein für Ziele und Handlungsmöglichkeiten nicht mehr bestünde. Somit habe „[...] die wachsende Arbeitsteilung auch zur Folge, dass die sozialen Beziehungen zunehmend problematischer, weniger befriedigend und insgesamt möglicherweise sogar verhindert werden" (Lamnek 2013, 112). Mit dem Rückgang des Bewusstseins gesellschaftlich geteilter Wert- und Handlungsstandards, können sich Problemkonstellationen auftun, die sich beispielsweise in einer Delinquenz einzelner Mitglieder äußern. Der Zustand der Anomie entsteht, wenn in einer Gesellschaft keine kollektiv geteilten Regeln, Normen oder Erwartungen mehr darüber bestehen, wie ihre Mitglieder agieren und kommunizieren und wie diese Interaktion im Rahmen des Möglichen gesteuert werden kann (Endreß 2018; Lamnek 2013).

Für Durkheim ist Anomie eine sozial-pathologische Konsequenz der Arbeitsteilung und in der Industrialisierung angelegt. In Krisenzeiten wie auch in Zeiten großer wirtschaftlicher Aufschwünge zeige sich die Handlungsfähigkeit einer Gesellschaft als zumindest zeitweise eingeschränkt. Als Folge einer mangelnden Anpassung an die neuen Umstände oder eines Auf- oder Abstiegs ganzer Bevölkerungsgruppen resultiere eine Unsicherheit über

Ziele und Werte in der Gesellschaft. In sozial instabilen Verhältnissen wäre die Sicherheit darüber, was Norm ist und was nicht, somit nicht mehr gegeben.

Ein vermeintliches Paradoxon stellt die Sichtweise Durkheims auf *Kriminalität* dar, welche er als Bestandteil einer gesunden Gesellschaft auffasst. Somit ist Kriminalität weder etwas Unsoziales noch „der Kriminelle [...] in jedem Falle ein (a)sozialer Außenseiter" (Lamnek 2013, 114). Daraus lässt sich folgern, dass Kriminalität ein sozialer Tatbestand ist, der nur in Gesellschaften mit geteilten Normen und Werten auftritt. Erklärungen für Kriminalität, die sich auf biologische oder psychologische Aspekte beschränken, seien unzulässig.

Robert King Merton führte Durkheims Analysen fort und erweiterte sie, woraus die *Diskrepanztheorie* entstand. Dabei berücksichtigte er sozialstrukturelle Elemente einerseits und trennte andererseits zwischen Anomie bezogen auf Individuen (Anomia = Zustand von Individuen) und der gesellschaftlichen Anomie (Anomie = Bedingung der sozialen Umgebung). Er führte Studien zur Häufigkeit von abweichendem Verhalten in verschiedenen Milieus durch und wollte herausfinden, „inwieweit durch sozialstrukturelle Bedingungen auf bestimmte Personen bzw. eine Gesellschaft Druck ausgeübt wird, sich eher abweichend als konform zu verhalten" (Lamnek 2013, 117). Im Gegensatz zu Durkheim definiert Merton anomisches Verhalten nicht als ein Synonym zum Zusammenbrechen der Ordnung in einer Gesellschaft. Er sieht die Chance vielmehr im Identifizieren von Chancenungleichheiten durch die Analyse dieser Strukturen sowie in der Anregung von Veränderungsprozessen in der Gesellschaft (Endreß 2018). Sein Ansatz zur Analyse abweichenden Verhaltens besteht in einer Aufgliederung der sozialen Realität in eine kulturelle und eine soziale Struktur (Lamnek 2013). Zum einen bestünden kulturelle Ziele und Absichten als geltende Zielsetzungen für Gesellschaftsmitglieder. Zum anderen müsse es Normen zur Regulierung der Mittel geben, welche die Individuen zur Erreichung der Ziele nutzen könnten. Gesellschaften, in denen sowohl das Element der Ziele wie auch der Normen zu stark hervortrete, könnten als nicht gleichgewichtig beschrieben werden. Eine Gesellschaft, welcher eine Balance der Ziele und Normen gelinge, sei hingegen stabil (Lamnek 2013).

Die *soziale Realität* bezeichnet die Sozialstruktur einer Gesellschaft und bezieht sich auf die Menge an sozialen Beziehungen, in die das Individuum eingebunden ist. Die Relevanz der Sozialstruktur für die Entstehung abweichenden Verhaltens sei die (ungleiche) Verteilung der Mittel in der Gesellschaft, welche dem Individuum zur Zielerreichung dienen. Als Ursache abweichenden Verhaltens kann ein Ungleichgewicht von kulturellen und sozialen Strukturen angesehen werden. Das abweichende Verhalten sei nicht das Ungleichgewicht per se, sondern die Anpassung des Individuums an diesen ungleichen Zustand zwischen kulturellen sowie sozialen Strukturen. Es handle sich um eine Provokation der Abweichung, ausgelöst durch eine Disbalance zwischen Werten und Normen auf der einen und unterschiedlich verteilten Mitteln auf der anderen Seite.

> „Wenn die kulturelle und soziale Struktur schlecht integriert sind, wenn die erstere Verhalten und Einstellungen verlangt, die die zweite verhindert, dann folgt daraus eine Tendenz zum Zusammenbrechen der Normen, zur Normlosigkeit" (Merton 1968, 292).

Ungleichgewicht könne, soziologisch betrachtet, zu anomalem Verhalten und damit zu Anomie führen. Das Individuum, welches sich in einer *Situation der mangelnden Integration* beider Elemente befinde, sei in hohem Maße desorientiert und passe sich durch ein spezifisches Verhalten an diese Situation an. Die Konsequenz dieser Annahmen wäre, dass nicht das Individuum durch seine eigenen Persönlichkeitseigenschaften zum Abweichenden würde, sondern die gesellschaftlichen Bedingungen, in denen es lebe, es zu eben diesem Abweichenden werden ließen.

Merton beschreibt vier mögliche Anpassungstypen als Ergebnis dieser Diskrepanz. Sie basieren auf den Einstellungen des Individuums zu Zielen, Werten und Mitteln, die jeweils abgelehnt oder anerkannt werden können: Innovation, Rebellion, Ritualismus und Rückzug.

- Der *Innovationstyp* lässt sich durch die Anerkennung kultureller Ziele in der Gesellschaft bei zeitgleicher Ablehnung der für deren Erreichung notwendiger Mittel charakterisieren. Er beschreibt wertneutral eine Konstellation, die besonders mit Delikten assoziiert wird, womit er wohl der wichtigste Anpassungstyp in der Analyse schichtspezifischer Kriminalität sein dürfte.

- Beim *Ritualismustyp* handelt es sich um die Verbindung von Ablehnung bzw. Entfernung von den kulturellen Zielen in einer Gesellschaft und einer Anerkennung der institutionalisierten Mittel.
- Ein wenig verbreiteter Anpassungstyp sei der des *sozialen Rückzugs*, in dem sowohl die Ziele der Gesellschaft als auch die Mittel abgelehnt würden. In der Konsequenz führe das zu einer Exklusion aus der Ursprungsgesellschaft. Aussteiger, Alkoholiker, Drogensüchtige etc. könnten zu diesem Typ gezählt werden.
- Der Anpassungstyp *Rebellion* betrachtet die bestehenden kulturellen Normen und institutionalisierten Mittel als veränderbar und versucht, diese durch neue Normen und Mittel zu substituieren. Die Entfremdung von den Zielen und Mitteln führt also zu einer aktiven Tätigkeit, die auf Wandel abzielt.

Die Anomietheorien wurden vielfach kritisiert und weiterentwickelt. So lautet ein Kritikpunkt, dass die Anpassungstypen, die Merton aus der reinen Annahme und Ablehnung kultureller Ziele und institutioneller Mittel herleitet, zu kurz greifen und nicht die Breite an Anpassungsformen abbilden. Außerdem wird Mertons Ansatz vorgeworfen, eine Taxonomie darzustellen. Die reine Definition der Typen stelle noch keine Erklärung dar. Weitere Bedingungen, beispielsweise die der Umwelt, ebenso wie Voraussetzungen des Auftretens würden nicht beschrieben, weshalb Kausalaussagen nicht getroffen werden könnten. Darüber hinaus lässt sich anmerken, dass das Konzept des anomischen Drucks schon im Hinblick auf den Einbezug von Normen einer Subkultur seine Berechtigung verliert, was daran liegt, dass ein Verhalten, welches in der Gesamtgesellschaft als nicht normkonform aufgefasst wird, in einer Subkultur durchaus mit den dort geltenden Normen übereinstimmen kann (Lamnek 2013).

Zuletzt sei auf die Weiterentwicklung der Anomietheorie durch Cloward und Ohlin (1960) verwiesen: sie fügen der reinen Diskrepanz zwischen kulturellen Zielen und institutionellen Mitteln die sozialstrukturell unterschiedliche Verteilung von illegitimen Mitteln hinzu. Nicht nur die legitimen Mittel, sondern auch die illegitimen Mittel seien in der Gesellschaft differentiell verteilt und treten in unterschiedlichem Maße in bestimmten Gesellschaftsschichten auf. Als Theorie der differentiellen Gelegenheiten lässt sie sich zwischen Anomietheorie, Subkulturtheorie und der Theorie der differentiellen Assoziation verorten, weil die Faktoren Milieu und Lernpsychologie einen höheren Stellenwert erhalten. Sie bildet somit einen *relevanten Querschnitt*, der in hohem Maße zu einer verbesserten Erklärung des Auftretens abweichenden Verhalten aus soziologischer Sicht beiträgt (Lamnek 2013, 126 f.).

Verhaltensauffällige Kinder und Jugendliche wachsen erfahrungsgemäß häufig in Gesellschaftsschichten auf, deren Mitglieder nicht nur einfachen Tätigkeiten nachgehen, sondern zudem stark körperlich belastende Arbeiten verrichten und darüber hinaus wenig verdienen. Es stellt sich die Frage, ob sie die Normen und Werte der Gesellschaft ausnahmslos teilen und inwieweit sie sich selbst als Teil der Gesellschaft betrachten. Gerade wenn die Normen der Gesamtgesellschaft sehr weit von den erreichbaren Normen der Einzelmitglieder entfernt sind, kann dies zu einer hohen *Frustration* und einer Tendenz zu extremen Einstellungen führen. Das Aufwachsen und die Sozialisation von Kindern und Jugendlichen in einem Umfeld erlebter Chancenungleichheit wäre ein möglicher Erklärungsansatz für Verhaltensweisen, die nicht den in der Gesamtgesellschaft bestehenden Normen entsprechen.

Man kann davon ausgehen, dass Störungen dieser Art, die gewissermaßen gesellschaftlich provoziert werden, schwer aufzulösen sind, vor allem dann, wenn es die Gesellschaft und deren Schulsystem selbst sind, die diese Kinder und Jugendlichen betreuen und beschulen. Es stellt sich die Frage, inwieweit der Zugang zu legitimen Mitteln und die Gleichheit von Chancen verbessert werden müssten, anstatt alleine Kinder und Jugendliche für Verhaltensweisen verantwortlich zu machen, die nicht individuell, sondern wesentlich institutionell erzeugt werden.

4.3.3 Perspektive der Theorien des differentiellen Lernens

Die Theorien differentiellen Lernens knüpfen stark an *behavioristische Annahmen* (Kap. 4.1.1) an und gehen davon aus, dass abweichendes Verhalten erlernt wurde. Sutherland (1968) fokussierte vor allem auf die Entstehung *delinquenten Verhaltens*. Je länger und intensiver eine Person in differentiellen Kontakten mit Einstellungen in Berührung komme, die abweichendes Verhalten unterstützten oder zu rechtfertigen suchten, umso wahrscheinlicher sei die Entstehung eines solchen Verhaltens. Daran schließen sich eine Reihe theoretischer Erweiterungen an, in denen es beispielsweise um das Ausmaß an Identifikation und positiver Bewertung devianten Verhaltens (Glaser 1956) geht, um Bezüge zur Anomietheorie durch die Theorie der differentiellen Gelegenheiten (Cloward 1968) oder um die Neutralisierung von Verhaltensweisen, die eigentlich als schuldhaft angesehen, dann aber umgedeutet werden (Sykes/Matza 1957). Immer aber geht es um Aspekte des Erlernens aufgrund differentieller Gegebenheiten, aus denen schließlich abweichendes Verhalten hervorgeht. Aus Sicht der Pädagogik bei Verhaltensstörungen muss kritisiert werden, dass die Theorien des differentiellen Lernens ohne Berücksichtigung individueller Bedürfnisstrukturen, moralischer Entwicklung und Emotionalität auskommen. Umgekehrt verweisen sie auf die Einflusskraft von bestimmten Einstellungen und Wertvorstellungen innerhalb spezifischer Lebenslagen und Milieus auf die Entstehung auffälligen Verhaltens.

4.3.4 Perspektive des Labeling Approach

Der Labeling Approach ist in Deutschland als **Etikettierungsansatz** bekannt und wurde 1938 entworfen. Seine Ursprünge liegen im symbolischen Interaktionismus (Lamnek 2013, 217). Ab den 1960er Jahren wurde er in Deutschland adaptiert und in verschiedenen Varianten weiterentwickelt: z.B. Kontrollparadigma, interaktionistische Orientierung, Reaktionsansatz, Definitionsansatz und Etikettierungstheorie. Die Relevanz der Theorien rund um den Labeling Approach liegt für die Pädagogik bei Verhaltensstörung darin, dass „[…] Bewusstheit [für den] Umgang mit Störungen, Auffälligkeiten, Behinderung und Krankheiten" (Stein 2019, 117) geschaffen wird. Gemeinsam ist allen Theorieansätzen, dass sie sich nicht mit den Ursachen für abweichendes Verhaltens befassen, sondern davon ausgehen, dass eine *Abweichung durch die Anwendung von Normen* entsteht, denn diese führten zur Etikettierung von Verhalten. D.h., abweichendes Verhalten wird durch die Interaktion mit anderen Personen oder Institutionen erzeugt, denen eine Kontrollfunktion zugeschrieben wird oder zukommt (Hillenbrand 2008b, 18). Als ein solches Etikett ließe sich die Bezeichnung „Förderbedarf" ansehen, da dieser durch eine Institution an eine Person vergeben wird. Etikettierungen können sich auf die betroffene Person enorm auswirken und sie über die Schulzeit hinweg bis ins Berufsleben hinein begleiten (Lamnek 2013, 227). Etikettierungen sind also *Machtinstrumente* und benötigen daher Legitimierung und Reflexion. Eine etikettierende Zuschreibung erfolgt individuell und selektiv, d.h. es kommen stets persönliche Wahrnehmungsmuster zum Tragen. Was Person A als konformes Verhalten ansieht, kann Person B als abweichendes Verhalten wahrnehmen. Hinzu kommt, dass ein als abweichend zugeschriebenes Verhalten alle anderen Verhaltensweisen überschatten kann und den Blick für konforme Verhaltensweisen verstellt.

Dieser Effekt führt dazu, dass sich gemäßigte Etikettierung von *radikaler Etikettierung* unterscheiden lässt. Im Falle gemäßigter Etikettierung hat das Etikett eine objektive Berechtigung, weil es tatsächlich gezeigt wird. Bei radikaler Etikettierung hingegen wird eine Zuschreibung vorgenommen, ohne dass ein abweichendes Verhalten auszumachen ist. Ursache können z.B. die Nationalität oder der eigene Name sein. Die Folgen können vielfältig sein und zum einen dazu führen, dass der Betroffene in seinen Teilhabemöglichkeiten eingeschränkt wird. Zum zweiten kann das Etikett derart stark wirken, dass abweichendes Verhalten überhaupt erst entsteht oder sich ausweitet. Und schließlich kann das *Selbstbild* des Etikettierten nachhaltig beeinflusst werden. Als weitere Folge einer Etikettierung könnten Instanzen hinzugezogen werden, die das Etikett offiziell werden lassen – eine Gefahr für **sonderpädagogische Diagnostik**, auch wenn dies nicht ihr eigentliches Anliegen ist (Kap. 7.1).

Die Verdienste der Theorien rund um den Labeling Approach bestehen darin, verdeutlicht zu haben, welche immens negativen Folgen insbesondere radikale Etikettierung nach sich ziehen kann. Die Gefahr, dass durch Etikettierung Behinderungen überhaupt erst erzeugt bzw. „konstruiert“ werden, ist immens. Zugleich ist kritisch zu überdenken, ob sich alle Behinderungsformen tatsächlich als Ergebnis von Etikettierung sehen lassen (sollten). Für die Pädagogik bei Verhaltensstörungen gilt es, ein besonderes Maß an Reflektiertheit an den Tag zu legen, da gerade als störend oder schwierig empfundenes Verhalten dazu „geeignet“ erscheint, Etikettierungskarrieren zu erzeugen (Schelp 2019, 34f.).

Das so genannte **Ressourcen-Etikettierungs-Dilemma** verdeutlicht dies im Besonderen: Wo Kinder und Jugendliche besondere Unterstützung benötigen, um lernen zu können, sind sie darauf angewiesen, dass ihr Bedarf auf der Basis ausgewiesener Fachlichkeit überprüft und festgehalten wird. Darin liegt ein anwaltschaftlicher Anspruch der Sonderpädagogik (Kap. 2.1), dessen Anliegen es nicht ist, Kinder und Jugendliche zu etikettieren. Dennoch lässt sich die Gefahr der Etikettierung nicht beseitigen – Anliegen hin oder her. Andererseits kann mit einer Diagnose auch eine Hilfe verbunden sein, nicht nur im Sinne externer Unterstützung, sondern auch dahingehend, sich selbst besser verstehen zu können. Kritisch einzuwenden ist, dass der Labeling Approach Verhaltensauffälligkeiten letztlich *nicht* erklärt, sondern „lediglich" mögliche Wirkungen aufzeigt. Damit schließt er Verhaltensproblematiken wie Sucht, selbstverletzendes Verhalten, Essstörungen u.v.a.m. aus.

Fragen zum Verständnis:

Welches sind die wichtigsten Kriterien einer Kontrakultur und wie lässt sich diese von einer Subkultur unterscheiden?
Was meinte Durkheim ursprünglich mit „Anomie"?
Was ist mit differentiellen Gegebenheiten gemeint?
Was ist das Ressourcen-Etikettierungs-Dilemma?

Fragen zum erweiterten Verständnis und zur Vertiefung:

Weshalb können soziologische Theorien nur begrenzt Aussagen für eine auf das Individuum fokussierte Pädagogik bei Verhaltensstörungen treffen?
Inwieweit kann die Anomietheorie einen Beitrag dazu leisten, den Zusammenhang von sozialer Benachteiligung und dem Entstehen von Verhaltensstörungen zu erklären?

Antworthorizonte als Online-Material verfügbar.

Grundlagenliteratur:

Dollinger, B., Raithel, J. (2006): Einführung in die Theorien abweichenden Verhaltens. Beltz, Weinheim

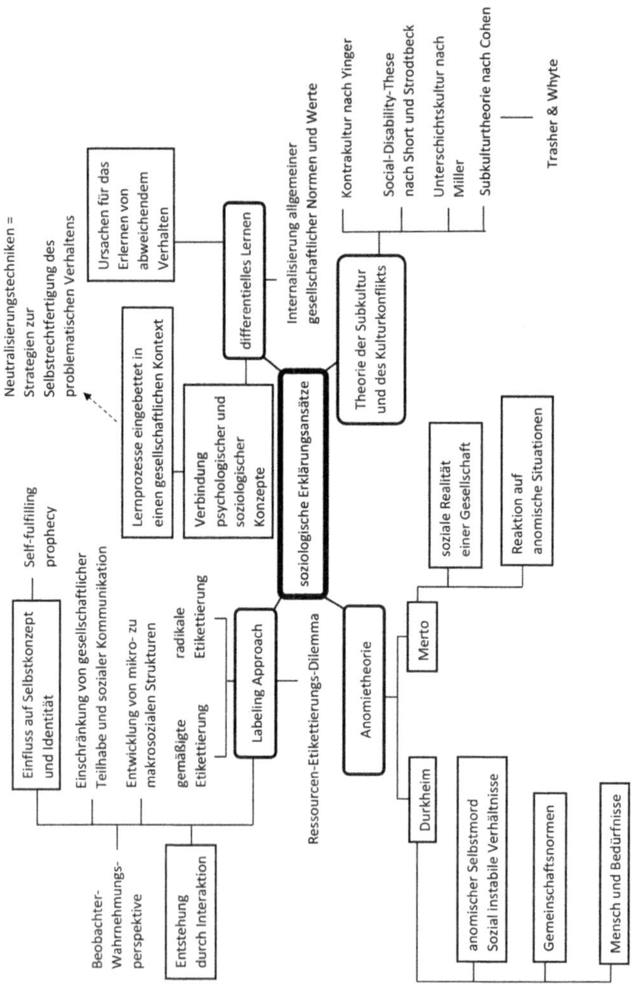

Thematische Skizze 12: Soziologische Erklärungsansätze

5 Bildung und Erziehung

Bildsamkeit ist eine Fähigkeit, die allen Menschen zu eigen ist und mithilfe von Erziehung in Bildung überführt werden kann. Daher muss sich die Pädagogik bei Verhaltensstörungen mit Aspekten eines eigenen Bildungsbegriffs auseinandersetzen und Erziehungsprozessen eine Richtung geben. Erziehung selbst zu legitimieren, bleibt darüber hinaus eine schwierige Aufgabe. Die Verhaltens- und Erlebensweisen auffälliger Kinder und Jugendlicher bringen zudem unweigerlich die Fragen nach den Mitteln von Erziehung mit sich. Als Wissenschaftsdisziplin mit interdisziplinären Bezügen müssen auch das Verhältnis zu Therapie bestimmt und Konzeptionen im Schnittbereich unter die Lupe genommen werden.

5.1 Bildsamkeit und Bildung

Als Prozess und in ihren Erträgen ist Bildung auf *Neugierde* angewiesen: gemeint ist, immer wieder „neu gierig" auf die Welt zu sein und so in ein Verhältnis mit dieser einzutreten, das die ganze Person einbezieht und dabei nicht nur die „Sachen klärt", sondern auch den „Menschen stärkt" (Hentig 1986). In Bildungsprozessen geht es nicht nur darum, dass sich Menschen mit ihrer Welt auseinandersetzen, sondern dies in einer Qualität tun, die sie und ihr Umfeld für ein sinnhaftes Leben stärkt – eine zentrale Aufgabe für und mit verhaltensauffälligen Kindern und Jugendlichen, die sich und ihr Umfeld oft nur wenig oder gar nicht stärkend erleben (s. thematische Skizze 13).

Bildung ist keinesfalls dasselbe wie Ausbildung! Bildung meint auch nicht, für einige Jahre die Schule zu besuchen und dann eine Ausbildung zu beginnen, denn eine solche durchläuft man oder bietet sie jemandem an. Ziel ist, dass man am Ende etwas kann. Bildung dagegen meint, immer wieder daran zu arbeiten, etwas zu werden. Man kann ausgebildet, nicht aber gebildet werden. Bildung ist daher nicht dasselbe wie Wissenserwerb, sondern betrifft stets die ganze Person und zielt nicht nur auf einzelne *Persönlichkeitsdimensionen* ab. Bildung geht es nicht um Fähigkeiten und Fertigkeiten zum Eigennutzen oder dem der Gesellschaft. Sie ist zweckfrei, was Kosten-Nutzen-Rechnungen beträgt – aber gerade deshalb nicht zwecklos. Reduziert man Bildung auf Können und Nicht-Können, dann läuft man Gefahr, die Menschen selbst auf eben dieses zu reduzieren.

> „Zuerst Kant, dann Herder, Goethe, Schiller, Wilhelm von Humboldt haben sich kritisch gegen diese Art funktionalisierter Bildung gewendet und die Bedeutung der Person als Substanz und die Wichtigkeit der Bildung zu ihrer Entwicklung betont" (Geissler 2006, 36).

Anders als das Können ist das Werden des Menschen auf Offenheit hin angelegt und begründet seine personale Freiheit mit. Damit ist Bildung mehr als Ausbildung, mehr als ein, wenn auch notwendiger, Kompetenz- und Wissenserwerb mit Blick auf eine mögliche Lebens- und Berufswelt. Bildung auf formale Aspekte zu reduzieren, führt zwar in eine notwendige Auseinandersetzung damit, was angesichts der Relativität von Wissen einerseits und der ständig anwachsenden Wissensbestände andererseits zu lernen ist und was dies methodisch nach sich zieht, bleibt aber eine Verkürzung des Bildungsgedankens. Bildung ist Arbeit für und mit Menschen zu deren Menschwerdung und Realisierung eines sinnerfüllten Lebens in Gemeinschaft. Dabei ist insbesondere die subjektive Perspektive von Kindern und Jugendlichen „am Rande der Bildungswelt" (Bröcher 1997, 57) zu berücksichtigen, zu der pädagogisch Professionelle, die zumeist ganz andere Weltzugänge aufweisen, nur schwer verstehenden oder gar anteilhabenden Zugang finden – sind sie doch anders aufgewachsen, bewegen sich in anderen Wertvorstellungen und weisen auch andere Bildungsbiographien auf als die ihnen anvertrauten Kinder und Jugendlichen.

> „Daß wir […] oft genug […] auf private Lebenswelten stoßen, die uns fremd, unvernünftig, bizarr, verzerrt usw. vorkommen mögen, obwohl wir doch bestimmte objektiv zu beschreibende, räumliche, soziale und zeitliche Strukturen der Lebenswelt vorzufinden meinen, die doch eigentlich intersubjektiv anerkannt werden müßten, hängt vor allem mit der Tatsache zusammen, daß jeder Mensch seine eigene Welt im Kopf hat, nämlich als ein biographisch und lebensweltlich geprägtes System von Repräsentationen" (Bröcher 1997, 91).

Bröcher muss recht gegeben werden, wenn er aus Sicht der Pädagogik bei Verhaltensstörungen eine Erweiterung der bestehenden „theoretischen Weltenmodelle“ (Bröcher 1997, 60) fordert. Zugleich besteht jedoch die Gefahr, im bloßen Aufgreifen der Lebenswelt Bildungsprozesse im Sinne des potentiellen Werdens von Kindern und Jugendlichen einzuschränken, wenn die bekannte Welt bestätigt wird, nie aber über sie hinaus neue Lebens- und Lernhorizonten aufgezeigt werden.

Gerade Schulen laufen Gefahr, sich zunehmend dem Diktat einer *Wissensgesellschaft* zu unterwerfen und entpflichten sich damit quasi nebenbei von der Idee Bildung. Nicht was der Mensch sein könnte, weil er Mensch ist, steht im Vordergrund dieses Zeitgeists, sondern was er kann und in möglichst schneller Zeit ist – und dies nicht für sich als Person, sondern mit Blick auf seine Brauchbarkeit. Krautz (2007) weist darauf hin, dass es nicht unanständig ist, durch Bildung zu materiellem Wohlstand beizutragen; Bildung hierauf einzuschränken jedoch sehr wohl. Erkennt man an, dass **Bildung ein Menschenrecht** ist, so darf in den Menschen nicht investiert werden, damit seine Fähigkeiten verwertet werden, sondern schlicht, weil er Mensch ist.

Normativen Aussagen in der Pädagogik unterstellt man bisweilen zurecht, sie verblieben in einem Aufforderungscharakter, oftmals mit moralischem Anstrich versehen, ohne sich einer Überprüfbarkeit auszusetzen. Die Unbestimmtheit (Müller 2012), die sich mit dem Normativitätsgedanken verbindet, begründet sich aber aus der Unbestimmtheit des Menschen und seiner **anthropologischen Freiheit** selbst.

Die Orientierung der Pädagogik an wirtschaftlichen Prinzipien lässt sich an Begriffen ablesen, die längst selbstverständlich sind und fälschlicherweise für pädagogische gehalten werden: für den Begriff der Förderung hat Speck (1995) darauf hingewiesen, aber auch der Kompetenzbegriff und das eindimensionale schulische Leistungsverständnis zählen dazu. Für die Bildung verhaltensauffälliger Kinder und Jugendlicher ist es daher notwendig, die Bildsamkeit zu betrachten, denn sie ist die große Freiheit des Menschen, die durch Ideen von Bildung eingeschränkt oder beflügelt werden kann. Bildsamkeit, steht für eine Fähigkeit des Menschen, die sich evolutionär durchgesetzt hat (Benner/Brüggen 2004) und auf die Herbart (1827) hinwies: Der Mensch – fähig, Fähigkeiten bilden zu können. Bildung meint die Konfrontation des Heranwachsenden damit, dass er bildsam ist. Die Aufforderung, die eigene Bildsamkeit zu erfüllen, wird durch *Erziehungsziele und -prozesse* kanalisiert. Erziehen nur die Umwelt oder das Milieu, die „Gang“ oder der Kiez, so führt die Bildsamkeit auch zu Fähigkeiten, deren Ausübung anderen schadet und mit denen geltendes Recht verletzt wird.

Wie aber lässt sich der Bildsamkeit des Einzelnen gerecht werden? Was nicht durch Erfahrung, durch Nachmachen oder Versuch gelernt wird, muss durch pädagogische Arbeit verwandelt werden. Es sind *Umschaffungs-, Entflechtungs-, Elementarisierungs- und Verstehensprozesse* nötig, damit junge Menschen sich ihre Welt aneignen und die eigene Bildsamkeit sinnvoll entfalten können. Das Ausbilden von Fähigkeiten und das „Bestätigen“ der Lebenswelt (Bröcher 1997) der betroffenen Kinder und Jugendlichen alleine reicht nicht aus, um Bildsamkeit in Bildung zu überführen.

> „[…] am scheinbar ausweglosen Fall muss sich die Wahrheit der pädagogischen Unterstellung und Ambition erweisen, dass sich Bildsamkeit in der Konfrontation von Mensch und Welt ereignet, notwendigerweise – und, pädagogisch vor allem, dass die Welten gefunden werden müssen, die solche Beweise ermöglichen […]. Bildsamkeit im Kontext von Behinderung zu erweisen, bedeutet deshalb im pädagogischen Verstande nichts anderes als die Zuspitzung des Grundproblems von Universalisierung und Individualisierung, und zwar unter kontingenten Bedingungen“ (Tenorth 2011, 7).

Bildsamkeit kann verstanden werden als die Gabe eines jeden Menschen, eigene Handlungen zu entwerfen und auszuführen und durch diese Handlungen die Notwendigkeiten des eigenen Lebens selbst immer wieder aufs Neue zu meistern. Ob dies im Rahmen gesellschaftlich gültiger Normen und Werte geschieht, ist damit noch nicht gesagt. Gerade die Pädagogik bei Verhaltensstörungen weiß um Kinder und Jugendliche, die ihre Bildsamkeit durch übergriffige oder andere schädigende Handlungen erfüllen (müssen) und muss sich daher im Besonderen mit dem Verhältnis von Bildsamkeit, Bildung und Erziehung auseinandersetzen. Die Weltaneignungsprozesse verhaltensauffälliger Kinder und Jugendlicher sind oft geprägt von Gewalt und Zwang, zugleich aber auch von Ohnmacht. Gelingender Bildung im Kontext einer Pädagogik bei Verhaltensstörungen müsste es daher darum gehen, verborgene, verschüttete, bislang wenig kultivierte Fähigkeiten als

„Substanz der Person" (Geissler 2006, 36) zur eigenen Menschwerdung hervorzubringen. Denn verhaltensauffällige Kinder und Jugendliche sind Täter und Opfer einer globalisierten Welt zugleich, weil diese ihnen letztlich nicht offensteht, ihre Bildsamkeit in Bildung zu verwandeln. Sie ist ihnen verschlossen und wird durch bisweilen hoch spezialisierte institutionelle Pädagogik in Form von geschlossener Unterbringung quasi bestätigt. Um Bildung zu ermöglichen, müssten pädagogisch Professionelle der Geschlossenheit etwas entgegensetzen, weil es aufgrund der Lebensverläufe der Betroffenen Anlass gibt, sich um ihre personale Freiheit zu sorgen. Auch die medial multioptional erscheinende Welt täuscht über das Ausmaß der wahren „Lebensoptionen und -ligaturen" (Thimm 1997) hinweg.

> „Wir finden nicht wirklich, wonach wir suchen […]. Und Schule muss aufpassen, dass sie nicht selber ein reiner Reichweitenvergrößerer wird, indem sie lediglich mehr Stoff und Kompetenzen vermittelt, aber von alledem nichts zum Sprechen bringt" (Rosa/Endres 2016, 102).

Auch mit Bildung erzeugt man nicht automatisch Freiheit. Bildungskonzepte, die übermäßig und formal auf *Vielwissen und Gesellschaftsreproduktion* abzielen, genügen hier nicht mehr. Pädagogisch Professionelle haben mindestens zwei Verpflichtungen einzulösen, die sich manchmal jedoch entgegenstehen: Sie müssen zu „ihren" Kindern und Jugendlichen halten, wozu Bildungsinstitutionen als „emotionaler Raum" (Göppel et al. 2010) mit allen Gefahren von Kränkung und Beschämung einerseits, Wohlbefinden und Ermächtigung andererseits verstanden und gestaltet werden müssen. Zugleich gilt es, das Bildungsgut in seinen Ansprüchen und seiner Würde zu vertreten. Bei Bildung geht es demnach um die Qualität von Beziehungen zur Welt und wie durch diese **Resonanzen** beim Individuum und in der Welt erzeugt werden.

> „Resonanz ist ein Zustand, eine Art und Weise des Verbundenseins mit der Welt, bei der tatsächlich in uns etwas zu schwingen beginnt. Man kann das wirklich als Metapher fassen, weil das eine Art des In-der-Welt-Seins beschreibt, bei dem uns die Dinge […] berühren oder bewegen und wo wir aber auch das Gefühl haben, wir können da draußen sozusagen Klänge erzeugen, also selbst Dinge in Schwingung bringen" (Rosa 2014, o. S.).

Gerade die Pädagogik bei Verhaltensstörungen weiß: viele Kinder und Jugendliche erleben sich als belastet und bedroht, als ohnmächtig und ausgeliefert, als traurig und wütend, als beschämt und bloßgestellt. Wem es so geht, erfährt die Welt stumm, leer und verschlossen, keinesfalls aber als in Schwingung versetzenden Resonanzkörper oder „emotionalen Raum“ (Göppel et al. 2010). Und so bleibt auch das eigene Selbst stumm und leer. Ihre Weltbeziehungen, ihre Resonanzachsen werden starr, sind geprägt von Misstrauen, Abwehr und Einsamkeit. Andere Kinder und Jugendliche dagegen erleben ständig ein Zuviel an Resonanz, sind von der Welt permanent überfordert und schier überflutet. Ihre Versuche, mit dem Zuviel an Schwingung umzugehen, sind im wahrsten Wortsinn offensichtlich. Vermisste oder ersehnte Resonanzen wenden sich in Akte der Aggression gegen sich selbst und andere.

> „Resonanz enthält ein Moment der Offenheit und der Unverfügbarkeit, das sie von Kompetenz unterscheidet. Kompetenz ist Aneignung, Resonanz meint Anverwandlung von Welt: Ich verwandle mich dabei auch selbst“ (Rosa/Endres 2016, 7).

Resonante Fachkräfte können nicht nur beraten und fördern, unterrichten und erziehen, sondern darin etwas Wesentlicheres – sich und andere zum Schwingen bringen: Resonanz ist nur dort möglich, wo man Menschen als Personen im wahrsten Wortsinn anerkennt: Die genaue Herkunft des Begriffs „Person“ ist umstritten, aber eine Bedeutung verweist auf per-son-are, das Durchtönen. In der Antike war damit gemeint, was durch die Maske eines Schauspielers hindurchtönte. Übertragen gesprochen geht es darum, das hervorzuholen und zum Tönen und Klingen zu bringen, was sich hinter den Masken von Gewalt und Aggression, von Coolness und Lustlosigkeit verbirgt, die verhaltensauffällige Kinder und Jugendliche tragen.

> „Kinder und Jugendliche mit Verhaltensstörungen befinden sich angesichts ihres beschränkten Repertoires an Handlungsalternativen in der Schwierigkeit, ihre soziale Situation angemessen gestalten zu können. Ihre ‚Teilhabe an der gemeinsamen Welt‘, d. h. die ‚Teilhabe am Wissensstand, Denken und Können der jeweiligen Zeit und Gesellschaft‘ ist erschwert. Mehr noch, diese Menschen sind auch ‚in ihrer Beziehung zu anderen Personen und dadurch ebenso in ihrem Verhältnis zu sich selbst korrumpiert‘ […]. Das Zusammenspiel der Partner in ihren sozialen Bezügen droht fortlaufend zu scheitern. Damit ist auch

> die Selbstverwirklichung dieser Personen [im Sinne von Bildungsprozessen; T. M.] in Frage gestellt" (Hußlein 1983, 12 f.).

Pädagogisch Professionelle benötigen demnach Raum, sich damit auseinandersetzen zu können, wie sie über das Denken und Wollen, das Fühlen und Erleben von ebenso unverwechselbaren Menschen, verhaltensauffälligen Kindern und Jugendlichen, sprechen und in einen pädagogischen Umgang mit diesen finden können. Damit wird die Beziehung zum jeweils anderen im Ergebnis differenzierter und reicher. Je mehr Bildung in diesem Sinne, umso mehr Einfühlung und umso mehr kann man sich ein Bild davon machen, wie es wäre, der jeweils Andere zu sein, was es heißen könnte, diese oder jene Situation zu erleben oder auch zu durchleiden.

> „Bildung ist ein essenzieller Prozess, in dem sich Weltbeziehungen entwickeln und herausbilden können. Bildung gelingt dort, wo wir für junge Menschen einen Ausschnitt unserer Welt […] zum Sprechen bringen. Die Idee von Bildung ist, Welt für Subjekte zum Sprechen zu bringen oder in Resonanz zu versetzen" (Rosa/Endres 2016, 18).

Gelingende Bildung und somit gelingendes Leben, in pädagogischen Institutionen und außerhalb davon, sind auf Resonanzen angewiesen. Es geht um Beziehungen und um eine differenzierte und individualisierte Auswahl von Inhalten, in denen verhaltensauffällige Kinder und Jugendliche nicht weiter in Erfahrungen der Ohnmacht getrieben, in denen sie nicht beschämt oder abgewertet werden. Und es geht um *Weltbeziehungen*, in denen sie positiven Widerspruch erfahren, an dem sie sich reiben und wachsen können. „Wir können zumindest beobachten, wie sehr eine Grundhaltung des Manipulierens, Beherrschens, Kontrollierens oder des Repulsiven eine tendenziell verletzende oder missachtende Welterfahrung ist" (Rosa/Endres 2016, 25).

Bildung mit verhaltensauffälligen Kindern und Jugendlichen könnte sich darum mühen, solche biographisch oft massiven Erfahrungen nicht zu bestätigen, sondern ihnen entgegen zu wirken. Gerade, wenn Kinder und Jugendliche institutionelle Pädagogik bislang so erlebt haben, dass sie dort nicht selbstwirksam sein konnten und dass darüber Verletzungen fortgesetzt wurden, die sie aus ihrem familiären Umfeld in anderer „Färbung" längst kennen, hat es Bildung schwer, dem glaubhaft Resonanz entgegenzusetzen. Kinder und Jugendliche reagieren dann schnell abwehrend, verweigernd oder aggressiv, weil sie unbedingt erwarten und wohl auch bestätigt sehen wollen, dass Pädagogik bei Verhaltensstörungen nicht für *Ermächtigungserfahrungen,* sondern *Ohnmachtserweiterung* steht: „Die Welt ist das, was mich verletzt, ich muss ihr am besten ausweichen" (Rosa/Endres 2016, 39). Resonanz meint aber nicht das Gefühl „ich herrsche oder beherrsche, ich kontrolliere und manipuliere", sondern etwas oder jemanden erreichen zu können, etwas gestalten zu können und dadurch selbst berührt zu werden. Dafür gilt es zumindest zwei Formen von Pädagogik zu vermeiden: Wo Professionelle allmächtig vorgeben, was gemacht wird, kann keine Resonanz entstehen. Wo sie nur offene Angebote machen, aus der man scheinbar in Freiheit auswählen kann, schafft das keine Selbstwirksamkeit, sondern signalisiert Beliebigkeit. Daher gilt: Es kommt auf kluge Auswahlmöglichkeiten an, auf Orientierung stiftende Strukturen, in denen sich Freiheit und Selbstwirksamkeit entfalten können, weil beides vorhanden ist: Führung und Wahl.

Fragen zum Verständnis:

Was ist mit der Bildsamkeitsannahme gemeint?
Wie kann aus Bildsamkeit Bildung werden?
Welche Rolle spielt Resonanz für gelingende Bildung?

Fragen zum erweiterten Verständnis und zur Vertiefung:

Inwiefern ist die Anerkennung der Bildsamkeitsannahme auch heute keine Selbstverständlichkeit? Woran lässt sich das festmachen? Inwiefern benötigt die Pädagogik bei Verhaltensstörungen einen eigenen Bildungsbegriff?

Antworthorizonte als Online-Material verfügbar.

Grundlagenliteratur:

Rosa, H., Endres, W. (2016): Resonanzpädagogik. Wenn es im Klassenzimmer knistert. Beltz, Weinheim

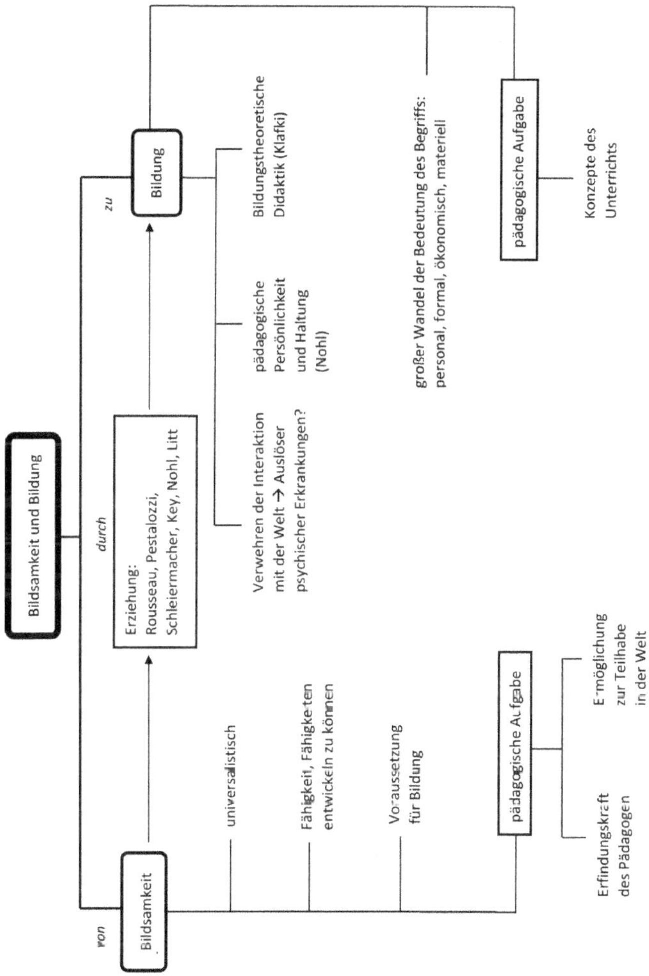

Thematische Skizze 13: Bildsamkeit und Bildung

5.2 Erziehung als sonderpädagogische Aufgabe

Erziehung kommt mit Blick auf die Bildsamkeitsannahme die Funktion zu, Kinder und Jugendliche so zu begleiten, dass sich ihre Bildsamkeit erfüllt und sie an der Bearbeitung der Problemstellungen des menschlichen Zusammenlebens mitwirken können. Die Herausforderung für die Erziehung besteht darin, dass das Kind nicht nur bildsam ist, sondern zugleich nach seiner Geburt für lange Zeit auf fremde Hilfe angewiesen ist, um zu überleben und Eigenes zu realisieren. Die Interaktion zwischen Erziehenden und Kind muss daher darauf abzielen, diesem die Gelegenheit zu geben, „zu lernen sich selbst zu helfen" (Benner 2010, 74), auch wenn damit die Gefahr von Bevormundung (noch) nicht grundsätzlich ausgeschlossen ist. Das Kind muss dabei in einer Weise unterstützt werden, die es ihm erlaubt, durch eigenes Tätig-Sein seine Hilfsbedürftigkeit Schritt für Schritt ab- und seine Fähigkeiten aufzubauen. Hier geht das Prinzip der Bildsamkeit in das der Aufforderung zur Selbsttätigkeit über.

Erziehung als **Praxis** ist unverfügbar in dem Sinne, in dem sich der andere allen Erziehungsbemühungen immer auch entziehen kann. Mit Blick auf Bildung und Resonanz ist auch für Erziehung zu konstatieren:

> „Ob der oder die andere [...] sich auf eine [...] Resonanzbeziehung mit mir einlässt, habe ich gerade nicht in der Hand. Dass die andere Person auch ‚nein' oder ‚Jetzt nicht!' sagen kann, ist eine Voraussetzung dafür, dass wir mit ihr in Resonanz treten können" (Rosa 2016, 51).

Zugleich ist es ein Ausdruck der anthropologischen Freiheit des anderen, sich entziehen zu können. Gerade in der Begegnung mit verhaltensauffälligen Kindern und Jugendlichen zeigt sich dies als eine reale und äußerst herausfordernde Erfahrung.

5.2.1 Ziele und Erwartungen

Obwohl Erziehung also ein Wagnis bleibt, weil sie ein Scheitern impliziert (Bollnow 1959), wird an ihr kaum gezweifelt. Ganz im Gegenteil: je mehr Erziehungsbedürftigkeit einem Kind unterstellt wird, umso mehr gerät sie in den Fokus. Dies verdeutlicht, weshalb Erziehung gerade für die Pädagogik bei Verhaltensstörungen wichtig ist (s. thematische Skizze 14). Wie aber Erziehung sein sollte, darüber gibt es keine einheitlichen Aussagen, nur über ihre Ziele besteht eine Art kleinster gemeinsamer Nenner: *Mündigkeit, Selbstbestimmung, Autonomie, Verantwortung, Sittlichkeit* u.v.a.m. Legitimiert sind diese Erziehungsziele so aber nicht, denn unabhängig davon, ob man meint, am besten möglichst wenig auf Kinder einzuwirken, oder ob bestimmte Mittel absichtsvoll eingesetzt werden (Brezinka 1990) – immer wird der Erziehung eine Wirkkraft unterstellt, diese Ziele auch erreichen zu können. Mit Erziehung sind also stets hohe Erwartungen verbunden, was mit Blick auf verhaltensauffällige Kinder und Jugendliche und die mit ihnen verbundenen Erziehungsaufgaben unter „**erschwerten Bedingungen**" (Speck 1987, 15) hinterfragt werden muss.

Ein Blick in die Geschichte zeigt zudem, dass unzählige (verhaltensauffällige) Kinder und Jugendliche unter Formen schwarzer Pädagogik zu leiden hatten (Göppel 1989). Folgt Erziehung einem *moralischen Verständnis*, das ethisch begründbar ist, so lassen sich durchaus Inhalte und damit Ziele von Erziehung ausmachen. Speck (1996, 79) beispielsweise arbeitet für die moralische Dimension von Erziehung „Achtung als Grundprinzip von Moral" heraus. Darüber wird aber erst recht deutlich, wie sehr die Pädagogik bei Verhaltensstörungen herausgefordert ist, solche und ähnliche Ziele zu verwirklichen, hat sie es doch im Besonderen mit Kindern und Jugendlichen zu tun, die sich nicht selbst achten können oder sich dies sogar verbieten, um ihre fragile Identität nicht weiter zu beschädigen. Das wirft die Frage auf, ob es grundsätzlich richtig ist, sich an Erziehungszielen wie Achtung oder Autonomie zu orientieren, wenn gerade über die Biographien verhaltensauffälliger Kinder und Jugendlicher die „Begrenztheit, Bedürftigkeit, Endlichkeit und Abhängigkeit" (Gröschke 2002, 88) des Menschen besonders offensichtlich wird.

Zudem ist Erziehung nicht nur an zu legitimierende Ziele gebunden und von Menschen abhängig, die zur Erziehung geeignet erscheinen, sondern abhängig von anderen Einflüssen, wie *Milieus, Nicht-Vorbildern, politischen Systemen* u.v.a.m. Verhaltensauffällige Kinder und Jugendliche wachsen oft in Familien auf, in denen ambivalente Erziehungsverhältnisse herrschen, beispielsweise aufgrund der psychischen Erkrankung von Elternteilen oder durch das Fehlen oder den häufigen Wechsel von Lebenspartnern.

Aber auch sozial benachteiligende Verhältnisse, das Erleben von Gewalt, Vernachlässigung und Verwahrlosung erziehen mit und wirken sich negativ aus – auf die Kinder und Jugendlichen ebenso wie auf pädagogische Annahmen von Erziehung. Derart konträre Lebenserfahrungen und Wertvorstellungen lassen sich nicht ohne Weiteres miteinander vereinbaren. Darüber wird erkennbar, warum es eine allgemeingültige Theorie der Erziehung nicht geben kann, theoretische Fundierungen jedoch für professionelle Erziehung dringend notwendig sind. Was Erziehung ist, bleibt unscharf und wird über Oelkers Kritik am Systematisierungsversuch Mollenhauers (1982) deutlich:

> „‚Erziehung' ist mal Dialog, mal Handlung; ‚Erziehung' ist Kommunikation, Einwirkung oder Entwicklung; ‚Erziehung' ist der Prozess und das Produkt; ‚Erziehung' ist die Situation, die Transmission und die Ereignisse auf dem Weg; ‚Erziehung' ist Begrenzung und Ausweitung der Ereignisse; Dialog zwischen Personen oder mit und über Medien […]. Eine klare Begriffsreferenz ist bei alledem nicht zu erkennen" (Oelkers 2001, 33).

Fast alle Erziehungsvorstellungen zielen auf **Sittlichkeit** und/oder **Moralität** ab. Von Erziehung wird also erwartet, dass aus Kindern gute Kinder werden oder aber, dass sie verhindert, dass sie sich unsittlich oder unmoralisch verhalten. Weil diese Aspekte aber einem zeitlichen Wandel unterliegen, bleibt es schwierig, eine **Theorie der Erziehung** zu entwerfen. Die Erwartung, dass Erziehung an Ziele gebunden ist, die letztlich erreicht werden, bleibt bestehen und muss unausweichlich Teil einer Theorie sein, da sich diese Ziele sonst nicht legitimieren ließen. Es erscheint sinnvoll, gerade mit Blick auf verhaltensauffällige Kinder und Jugendliche Erziehungsziele nicht absolut festzulegen und einzufordern, sondern sich diesen als gut begründeten Wertvorstellungen anzunähern.

> „Dies würde […] Erziehung auch davon befreien, Kinder und Jugendliche im Erziehungsprozess zu funktionalisieren, sie zu trainieren und zu dressieren, sie als Erfüllungsgehilfen hoher moralischer Zielvorstellungen zu sehen, an denen man letztlich eigentlich nur scheitern kann: beide – zu Erziehende wie auch Erziehende" (Müller 2018b, 26).

5.2.2 Legitimation

Historisch betrachtet, finden sich unzählige „Unfälle der Erziehung" (Ertle/Möckel 1981), bei denen Kinder und Jugendliche zu keinem ethisch begründbaren Ziel hin erzogen wurden, sondern erzieherische Macht missbraucht, Ohnmacht erzeugt wurde, und Demütigung und Beschämung ihr Aufwachsen kennzeichneten. Dies verweist auf ein weiteres grundsätzliches Problem im Zusammenhang mit Erziehung: zum einen sind Menschen auf Erziehung angewiesen und für diese benötigt es ein **Machtgefälle** zwischen zu Erziehendem und Erziehendem, damit sie gelingen kann. Zum anderen besteht die Gefahr, dass dieses Machtgefälle Kindern und Jugendlichen schadet, statt ihnen zu helfen, zu sich und ins Leben hineinzufinden. Was aber legitimiert Erziehung angesichts dieser Gefahr? Vermutlich einzig und allein die Absicht, Erziehungsziele so grundzulegen, durchzusetzen und zu reflektieren, dass die Antizipation von Symmetrie (Zirfas 1999) möglichst wahrscheinlich ist. Gelingt dies, so löst sich das *asymmetrische Verhältnis* zugunsten eines zunehmend symmetrischen auf, was sich daran erkennen lässt, dass die einst zu Erziehenden Verantwortung für sich und andere übernehmen können. Das meint auch Speck (1997), wenn er Erziehung die Funktion zuweist, Kinder aus dem unverschuldeten „Chaos zu Autonomie" zu führen. Und darauf zielt Kobi (2005) ab, wenn er den Erziehungsprozess als „gemeinsame Daseinsgestaltung" beschreibt. Dabei will er nicht die notwendige und gegebene Asymmetrie in sozialromantischer Manier überdecken, sondern Eigenschaftsverhältnisse benennen, die für den Prozess charakteristisch sein könnten, um aus der Antizipation Realität werden zu lassen. Erziehung kann dann „kein einseitiges Tun oder Erleiden" (Kobi 2005) darstellen, sondern muss sich jener gemeinsamen Daseinsgestaltung verschreiben. Ob ein „gegenseitiges Aushandeln" dabei immer förderlich ist, bleibt zu hinterfragen, bedenkt man die Notwendigkeit des asymmetrischen Verhältnisses im Sinne von Orientierungswissen und Lebensüberblick im Hinblick auf Kinder und Jugendliche aus „ungeordneten" Lebensumständen.

> „Die bestehende Asymmetrie im Beziehungsgeschehen zwischen Erziehern bzw. Lehrern und Schülern macht eine reflexive Positionierung unumgänglich. Lehrer und Erzieher müssen besondere Fürsorge tragen, um seelische Verletzungen nicht nur nicht zu wiederholen,

> sondern gute Gegenerfahrungen anbieten zu können" (Bleher/Hoanzl 2018, 99).

Darüber hinaus hat die Pädagogik bei Verhaltensstörungen Formen professioneller und zumeist institutionell organisierter Erziehung kritisch im Blick zu behalten, denn die totalitären Wirkmechanismen von Institutionen sind hinreichend bekannt, beschrieben und durch die Geschichte vielfältig negativ belegt (Goffman 1973; Göbel 2012). Die Pädagogik bei Verhaltensstörungen hat möglicherweise mehr als andere Disziplinen zu berücksichtigen, dass Asymmetrien im Erziehungsprozess selbst, in biographischen Erfahrungen und institutionellen Abläufen enthalten sind, die Erziehungsprozesse erschweren.

> „Ist es zu verantworten, dass Kinder und Jugendliche, die aufgrund ihrer biographischen Erfahrungen oft schon am untersten Ende einer Beziehungsachse stehen und sich ohnmächtig fühlen, sich auf institutionelle Erziehung und die darin enthaltene zweifache Asymmetrie einlassen sollen oder liegt genau darin eine begründete Notwendigkeit und die ausgesprochene Verantwortung der Pädagogik bei Verhaltensstörungen in der Gestaltung von Erziehungsprozessen" (Müller 2018b, 32)?

5.2.3 Mittel

Die hier thematisierte Verantwortung macht es notwendig, die Frage nach den legitimen Mitteln von Erziehung zu stellen. Dass im Namen von Erziehung immer wieder Mittel eingesetzt wurden und werden, die sich weder ethisch-anthropologisch noch pädagogisch begründen lassen, wurde bereits angedeutet. Ist von Erziehungsmitteln die Rede, ist dies meist mit Vorstellungen von Disziplinierungstechniken verbunden – diese spielen aber möglicherweise erst dann eine Rolle, wenn natürliche Erziehungsmittel falsch oder nicht zum Tragen kommen, und sind selbst dann nicht automatisch legitimiert.

Das offensichtlichste Erziehungsmittel wird zumeist übersehen, denn es sind schlicht die *Familie und das Umfeld*, in dem ein Kind aufwächst und in welchem es sich zum einen an das gemeinsame Leben gewöhnt, d.h. Regeln und Rituale erfährt, und zum anderen die Möglichkeit erhält, seine wichtigsten Bezugspersonen zu imitieren oder aber Grenzen zu erfahren, wenn es etwas tut, was es nicht tun soll oder was seinen aktuellen Bedürfnissen zuwider läuft. Die Notwendigkeit, die eigenen Grenzen zu erproben und sich an Eltern zu reiben, lässt sich u.a. entwicklungsgeschichtlich als notwendige Leistung verstehen, um zu überleben.

> „Kleinkinder mußten sich in der längsten Zeit der menschlichen Entwicklungsgeschichte in einer großen Kindergruppe deutlich genug bemerkbar machen, wenn ihnen etwas fehlte […]. Und nicht selten mußten sie von klein an auf der Hut sein und ihr Essen verteidigen. Sie mußten schreien und notfalls um sich schlagen, wenn sie verdrängt wurden […]" (Geissler 2006, 47).

Auch wenn dies heute vielfach nicht mehr der Fall ist, so ist das Aggressionspotential dennoch geblieben und richtet sich dann ggf. gegen Eltern, Geschwister oder Gegenstände. Die Familie als Erziehungsmittel kommt dann zu einem falschen „Einsatz", wenn sich Eltern funktionalisieren, Kinder gewähren lassen aus Angst oder Ohnmacht vor und in Konflikten, und ihnen somit die Chance nehmen, Bedürfnisaufschub und Frustration zu erlernen. Sie ist aber auch dann problematisch, wenn sie keinen emotionalen Anteil am Aufwachsen eines Kindes nimmt, es durch Vernachlässigung oder Verwöhnung verwahrlost, sodass Kinder früh lernen müssen, für sich selbst zu sorgen bzw. nur die eigenen Bedürfnisse sehen können. Beide Entwicklungen sind der Pädagogik bei Verhaltensstörungen in dann manifestierten Formen von Verhaltensauffälligkeiten bestens bekannt. Darüber hinaus lässt sich die Grenzerprobung als Kleinkind sowie in der Pubertät aber auch als notwendige Leistung verstehen, die eigene Persönlichkeit zu entwickeln, Verantwortung zu erproben, zu überziehen, an ihr zu scheitern und wieder neu zu beginnen.

Daher sind **Spiel, Arbeit, Wettbewerb** und **Kooperation** (Geissler 2006) bedeutsame Erziehungsmittel, weil sie mit Blick auf Erziehung und ihre Ziele bedeutsame Funktionen übernehmen. Dem *Spiel* kommt dabei die Aufgabe zu, Regeln einhalten zu lernen, aber auch verschiedene Rollen, z.B. gewinnen wollen, verlieren müssen, betrügen, sich strategisch verhalten, Rücksicht nehmen u.v.a.m., in einem sozial abgesicherten Rahmen erproben zu können.

Altersangemessene Erfahrungen mit *Arbeit* im weitesten Sinne, z.B. im Kindergarten oder der Schule, vermitteln die Erfahrung, dass Lernen mit Mühe und Anstrengung verbunden ist, Frustrationen auszuhalten, sich zu überwinden, und sich über Erreichtes und Gelingendes freuen zu können. Arbeit als Erziehungsmittel ist gut geeignet, um immer wieder zu spüren, dass es ungeahnte Potentiale im Menschen gibt, die sich darüber wecken lassen, und was es bedeutet, Verantwortung für sich und andere zu übernehmen.

Damit unweigerlich verbunden sind die Fragen des *Wettbewerbs* und der *Konkurrenz* (Geissler 2006, 291 f.). Wo Konkurrenzverhalten antrainiert oder vermittelt wird, läuft Erziehung Zielvorstellungen von Autonomie zuwider, weil dieses zumeist auf Kosten anderer geht. Wettbewerb dagegen ist dem Menschen zu eigen, zumeist mit intrinsischer Motivation und der wichtigen Erfahrung verbunden, etwas gut zu können, aber auch auszuhalten, etwas nicht zu können oder zu erleben, hinter anderen zurückzubleiben.

Umso wichtiger ist das Erziehungsmittel *Kooperation* in seinen vielfältigen Formen, durch welches Kinder und Jugendliche in Familie und erziehenden Institutionen genau diese Differenzen erleben und sich darum mühen, vereint etwas Gemeinsames zu erreichen, was alleine nicht möglich gewesen wäre.

Als „klassische" Erziehungsmittel gelten **Bestrafung, Ermahnung, Ignorieren** oder **Tadel**, aber auch **Ermutigung, Lob** und **Verstärkung**. Fast ausnahmslos weisen diese Erziehungsmittel eine *lernpsychologische Struktur* auf und stehen damit für die Annahme, dass Verhalten erlernt wird und auch wieder verlernt werden kann, setzt man die entsprechenden Mittel ein. Das innere Erleben eines Kindes oder Jugendlichen spielt dabei keine Rolle, sondern nur das beobachtbare Verhalten. Eine grundlegende Annahme lautet, dass die Konsequenzen, die auf ein Verhalten folgen, auf dieses zurückwirken. Die Erfahrungen mit wiederkehrenden Störungen im Unterricht lassen vermuten, dass diese Annahme nur begrenzt stimmen kann. Zudem weist die Lernpsychologie selbst darauf hin, dass nur das Verhalten, nicht aber die Person verändert werden kann. Erziehung hat aber die Person in ihrem Werden und nicht das konkrete Verhalten in einer bestimmten Situation im Blick.

Es erscheint einsichtig, dass Lob, Bestärkung und Ermutigung positiver auf Kinder, Jugendliche und ihren Selbstwert wirken als Ermahnung, Tadel und Strafe. Doch auch Lob als solches wirkt nicht. Es benötigt genauso einen sach- und personangemessen Bezugsrahmen wie Ermahnung und Tadel. Man könnte meinen, dass gerade für psychosozial hoch belastete Kinder Lob und

Ermutigung existentielle Erfahrungen sind, auf die sie dringend angewiesen sind. Doch bisweilen ist ihr Selbstwert so gering, ihre Erwartung zu versagen, nichts zu können oder ungewollt zu sein so hoch, dass Lob, und sei es noch so echt gemeint und sachbezogen angebracht, *kontraproduktiv wirkt* und Verhaltensauffälligkeiten intensiviert statt reduziert. Alles Gelingende, Schöne, Lobenswerte wird zerstört, vernichtet oder abgelehnt, weil es das eigene Selbstbild gefährden könnte.

Insbesondere das Thema der **Strafe** in der Erziehung bedarf einer intensiven Auseinandersetzung. Mit Blick auf historische Definitionen und als Ergebnis seiner Analyse folgert Fassin,

> „dass die Strafe einen Verstoß sanktionieren kann oder auch nicht; dass sie denjenigen treffen kann, der ihn begangen hat, oder auch nicht; dass sie von einer anderen Person als diesem vollzogen werden kann, oder auch nicht; und dass sie von einer von Rechts wegen zuständigen Autorität verhängt werden kann, oder auch nicht. Dass die Kriterien, die den normativen Rahmen der Bestrafung abstecken sollen, sich als so wenig belastbar erweisen. […] Von der ursprünglichen Definition ist am Ende nur ein Kriterium übrig geblieben: die Zufügung von Leid. […] Warum [also] strafen wir?" (Fassin 2018, 83 f.).

Insgesamt scheint die Tendenz zum Strafen weltweit zu steigen, verbunden mit einer erhöhten Sensibilität Kriminalität und Devianz gegenüber.

> „Das Sinken der Toleranzschwelle gegenüber Verhaltensweisen, die bis dahin nicht vom Gesetz und seinen Vertretern geahndet worden sind, geht einher mit einem allgemeinen Trend zur Befriedung sozialer Räume, der mit einer Ausweitung der moralischen Erwartungen zusammenfällt" (Fassin 2018, 14).

Da Strafen stets Leid erzeugen, sind sie mit Blick auf Erziehungsziele wie Autonomie, Mündigkeit oder Selbst- und Fremdverantwortung eher kritisch zu betrachten, selbst wenn, und dies ist gerade bei verhaltensauffälligen Kindern und Jugendlichen eher selten der Fall, sich „beim Bestraften Schuldeinsicht, Bereitschaft zur Schuldübernahme und damit zur angemessenen Verhaltensänderung […] [finden], ein Zustand den wir […] Reue nennen" (Geissler 2006, 209). Strafen im Rahmen von Erziehungsprozessen können keinesfalls wie juristische Strafen verhängt werden, weshalb sich Maßnahmenkataloge und ähnliche Instrumente in pädagogischen Institutionen verbieten. Damit nämlich kann nicht mehr nach Ermessen mit Blick auf den Einzelnen und seine Situation fürsorglich gehandelt, sondern nur noch geurteilt werden. Hinzu kommt, dass für eine Strafe die Verantwortungsfähigkeit und -bereitschaft gegeben sein müssen, was aber eher ein Ziel von Erziehung und weniger eine bei Kindern und Jugendlichen durchwegs gegebene Voraussetzung darstellt.

Gerade verhaltensauffällige Kinder und Jugendliche sind häufig von **Performanzproblemen** betroffen, die sich beispielsweise darin zeigen, dass sie Verantwortung übernehmen wollen, es aber nicht können; oder aber es könnten und wollten, sich aber aufgrund ihrer biographischen Erfahrungen und ihres daraus resultierenden Selbstbildes nicht erlauben. Strafen führen für diese Kinder nicht zu erzieherischen Wirkungen, sondern zu Beschämung und Leidvergrößerung.

Verhaltensauffällige Kinder und Jugendliche sind angesichts dieser Problematiken in Bezug auf „klassische“ Erziehungsmittel auf pädagogisch Professionelle angewiesen, die sich selbst als Teil einer Lerngemeinschaft mit unterschiedlichen Aufgaben innerhalb dieser verstehen und daher Verhaltensstörungen auch als Aufgabe für das eigene Lernen sehen. Das führt in der Folge dazu, „schwieriges Verhalten nicht nur als Bedrohung und Verletzung einer gegebenen oder geforderten Ordnung [oder der eigenen Person; T.M.] zu verstehen, sondern als Aufforderung, organisatorische und institutionelle Vorgaben kreativ auf die vorhandenen Bedürfnisse hin zu verändern“ (Opp/Teichmann 2008, 26). Damit sind strafende Erziehungsmittel nicht grundsätzlich ausgeschlossen, aber der vorschnelle und darüber selten in pädagogische Beziehungsarbeit führende Griff zu den üblichen, bisweilen inflationär eingesetzten Ordnungsmaßnahmen relativiert sich. Erziehungsmittel reflektiert einzusetzen, bedeutet zu verhindern, dass aus Pädagogen Richter werden. Das aus Sicht der Pädagogik bei Verhaltensstörungen bedeutsamste Mittel der Erziehung ist daher der pädagogische Bezug selbst (Kap. 8.3).

5.2.4 Überschneidungen und Grenzen

Erziehung und Therapie

Die Pädagogik bei Verhaltensstörungen ist eine Teildisziplin der Sonderpädagogik und Erziehung unter erschwerten Bedingungen kann durchaus als ihre Kernaufgabe betrachtet werden. Ihre Wurzeln hat sie aber auch in psychoanalytisch begründeten Ansätzen (Kap. 2 und 4.2.1) und sie bewegt sich zugleich in einer interdisziplinären Kooperation mit Psychiatrie und Psychologie. Daher sind auch Therapie und Beratung wesentliche Bezugs- und Arbeitsfelder, die einerseits Überschneidungen aufweisen, andererseits voneinander abgegrenzt werden müssen.

Erziehung und Therapie sind keinesfalls dasselbe: weder verfolgen sie die gleichen Ziele, noch gehen sie von gleichen Zuständen aus. Alle Menschen sind auf Erziehung angewiesen, um in die eigene „Menschlichkeit hineinzufinden“ (Böhm 2005, 186). Aber nicht alle Menschen benötigen Therapie, um zu Autonomie und Mündigkeit zu gelangen. Auch ist der Therapie jenes anthropologische Erziehungsmoment des Hineinfindens in die Menschlichkeit nicht gegeben. *Therapiebedürftigkeit* orientiert sich meist an einem pathologischen oder stark konfliktbeladenen Lebensmoment und kann damit zum Leben hinzukommen, muss es im Gegensatz zu Erziehung aber nicht. Damit wird deutlich, dass sich Therapie eher an einem Objekt, z.B. dem pathologischen Zustand, und weniger an einem Subjekt, wie in der Erziehung der Fall, orientiert. Die existierenden therapeutischen Ansätze unterscheiden sich stark in ihren Zielsetzungen, ihren Abläufen und Techniken sowie den ihnen zugrundeliegenden Persönlichkeits-, Entwicklungs- und Pathologietheorien, sodass eine trennscharfe Unterscheidung von Erziehung und Therapie kaum möglich ist.

Letztlich ist das therapeutische Arbeiten meist distanzierter im Personenbezug, zeitlich begrenzter und punktueller im Gegensatz zur Erziehung, die dialogischer und kontinuierlicher die personale und soziale Gesamtheit des Menschen im Blick hat. Dennoch gilt:

> „Therapeuten und Pädagogen haben es mit den gleichen Menschen zu tun, mit den gleichen inneren Vorgängen, mit den gleichen psychischen Funktionen und Strukturen. Wenn wir der Pädagogik im Unterschied zur Therapie die ‚äußere' Beeinflussung des Menschen

im Alltagshandeln zuschreiben, stimmt das also nicht ganz, denn wir wissen ja, wie intensiv und nachhaltig sich das äußere Geschehen im Unbewussten einnistet. Ebenso wenig können wir der Therapie ausschließlich die inneren Vorgänge als Aufgabe zur Bearbeitung zuweisen, denn umgekehrt kennen wir die enorme Gestaltungskraft oder die destruktive Potenz unbewusster Phantasien hinsichtlich des sozialen Geschehens und des Verhältnisses zur äußeren Welt" (Buchartz 2010, 44).

Pädagogisch-therapeutische Konzepte

Besonders deutlich wird dies an psychoanalytischen Konzepten, die für verhaltensauffällige Kinder und Jugendliche in teils unreflektierter Verflechtung von Erziehung und Therapie erdacht wurden. Gleichzeitig kann es in pädagogischen Institutionen

> „nicht ausschließlich um die ‚inneren Vorgänge', die Phantasien, Wünsche und Bedürfnisse eines einzelnen Kindes gehen, die in der Therapie in aller Ausführlichkeit [...] betrachtet werden können. Aber gleichzeitig kann Unterricht [und andere pädagogische Arbeit; T. M.] [...] auch nicht gelingen, wenn diese Sphäre der ‚inneren Vorgänge' völlig negiert oder gänzlich irrelevant ausgeblendet würde" (Göppel 2018, 231).

Ihren Ausgangspunkt haben diese Konzepte in der Arbeit von August Aichhorn, der als Begründer der psychoanalytisch orientierten Pädagogik gilt. Als Initiator verschiedener Einrichtungen für verwahrloste Kinder übte er früh Kritik an den bestehenden Heimen und den in ihnen herrschenden Zuständen. Auf der Grundlage der Triebtheorie Freuds forderte er Gewährenlassen und Geduld, Güte und Milde sowie *Beziehungsaufbau* statt Zwang und Strafe. Die Psychoanalyse selbst galt ihm als Methode, um das Verhalten und Erleben von Kindern und Jugendlichen besser zu verstehen (Aichhorn 1977, 123 f.).

Sowohl Bruno Bettelheim als auch Fritz Redl werden mit dem **therapeutischen Milieu** in Verbindung gebracht. Bettelheims Milieutherapie orientiert sich an der Annahme, dass verhaltensauffällige Kinder und Jugendliche wesentliche Grundbedürfnisse als nicht befriedigt erleben, sodass diese zunächst im Mittelpunkt der Arbeit stehen müssen. Erst dann ist ein Beziehungsaufbau zu einer pädagogischen Fachkraft möglich, die verlässlich sein und emotional befriedigend auf die Betroffenen wirken soll. Unterstützend wird dafür eine *pädagogische Schutzraumatmosphäre* geschaffen, in der Belastungen aus dem Alltag der Kinder und Jugendlichen, z.B. schulische Anforderungen, wesentlich zurückgenommen werden. Dafür werden pädagogische Alltagssituationen, wie der Umgang mit Essen, mit Spiel und die Bedeutung von Räumen (Bettelheim 1997) bewusst gestaltet. Außerdem sollen nicht-alltägliche Ereignisse, wie die sogenannten magischen Tage, integriert werden. Unterstützt durch eine flexible, institutionelle Organisation sollen Kinder und Jugendliche eine gesunde Selbstachtung und ein stabiles Ich erlangen.

Redl sah als Auslöser für Verhaltensproblematiken Störungen des Ichs bzw. des Über-Ichs an und richtete seine pädagogisch-therapeutische Förderung auf die Unterstützung der *regulierenden Ich-Funktion* und den Aufbau bzw. die Verinnerlichung von Wertvorstellungen aus. Sein Konzept enthält allerdings auch verhaltensmodifikatorische Anteile. Gemeinsam mit Wineman (Redl/Wineman 1976) entwickelte er 17 Interventionstechniken für die Arbeit im therapeutischen Milieu sowie das Life-Space-Interview als eine Möglichkeit zur unmittelbaren Bearbeitung von Konflikten, mit denen die Betroffenen nicht alleine gelassen werden sollen, sondern erste emotionale Hilfe erfahren.

Das therapeutische Milieu als ein einheitliches Konzept gibt es nicht, allerdings verschiedene beeinflussende Milieufaktoren (Bedürfnisse, Raum, Atmosphäre, Beziehung, Rituale etc.), die mal eher therapeutischer, mal eher erzieherischer Natur sind. Zudem haben weder Aichhorn noch Bettelheim oder Redl das Verhältnis von Therapie und Erziehung in ihren Konzepten problematisiert oder gar geklärt. So werden in der Gegenwart in vielen pädagogischen Einrichtungen Milieufaktoren realisiert und das in einer Grundanlage, die man inzwischen als „pädagogisch-therapeutisches Milieu“ (Gahleitner 2017) bezeichnet.

Einen pädagogisch-therapeutischen Ansatz für die Arbeit mit verhaltensauffälligen Kindern und Jugendlichen hat zudem Myschker (Myschker/Stein 2018, 258 ff.) vorgelegt. In seinem Fünf-Phasen-Modell geht es um ein ausgewogenes Verhältnis von Förderung altersgemäßer Leistungen in den Bereichen Kognition, Emotion und Psychomotorik (Erziehung) einerseits und Entlastung von Erwartungsabweichungen in Form von Störungen oder Defiziten (Therapie) andererseits.

Unabhängig davon besteht die Gefahr, dass verhaltensauffällige Kinder und Jugendliche zunehmend unter Zuhilfenahme eines inflationär gebrauchten Störungsbegriffs psychologisiert und vor allem therapeutisiert werden (Willmann 2012), wobei die eigentliche Aufgabe – Erziehung unter erschwerten Bedingungen – verschleiert zu werden droht. Erziehung muss gewollt, kann aber nicht gemacht werden. Sie ist im Wesentlichen unverfügbar und keine Technik. Es gilt, sie nicht mit therapeutischen Verfahren zu verwechseln, aber auch nicht mit Trainings, Programmen und Ratgebern, die immer öfter suggerieren, dass durch ihren Einsatz Verhaltensauffälligkeiten schlicht beseitigt werden könnten (Popp 2018; Blatz 2018).

Fragen zum Verständnis:

Warum lässt sich Erziehung nur schwer legitimieren?
Inwiefern stellt Strafe ein Erziehungsmittel dar?
Welches sind die Grundannahmen des therapeutischen Milieus?

Fragen zum erweiterten Verständnis und zur Vertiefung:

Wie lässt sich Erziehung von Therapie unterscheiden?
Inwiefern ist das therapeutische Milieu ein erzieherisches Milieu?

Antworthorizonte als Online-Material verfügbar.

Grundlagenliteratur:

Müller, T., Stein, R. (2018) (Hrsg.): Erziehung als Herausforderung. Klinkhardt, Bad Heilbrunn

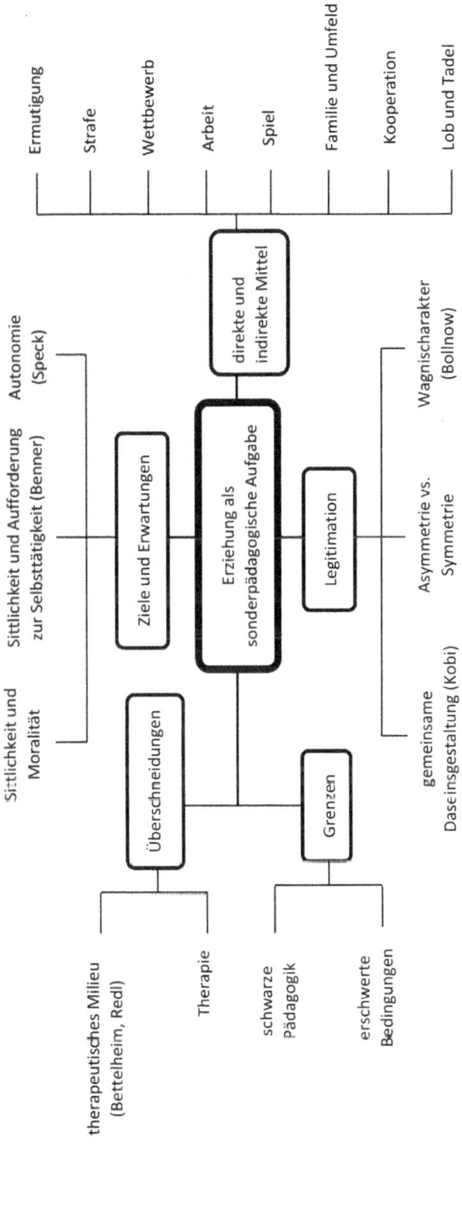

Thematische Skizze 14: Erziehung als sonderpädagogische Aufgabe

6 Lehren und Lernen

Didaktik ist die Theorie vom Lehren und Lernen und mit einem ihr zugrundeliegenden Bildungsbegriff eng verbunden. Modelle zur Planung, Durchführung und Evaluation von Unterricht orientieren sich an Aspekten der Bildung, des Lernens oder der Kommunikation. Zahlreiche Konzepte versuchen, ein gelingendes Unterrichtsgeschehen mit und für verhaltensauffällige Kinder und Jugendliche zu realisieren. Sie fokussieren teils stärker auf Strukturen, teils stärker auf die Schülerschaft selbst oder aber auch auf deren Erleben und mögliche Konflikte. Spezifische Unterrichtsprinzipien verdeutlichen die Bedingungen der Möglichkeit eines Unterrichts mit verhaltensauffälligen Kindern und Jugendlichen und weisen auf notwendige Schwerpunktsetzungen.

Didaktik ist in einem weiten Verständnis die **Wissenschaft vom Lehren und Lernen**. Ihr Gegenstandsfeld ist nicht nur die Schule, sondern alle Lehr- und Lernprozesse in organisierten Situationen des täglichen Lebens. Obgleich sie in der Vergangenheit sowohl eine *geisteswissenschaftliche* als auch eine *sozialwissenschaftliche* Position eingenommen hat, wird sie insgesamt eher als Sozialwissenschaft verstanden, da sie in ihrem grundsätzlich handlungsorientierten Charakter dazu beitragen will, einerseits über didaktisches Handeln aufzuklären und dieses zu verbessern, andererseits die konkrete Praxis zu beleuchten und zu fördern. Wissenschaftsmethodisch kommt dafür von jeher ein breites Spektrum zur Anwendung, das *Hermeneutik* ebenso enthält wie *Empirie*. Wissenschaftsorganisatorisch betrachtet lässt sich Didaktik als Teildisziplin der Pädagogik verorten, die in engem Kontakt zu anderen Disziplinen steht, was z. B. in Fachdidaktiken seinen Ausdruck findet.

Didaktische Überlegungen nahmen ihren Ausgangspunkt wesentlich im 17. Jahrhundert: Besonders Jan Amos Komensky, genannt Comenius, und Wolfgang Ratke waren prägend und bewegten sich in ihrem Denken zwischen der „Entdeckung des Individuums“ einerseits und althergebrachten Hierarchien und Ordnungen andererseits. Als ihr Verdienst kann angesehen werden, dass sich das Lehren stärker an der Natur der Lernenden orientieren soll, was mit Blick auf die individuellen Lernvoraussetzungen von verhaltensauffälligen Kindern und Jugendlichen bis heute relevant ist. Zudem erstellten sie Curricula und erkannten die Notwendigkeit einer *Lehre vom Lehren* – sprich: über Didaktik zu reflektieren. Von Comenius stammt die Forderung, alle alles zu lehren, was mit Blick auf die aktuell vor sich gehende Diskussion um Inklusion aufschlussreich ist. Didaktik bestimmte Comenius als ein Verhältnis aus Zielen, Mitteln und Regeln, die er in seiner „Großen Didaktik" (Comenius 1657/1957) operationalisierte.

Über Comenius und Ratke hinaus sind die philosophischen Überlegungen von Gottfried Wilhelm Leibniz wegweisend, der den Menschen unabhängig von äußerlichen und sozialen Merkmalen als eine Monade ansah, die in der Lage ist, sich die Welt selbsttätig anzueignen und zu repräsentieren. Und John Locke betonte in seinen „Gedanken über Erziehung" (Locke 1693/2007) die individuelle und einmalige Natur sowie die Bedeutung der Förderung aller Kinder und Jugendlicher durch Unterricht hinsichtlich ihrer moralischen Entwicklung.

Mit Jean-Jacques Rousseau erfahren diese Gedanken eine aufklärerische Fortführung: Unterricht habe sich an der Entwicklung des Kindes zu orientieren und Lehrkräfte müssten über Entwicklungsfortschritte Bescheid wissen. Zudem dienten die Natur, die dingliche Welt und die Menschen selbst als kulturelle und soziale Medien, die, umgesetzt in handlungsorientierte Situationen, dazu führen, dass Schüler ihre Lernprozesse selbst organisieren können. Auch gesellschaftspolitisch entwickelt sich die Schule weiter, was zu **vier großen didaktischen Perspektiven** führt, die von zahlreichen Pädagogen diskutiert werden:

- zum einen die Erprobung eines realen Curriculums (Basedow 1774),
- zum zweiten die Auseinandersetzung mit Moral,
- zum dritten die Grundlegung von Medien im Unterricht und
- zum vierten die Erweiterung von Unterrichtsgrundsätzen und Lehrmethoden.

Für die Neuzeit ist vor allem Johann Friedrich Herbart zu nennen, auf den sich ein erstes Planungsmodell von Unterricht (Herbart 1835) zurückführen lässt: Unterricht kommt die Aufgabe zu, Bildungsprozesse in Gang zu setzen. Wie aber kann in der Schule, die Lernen inszeniert, das echte Leben repräsentiert werden und wie kann Schule mit diesem Spannungsverhältnis umgehen? Aus seiner Sicht ist Didaktik eine Möglichkeit, das Leben in Ausschnitten in die Schule zu holen und das Lernen lebensnäher werden zu lassen. Zudem erkannte Herbart, dass auch das Vorwissen der Schülerschaft eine wichtige Rolle für das Lehren und Lernen spielt. Er folgert daraus, dass es im Unterricht um das konzentrierte Herstellen von Systematisierungen und Ordnungen gehen müsse. Davon ausgehend entwickelten Ziller und Rein fünf formale Stufen des Unterrichts und setzten Leben und Lehren auf der einen Seite und Bildsamkeit als subjektiven, sowie Kultur als objektiven Anspruch auf der anderen Seite in ein Verhältnis zueinander. Im beginnenden 20. Jahrhundert ist die didaktische Diskussion so weit gediehen, dass sich zwei große Perspektiven ausmachen lassen. Zum einen wird die Einheit von didaktischem Denken und Bildungsbegriff als entscheidend für didaktische Theorie und Praxis angesehen. Zum anderen wird die materielle Seite des Bildungsprozesses stärker in den Blick genommen, was zu einer Auseinandersetzung um die Bedeutung kultureller Werte, Bildungsinhalte und die entsprechende Organisation von Lehrplänen führt.

6.1 Didaktische Modelle

Ausgehend von historischen Entwicklungen sowie dem nicht unerheblichen Einfluss der **Reformpädagogik** auf Schule und didaktisches Denken zu Beginn des 20. Jahrhunderts entstehen ab den 1950er Jahren bis etwa zur Jahrtausendwende eine Vielzahl didaktischer Modelle, welche sich einerseits als Ausdruck der Theorie von Unterricht fassen lassen, andererseits als **Planungs-, Handlungs-, Evaluations- und Reflexionsgrundlage** für und von Unterricht (s. thematische Skizze 15). Für das beginnende 21. Jahrhundert ist zu konstatieren, dass sich didaktische Modelle weitestgehend angenähert haben und ihre Positionen nicht mehr so weit auseinanderliegen, wie dies insbesondere in den 1960er bis 1980er Jahren der Fall war.

Versucht man die Vielzahl der bestehenden und entstandenen Modelle zu ordnen, so gelingt dies unter den Aspekten von *Bildung*, *Lernen* und *Interaktion*.

6.1.1 Bildungstheoretische Didaktik

Der Mensch wird in diesen Modellen als Produzent von kulturellen Werten angesehen, was im Unterricht dazu führen soll, dass alle Bedingungen für eine umfassende Persönlichkeitsbildung einerseits, und eine dafür anregende kulturelle Umgebung andererseits geschaffen werden. Aus Sicht der Pädagogik bei Verhaltensstörungen ist die Auseinandersetzung mit der Persönlichkeitsbildung im Rahmen von Unterricht angesichts der vielfältigen emotionalen und sozialen Förderbedarfe hoch bedeutsam. Gerade die intensive Befassung mit Inhalten („Was?"), kann im Unterricht mit verhaltensauffälligen Kindern und Jugendlichen eine entlastende Funktion einnehmen, weil nicht das Soziale und damit zugleich vielfach Konflikthafte im Mittelpunkt steht. Zugleich muss kritisch betrachtet werden, was als kultureller Wert und wertvolle kulturelle Umgebung verstanden wird. Unterricht kann hier schnell Gefahr laufen, nur das als wertvoll anzusehen, was denjenigen, die für Schule verantwortlich sind, die politisch das Sagen haben und Lehrpläne gestalten, als solches anerkennen und zulassen. Darüber hinaus besteht die Gefahr, dass Lehrkräfte mit ihren eigenen Wertvorstellungen nicht an die soziale Herkunft und Lebenserfahrungen anknüpfen können, die für ihre Schülerschaft Realität sind. Dem Aspekt der Störung kommt in diesen Modellen keine Bedeutung zu, weder in Form der Unterrichtsstörungen noch in Form individueller Schwierigkeiten bei der gegenseitigen Erschließung von Mensch und Welt.

Neben der beispielsweise realistischen (Beckmann 1978), der skeptischen (Ballauff 1970) oder der kategorialen (Dauenhauer 1970) Didaktik ist es vor allem die bildungstheoretische (ab 1959) Didaktik von Wolfgang Klafki, die maßgeblich für die Perspektive der Bildung im Rahmen didaktischer Modelle ist. Klafki entwickelte dieses Modell kontinuierlich zur **kritisch-konstruktiven Didaktik** weiter. Am Beginn seiner Überlegungen steht die Frage, wie die Begegnung zwischen ausgewählten Inhalten und Lernenden stattfinden kann. Dabei geht es Klafki wesentlich darum, dass die nachkommenden Generationen in der Lage sind, „epochaltypische Schlüsselprobleme" (Klafki 2007, 56) zu bearbeiten und zu lösen. Über eine solche Auseinandersetzung sollen die Schülerinnen und Schüler sich bilden und mündig werden, sich also im wahrsten und im übertragenen Wortsinn ein Bild von der Welt machen. Damit dies möglich wird, benötigt es nach Klafki *die didaktische Analyse* als Grundlage aller Unterrichtsvorbereitung (Klafki 1963). Die Frage danach, ob ein möglicher Inhalt *exemplarisch, typisch, klassisch oder repräsentativ* ist, steht dabei ebenso im Fokus wie die Frage der Zugänglichkeit des Inhalts für die Lernenden, woraus am Ende eine begründete Auswahl an Inhalten erfolgt. Durch die Orientierung an *Schlüsselproblemen* sollen Lernprozesse nicht auf „nur" nützliche Fähigkeiten und Fertigkeiten reduziert werden, sondern die Bildung des Menschen, nicht sein Können, sondern sein Werden steht im Vordergrund. Um dies zu verwirklichen, fordert Klafki eine „kategoriale Bildung" (Klafki 1963, 293 f.), die aus „materialen" und „formalen" Anteilen besteht. *Material* meint dabei Wissen und Können, während mit *formaler Bildung* z.B. Methoden und Fertigkeiten bezeichnet werden. Dass die bildungstheoretische Didaktik den Menschen und sein Werden in den Blick nimmt und ihn nicht auf Fähigkeiten und Fertigkeiten reduziert, ist aus Sicht der Pädagogik bei Verhaltensstörungen wesentlich, da sie sich im Besonderen Kindern und Jugendlichen annimmt, deren Werden massiv gefährdet oder in Schieflage geraten ist. Es geht ihr nicht um die bloße Beseitigung von Störungen, um Lernen dann erfolgreich werden zu lassen, sondern wesentlich um ihr Sein und Werden.

Die Fokussierung auf Inhalte ist zudem aus Sicht der Pädagogik bei Verhaltensstörungen wesentlich, weil dies immer wieder auch für eine *Versachlichung des Lernens* steht, das Kinder und Jugendliche, die emotional und sozial allzu oft in Konflikte verstrickt sind, als entlastend und befreiend erleben können. Gleichzeitig stellt sich jedoch die grundsätzliche Frage nach dem Prozess der Auswahl der Inhalte. Werden die Lernenden nicht selbst mit einbezogen oder zumindest in ihren Lernvoraussetzungen mitbedacht, besteht die Gefahr einer machtvollen „Verordnung" von Schlüsselproblemen und Lernaufgaben durch die ältere Generation für die heranwachsende. Kinder und Jugendliche, die sich vielfach im Spannungsfeld erlebter Ohnmacht und erhoffter Ermächtigung befinden, könnten eine Ohnmachtsvergrößerung statt einer Ermächtigung zu den je eigenen Bildungsprozessen erleben.

6.1.2 Lerntheoretische Didaktik

Im Vordergrund dieser Modelle steht nicht die Frage nach dem „Was?“, sondern nach dem „Wie?“, sodass im Unterricht eine eher zweckrationalen Organisation von Lehr- und Lernprozessen stattfindet. Inhalten, Informationen und Fakten kommt eine besondere Bedeutung zu. Lernziele sollen eine Auseinandersetzung und Erschließung ermöglichen, weshalb dem Verhalten der Lernenden mehr Aufmerksamkeit gewidmet wird. Aus Sicht der Pädagogik bei Verhaltensstörungen ist die Erweiterung der bildungstheoretischen Modelle um lerntheoretische besonders mit Blick auf die *individuellen Lernvoraussetzungen* von Bedeutung. Hinzu kommt die Notwendigkeit, verschiedene Zielsetzungen zur gleichen Sache im Unterricht abzuleiten, aber auch individuelle sonderpädagogische Maßnahmen zu entwickeln. Andererseits läuft man unter einem solchen Fokus Gefahr, eine eindimensionale Perspektive und Praxis auf und von Unterricht zu entwerfen, gerade weil die Lernvoraussetzungen und Verhaltensweisen dieser Schülerschaft so überdeutlich und herausfordernd im Unterricht erscheinen können. Die Sache kann dabei in den Hintergrund geraten und in ihrem eigenen Wert Schaden nehmen. Wenn es nicht gelingt, Unterricht für verhaltensauffällige Schülerinnen und Schüler so zu gestalten, dass im Sinne Hartmut von Hentigs (1986) die „Sachen geklärt“ werden, können sie als Menschen auch nicht „gestärkt“ daraus hervorgehen.

Neben der curricularen (Möller 1980/1995), der entwicklungspsychologischen (Roth 1971), der kybernetischen (von Cube 1965) oder der materialistischen (Bönsch 1975) Didaktik, ist es vor allem die lerntheoretische Didaktik von Heimann/Otto/Schulz (1970), die prägend für die lerntheoretische Perspektive ist.

Anders als bei der bildungstheoretischen Didaktik spielen die „anthropologisch-psychologischen“ (Heimann et al. 1970, 23) und die „sozial-kulturellen“ Bedingungen für die Planung von Unterricht eine Rolle. Dies ist aus Sicht der Pädagogik bei Verhaltensstörungen eine wesentliche Voraussetzung für gelingenden Unterricht: Es werden also zum einen die *individuellen Lernvoraussetzungen* und zum anderen das *Herkommen und Aufwachsen* der Kinder und Jugendlichen berücksichtigt. Diese *Bedingungsfelder* gilt es, mit den formalen Strukturelementen von Unterricht zu verknüpfen. In *formaler Struktur* gleichbleibend, jedoch abhängig von Inhalten, stets neu zu beantworten sind dabei die Fragen nach den Absichten (Wozu?), den Inhalten (Was?), den Methoden (Wie?) und den Medien (Womit?). Die konkrete Beantwortung dieser Fragen durch Unterricht führt zu einer Veränderung der Bedingungsfelder und damit wiederum zu veränderten „Antworten" in struktural-formaler Hinsicht. Ein Kreislauf wechselseitiger Beeinflussung und Abhängigkeit entsteht.

Relevant erscheint zudem die psychologische Didaktik von Aebli (1981), der an die Erkenntnisse von Piaget zum Lernen als *Assimilation und Akkommodation* anschließt. Aus seiner Sicht bedeutet Lernen, durch strukturierte, mehrphasige Lernprozesse neue Begriffe und Operationen aufzubauen. Im Vordergrund steht jeweils ein Problem, das es zu lösen gilt, wofür alle wichtigen Elemente aufbauend zusammengefügt werden müssen. Die daraus entstehende Struktur muss durchgearbeitet werden, um flexibler und klarer zu werden. Im Üben wird das Gelernte gefestigt und automatisiert. Die Anwendung schließlich zielt darauf ab, das Gelernte in Denkprozesse und Handlungen zu integrieren.

Lernen ist also mehr als ein bloßes Tun und fokussiert auf mindestens vier Dimensionen: *Wissen, Können, Verstehen und Wollen.* Das Wissen zielt auf Kennen und Fähigkeiten, das Können auf Fertigkeiten, das Verstehen auf Zusammenhänge und Bezüge und das Wollen auf Intentionen und Motivationen. Erfolgreich wäre Lernen dann, wenn neben einem konkreten Lernergebnis ein paralleler oder doppelter Lernertrag erkennbar wird: z.B. anhand einer konkret gelösten Aufgabe etwas für andere Aufgabentypen gelernt zu haben.

6.1.3 Kritisch-kommunikative Didaktik

Die Modelle der kritisch-kommunikativen Didaktik liefern eine wesentliche Ergänzung, weil sie den Menschen als interagierend mit anderen im Medium der Kultur ansehen. Im Unterricht geht es daher um *sinnverstehendes und aufeinander bezogenes Handeln* und eine gegenseitige Verständigung auf allen Ebenen.

Für die Pädagogik bei Verhaltensstörungen ist dies eine bedeutsame Erweiterung, weil sie es vielfach mit Kindern und Jugendlichen zu tun hat, deren auffälliges Verhalten in einem Spannungsfeld erlebter Ohnmacht und erhoffter Macht in Familie, Umwelt und auch Schule entstanden ist bzw. sich ereignet. Die Erweiterung von Unterricht um Methoden, die Schülerinnen und Schüler ermächtigen, wie z.B. durch Wochenplanarbeit, projektorientiertes Arbeiten, Formen kooperativen Lernens oder Lernleitern, aber auch der Schule als solcher, in Form von *Schülermitverwaltung, Kinderparlamenten und Klassenrat*, trägt zu einer sinnstiftenden Ermächtigung gerade verhaltensauffälliger Kinder und Jugendlicher wesentlich bei. Vor allem aber befassen sich diese Modelle explizit mit Fragen der Störungen im Interaktionsgeschehen und tragen dazu bei, die Verantwortung für eine Störung nicht nur beim sich auffällig verhaltenden Kind oder Jugendlichen zu sehen.

Neben der beziehungstheoretischen (Bosch/Fischer/Buschmann 1981), der konstruktiven (Hiller 1973) oder der subjektiven (Kösel 2000) Didaktik ist es vor allem die kritisch-kommunikative Didaktik von Rainer Winkel (1980), die stellvertretend für diese Modelle genannt werden kann. Unterricht wird stärker als Kommunikationsprozess verstanden, in dem nicht nur Inhalte, sondern auch die persönliche wie gesellschaftliche Beziehung zu diesen wichtig sind. Es wird der Tatsache Rechnung getragen, dass Kommunikation nie aufhört und in den Vermittlungs- und Beziehungsaspekten von Unterricht eine wesentliche Rolle spielt. Aus Perspektive der Pädagogik bei Verhaltensstörungen ist wichtig, dass von Winkel auch *störfaktorielle Aspekte*, also Unterrichtsstörungen, berücksichtigt werden. Kritisch ist jedoch zu sehen, dass diese Aspekte kaum operationalisiert werden und im Grunde nicht in konkrete Planungs-, Durchführungs- und Auswertungsmodelle von Unterricht einfließen.

6.1.4 Integratives didaktisches Modell

Das integrative didaktische Modell von Alexandra und Roland Stein (2014) ist das einzige, das explizit mit Blick auf den Unterricht mit verhaltensauffälligen Kindern und Jugendlichen entstanden ist. Es begründet sich in der Enthaltsamkeit der allgemeinen Didaktik, was die Frage der **Komplexität und Vielfalt von Störungen** im Unterrichtsgeschehen betrifft. Sie ist insofern eine für das 21. Jahrhundert „typische“ Didaktik, da auch für sie gilt, dass die Mitte bis Ende des 20. Jahrhunderts teils noch deutlich unterscheidbaren didaktischen Modelle stärker aufeinander zurücken und gegenseitig wichtige Aspekte ergänzend integrieren.

Unterricht wird als ein Prozess der Verständigung aufgefasst, in welchem mindestens sechs Ebenen enthalten sind: Im Lernen konstruieren die Schülerinnen und Schüler ihre Lebenswelt selbsttätig. Die Planung von Unterricht integriert Klafkis Planungskonzept ebenso wie die Prozessorientierung aus Kösels subjektiver Didaktik. Mit der Ebene der didaktischen Gestalt ist die angezielte Balance von Es, Ich und Wir im Sinne der „Themenzentrierten Interaktion“ (Cohn 1975) sowie die Balance verschiedener Erfahrungsebenen aus Affekten, Kognition und Körperlichkeit im Sinne der Gestaltpädagogik bezeichnet. Kontinuierliche Verständigung nimmt in den Blick, dass die Lernenden möglichst beständig in die Planung, Gestaltung und Reflexion von Unterricht einbezogen werden sollen. Annäherung bezeichnet die Notwendigkeit, die Selbstständigkeit der Lernenden zu gewähren und sie in die Bearbeitung institutioneller wie personaler Probleme miteinzubeziehen. Die Ebene der Störungen berücksichtigt die erwarteten Störungen ebenso wie aktuell auftretende.

Die Grundstrukturen des didaktischen Modells bestehen aus einem inneren Bereich mit drei Gruppen von Balance-Facetten (TZI, Gestaltpädagogik, Erfahrungsebenen einer Person) sowie dem äußeren Bereich von sechs Unterrichtsfacetten (Bedingungen und Voraussetzungen, Ziele, Inhalte, Lernformen und Medien, Unterrichts-Prozess-Struktur, Auswertung). Die didaktische Gestaltung setzt dann auf eine *Verständigung* über die allgemeine Struktur des Unterrichts, in welchem Rollen, Regeln und Ort-Zeit-Aspekte geklärt und ausgehandelt werden sollen. Dies führt in Prozesse der gemeinsamen Planung, Durchführung, Reflexion und Auswertung.

Auch wenn das Modell integrierend versucht, der Komplexität des Unterrichts mit verhaltensauffälligen Kindern und Jugendlichen gerecht zu werden, können drei Momente kritisch betrachtet werden: zum einen kommt die Frage nach dem *Gegenstand von Unterricht* und seiner Berechtigung vor dem Hintergrund spezifischer Lern- und Lebenserfahrungen zu kurz. Zum zweiten ist anzufragen, inwieweit sich derart viele Aspekte aus eigenständig entstandenen Ansätzen tatsächlich widerspruchsfrei zu einem integrativen Modell zusammenschließen lassen. Und drittens ist fraglich, ob das Modell letztlich nicht zu sehr auf ein gemeinsames,

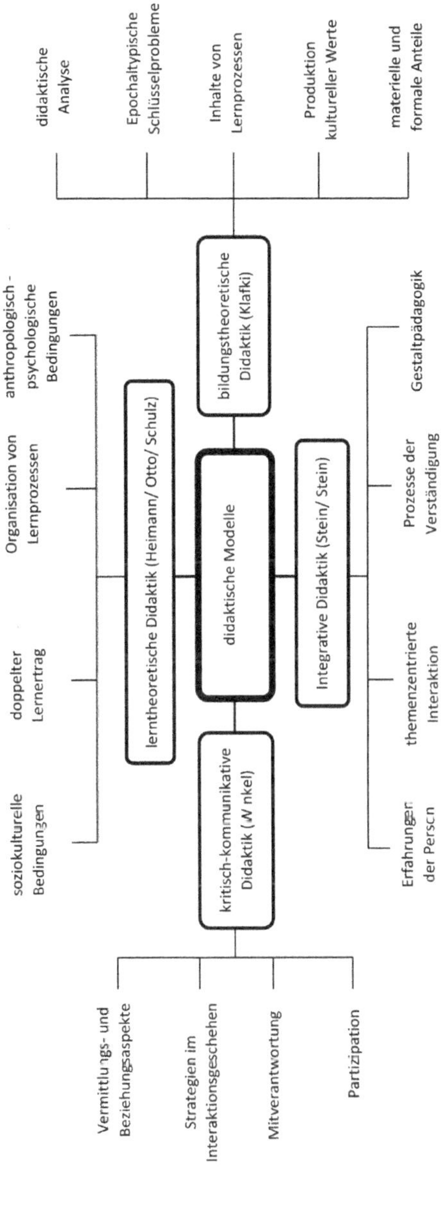

Thematische Skizze 15: Didaktische Modelle

geradezu partnerschaftlich wirkendes Planen und Aushandeln, Auswerten und Reflektieren von Unterricht setzt und damit zu wenig berücksichtig, wie sehr gerade verhaltensauffällige Kinder und Jugendliche darauf angewiesen sind, haltgebende Strukturen und eine ihnen gemäße, vorbereitete Lernumgebung bereits vorzufinden und sich nicht erst darüber verständigen zu müssen.

Fragen zum Verständnis:

Welches ist der Ertrag der bildungstheoretischen Didaktik für die Pädagogik bei Verhaltensstörungen?
Welche Bedingungsfelder werden in der lerntheoretischen Didaktik berücksichtigt?
Welche Rolle spielen Störungen in der kritisch-kommunikativen Didaktik?

Fragen zum erweiterten Verständnis und zur Vertiefung:

Was integriert das integrative didaktische Modell?
Welche Vorteile hat das integrative didaktische Modell gegenüber anderen didaktischen Modellen?

Antworthorizonte als Online-Material verfügbar.

Grundlagenliteratur:

Stein, A., Stein, R. (2014): Unterricht bei Verhaltensstörungen: Ein integratives didaktisches Modell. Klinkhardt utb, Bad Heilbrunn

6.2 Didaktische Konzepte

Seit den 1950er Jahren bis etwa in die späten 1980er Jahren haben sich **zahlreiche Konzeptionen** und Auseinandersetzungen mit Unterricht entwickelt, die den Anspruch haben, schulisches Lernen für verhaltensauffällige Kinder und Jugendliche zu realisieren (s. thematische Skizze 16). Eine Ordnung dieser Konzeptionen ist nur schwer vorzunehmen, da sie in unterschiedlichen Kontexten und vor dem Hintergrund verschiedener Herausforderungen mit teils spezifischen Schülergruppen entstanden sind. Sie beziehen sich nicht unmittelbar auf existierende didaktische Modelle zur Planung, Durchführung und Analyse von Unterricht und sind mal stärker therapeutisch orientiert, mal pädagogischer. Manche von ihnen fokussieren auf die *Rahmenbedingungen und Strukturen*, die Unterricht ermöglichen sollen, andere gehen von den anvisierten Kindern und Jugendlichen aus. Viele der Konzepte wurden nicht oder nur in Ansätzen erprobt, sodass es schwer ist, eine Einschätzung abzugeben. Dass sich keine Konzeption dauerhaft oder in der Fläche durchgesetzt hat, verweist darauf, dass nicht alle Herausforderungen mit ihnen bewältigt werden können. Darüber hinaus muss man etlichen Konzepten den Vorwurf des *Eklektizismus* machen: sie breiteten sich wohl auch deshalb nicht aus, weil sie Widersprüchlichkeiten, z.B. in ihren Menschenbildannahmen, nicht ausräumen konnten. Es zeigt sich, dass der Unterricht für verhaltensauffällige Kinder und Jugendliche immer wieder neu gedacht, vorbereitet, durchgeführt und ausgewertet werden muss. Ihre Erlebens- und Verhaltensweisen sind zu unterschiedlich, als dass sich dafür generell bestimmte Konzepte und Methoden eignen und andere nicht.

Nicht unerwähnt bleiben soll daher, dass auch herkömmliche Unterrichtskonzeptionen im Unterricht mit verhaltensauffälligen Kindern und Jugendlichen ihre Vor- und Nachteile aufweisen. Nicht erst seit der Hattie-Studie (Hattie 2013) ist zumindest aus der Erfahrung bekannt, dass die Lehrkraft selbst die wichtigste Konzeption im Unterricht darstellt. Methodisch verstanden bedeutet dies, dass Phasen sehr gut vorbereiteten Frontalunterrichts für verhaltensauffällige Kinder und Jugendliche sehr effektiv sein können. Als Ergebnis einer wertschätzenden und verlässlichen Beziehungsarbeit gelingt es ihnen, über längere Zeit auf die Lehrkraft zu fokussieren und damit auf einen Punkt im Klassenzimmer.

> „Schule halten meint, dass ein bestimmter Ort, der einer Aufgabe dient, vom Lehrer gehalten wird, nicht wie eine Stellung gegenüber Belagerten, wie es heute oftmals den Anschein hat, sondern in dem Sinne, dass dieser Ort Halt hat, dass in ihm oder an etwas gehalten wird, das von lebenswichtiger Bedeutung ist – und der Lehrer die Person ist, die das hält" (Preuss 2001, 11).

Zugleich ist zu bedenken, dass mit der Fokussierung auf eine Person auch das Maß sozialer Spannung und die Gefahr für Konflikte steigt. Auch Sprache und die in ihr enthaltenen emotionalen Botschaften sind Konfliktöffner. Es ist daher wichtig zu bedenken, wie lange frontale Unterrichtsphasen für die Schülerschaft ertragbar sind – schlicht, weil verhaltensauffällige Kinder und Jugendliche sich dabei von einer erwachsenen Person abhängig erleben, was sie schnell an Erfahrungen der Ohnmacht und des Ausgeliefertseins mit anderen Erwachsenen erinnern und zu massiven Abwehrhaltungen führen kann. Daher ist die *Kombination frontaler Phasen mit Phasen offenen Unterrichts* sinnvoll. Lerntheken und Stationenarbeit bieten die Möglichkeit, eigene Entscheidungen zu treffen und sich unabhängig von Erwachsenen mit einem Sachverhalt auseinanderzusetzen. Der Lehrkraft bieten sie den Vorteil der Differenzierung, individueller Anfänge und integrierter Rückmeldungen über den Schwierigkeitsgrad oder Charakter einer Aufgabe. Aber auch Wochenplanarbeit erweist sich als vorteilhaft, da in ihr eine zeitlich überschaubare Struktur enthalten ist, der ein zu leistendes, nach Möglichkeit individuell abgestimmtes oder gemeinsam erarbeitetes Pensum zugeordnet ist. Zugleich bleibt die Freiheit der Entscheidung, mit welcher Aufgabe begonnen wird und, zumindest in Maßen, in welchem Tempo gearbeitet wird. Andere Formen bieten Kooperationsanlässe, z.B. das projektorientierte Lernen oder auch die freie Arbeit, wenn sich über das vorhandene Material geeinigt oder Arbeitsprozesse miteinander abgestimmt werden müssen. So entstehen unterrichts-natürliche Anlässe für emotional-soziales Lernen.

Hinzuweisen ist auch auf die *MultiGradeMultiLevel-Methodology und ihre Lernleitern* (Müller/Lichtinger/Girg 2015). Ihr Freiheitsbegriff unterscheidet sich von Formen des offenen Lernens. Hier finden Kinder und Jugendliche strukturierte Lernwege, die sie eigenständig und gemeinsam beschreiten können, ohne von Erwachsenen abhängig zu sein. Zugleich besteht die Freiheit nicht in der Entscheidung über die zu bewältigende Aufgabe, sondern darin, dem *eigenen Lerntempo* folgen zu können und doch in die Klasse als Lerngemeinschaft eingebunden zu sein. Eine empirische Studie (Trimborn 2019) mit verhaltensauffälligen Kindern und Jugendlichen weist deutlich darauf hin, dass Ängste abnehmen und die Leistungsbereitschaft, aber auch die Frustrationstoleranz steigen.

6.2.1 Strukturfokussierte Konzepte

Reizreduktion

Cruickshank (1981) entwickelte sein Konzept der Reizreduktion in den 1960er Jahren. Er bezieht sich auf Kinder- und Jugendliche mit hirnorganischen Beeinträchtigungen und unterscheidet fünf verschiedene Defizitkategorien: Hyperaktivität, Dissoziation, Gestalt-Hintergrund-Reversion, Perseveration und motorische Unreife. Unabhängig von ihrer Intelligenz, aber der unter Berücksichtigung, dass für die Betroffenen emotionale Probleme häufig im Vordergrund stehen, soll das Selbstbewusstsein der Kinder und Jugendlichen gestärkt werden. Lernstörungen werden als Wahrnehmungsstörungen aufgefasst und können sich in Verhaltensstörungen äußern. Seine Prinzipien sollen für Schülerinnen und Schüler so lange Anwendung finden, bis Erfolgserfahrungen deutlich werden und das Selbstbewusstsein gestärkt ist. Dazu sieht er einen nicht stimulierenden Klassenraum vor, der in dezenten Farben gehalten, dessen Fenster mattiert und der mit Teppichboden ausgelegt ist. Der Raum selbst besteht aus Lernkabinen. Alle Konzentration erfordernden Aufgaben sollen in diesen erledigt werden; auch Pausen oder Bewegungsübungen. Cruickshank setzt auf klares und verlässliches Handeln der Lehrkräfte, die in der Lage sind, zeitliche Abläufe kleinschrittig zu strukturieren. Zusätzlich sollen die Aufgaben stark reduziert und auf die Voraussetzungen der Kinder und Jugendlichen angepasst werden: nur eine Aufgabe pro Arbeitsblatt, diese aber reizverstärkt. Aufeinanderfolgende Aufgaben müssen sich optisch wie inhaltlich stark voneinander unterscheiden und so angelegt sein, dass eine nur geringe Möglichkeit des Scheiterns besteht. Cruickshanks Konzept ist durch die rigide Struktur der Lernkabinen, in welche die Lehrkräfte nur von hinten und über die Schülerinnen und Schüler hinweg Aufgabe um Aufgabe hineinreichen, sehr kritisiert worden. Ausgehend von einer Fokussierung auf ein monokausales Erklärungsmodell von Verhaltensstörungen, das zudem stark medizinisch und defizitorientiert ist, fehlt der Konzeption die Erfahrung von Klassengemeinschaft und die Möglichkeit, soziales und emotionales Lernen in einer kleinen Lerngemeinschaft zu erproben. Ob erzieherische Mittel, wie er sie formulierte, auf eine medizinische Sichtweise von Verhaltensstörungen ohne Weiteres angewandt werden können, muss zumindest hinterfragt werden. Zudem ließen sich keine positiven Effekte auf die Schülerschaft nachweisen. Zugleich lässt sich von Cruickshank auch lernen: Trennwände und reizreduzierte Räume tun vielen Kindern und Jugendlichen gut, auch wenn Cruickshanks Kausalannahmen zu Hyperaktivität und Reizreduktion eher nicht stimmen. Darüber hinaus lehrt sein Konzept, den Blick immer wieder kritisch auf vorgefertigte Materialien und ihre Struktur zu lenken. Die technischen Möglichkeiten in der grafischen Gestaltung von Lernmaterialien führen bisweilen zu völlig überbordenden Angeboten, bei denen Kinder und Jugendliche das Wesentliche nicht mehr erkennen können.

Durchstrukturierter Klassenraum

Ein sich ebenfalls mit Struktur auseinandersetzendes Konzept stammt von Hewett (1968) und wurde durch Schumacher (1979) unter dem Namen „durchstrukturierter Klassenraum" nach Deutschland gebracht. Das Konzept orientiert sich an einem hierarchisch zu verstehenden Modell von Verhaltenssequenzen und der damit verbundenen Annahme, dass Kinder und Jugendliche sich diese Sequenzen nach und nach erarbeiten und entsprechend entwickeln:

- Das Aufmerksamkeitsverhalten bezieht sich auf die Fähigkeit, bestimmte Umweltreize wahrzunehmen und diese anzuwenden.
- Das Antwortverhalten meint die Fähigkeit, sein Verhalten auf spezifische Reize zu lenken, und die Befehlsausführung bezieht sich auf das Befolgen von Regeln, Anweisungen sowie das Arbeitsverhalten und dessen Kontrolle.
- Das Erkundungsverhalten zielt auf sinnliche Erfahrungen mit der Umwelt und das Interesse an ihrer Erforschung.
- Hinter sozialem Anpassungsverhalten verbirgt sich der Wunsch nach sozialer Anerkennung.
- Kognitive Grundfähigkeiten meinen, dass über grundlegende Fähigkeiten und Fertigkeiten verfügt wird, die sinnvolle Handeln ermöglichen.
- Das intrinsische Leistungsverhalten schließlich bezieht sich auf die Motivation zu ständigem und vertieftem Lernen.

Das unterrichtliche Verständnis gründet auf einem didaktischen Dreieck, das aus Aufgaben, Verstärkern und Strukturen besteht. Die Struktur sieht dabei ein Klassenzimmer mit verschiedenen sozialen Arrangements vor: frontal vor der Tafel, ein Erforschungs-, ein Ordnungszentrum und eines für kulturelle Fähigkeiten. Die Kinder und Jugendlichen sind in vier Niveaugruppen eingeteilt und haben entsprechend Zugang zu den einzelnen Zonen des Klassenzimmers. Eine Förderschullehrkraft und eine Assistenzlehrkraft arbeiten im Team mit 12 bis maximal 16 Kindern und Jugendlichen zusammen. Ziel ist die Rückführung in die Klassen der Regelschule, weshalb die vierte Niveaustufe bereits als ihr integrativer Bestandteil gedacht ist. Die zeitliche Struktur ist eng getaktet und mit einem Münzverstärkersystem gekoppelt. Verschiedene Arbeitsphasen mit einer Dauer von maximal 15 Minuten wechseln sich ab. Die Schülerinnen und Schüler erhalten dementsprechend Wertmarken, die gesammelt und in Arbeitsberichte übertragen werden, um Lernfortschritte deutlich zu machen. Wertmarken können eingetauscht werden. Ziel ist es, erwünschte Verhaltensweisen innerhalb einer Niveaustufe verstärkend aufzubauen. Sind Interventionen nötig, so ist zunächst eine Rückorientierung an das didaktische Dreieck angedacht: Aufgaben können erleichtert, Verstärker wirkungsvoller eingesetzt und Strukturen verändert werden. Aber auch verbale Erinnerungen, individuelle Betreuung, das Senden ins „Lernbüro“ oder zeitweilige bis längerfristige Schulausschlüsse sind vorgesehen. Das Konzept wurde über zwei Monate hinweg in Bremen erprobt, nicht jedoch empirisch überprüft. Die Erfahrungen zeigten einen Rückgang auffälligen Verhaltens und die Arbeitsformen begünstigten insgesamt soziales Verhalten. Nichtsdestotrotz handelt es sich um ein sehr komplexes Konzept, dessen Anwendung personell und räumlich aufwendig ist. Das Verstärkersystem nimmt viel Raum ein und es ist denkbar, dass die beobachteten positiven Effekte sich nach längerer Zeit ins Gegenteil wenden könnten. Zudem ist nicht erkennbar, wie sich aus einer derart massiven extrinsischen Verstärkung eine intrinsische Leistungsmotivation als Endziel entwickeln soll. Die hierarchischen Verhaltenssequenzen wirken willkürlich angeordnet und werden nicht weiter fundiert. Zudem muss hinterfragt werden, ob menschliche Entwicklung tatsächlich in Stufen und Sequenzen abläuft. Umgekehrt regt das entworfene Modell zur konkreten räumlichen Strukturierung eines Klassenzimmers an, verschiedene Zonen zu schaffen, die unterschiedlichen unterrichtlichen Charakter aufweisen und so eine Rhythmisierung von Unterricht begünstigen.

6.2.2 Schülerfokussierte Konzepte

Alltagsästhetischer Ansatz

Joachim Bröcher (1997) entwickelte den alltagsästhetischen Ansatz aus seiner Schul- und Unterrichtskritik heraus. Schule berücksichtige die Lebenssituation verhaltensauffälliger Kinder und Jugendlicher nicht ausreichend und die dargebotenen Unterrichtsinhalte entstammten einem Bildungsmilieu, an das sie nicht anknüpfen könnten. Bröcher sieht persönliche, familiäre und sozialmilieubedingte Probleme als Ursache von Verhaltensstörungen. Diese Probleme sollen im Unterricht durch alltagsästhetische Produkte und Prozesse, z.B. das Erstellen von Collagen oder Themenkisten, so bearbeitet werden, dass die Bewältigung der Lebensprobleme gelingt. Themen aus dem Alltag der Schülerschaft werden daher zunächst subjektiv behandelt. Allgemeinere Themen sollen sich aus der Bearbeitung subjektiver Themen herauskristallisieren. Bröcher orientiert sich an Aspekten der kritisch-konstruktiven Didaktik und sieht offenen Unterricht als methodisches Arrangement vor. Bedeutsam ist ihm die Beteiligung der Kinder und Jugendlichen bei thematischen Entscheidungen und das Einbeziehen ihrer Erfahrungen, Fragen und Anliegen. Dabei sollen auch die individuell unterschiedlichen Ausgangslagen berücksichtigt werden. Dies stellt eine der größten Chancen, zugleich aber auch einen der größten Nachteile des Konzeptes dar. Die Kritik, dass sich Unterricht nicht ausreichend an der Lebenswelt verhaltensauffälliger Kinder und Jugendlicher orientiere, ist durchaus berechtigt und wirft Fragen zur Anschlussfähigkeit und Deutungshoheit von Welt, Schule und Lerninhalten auf. Zugleich wird nicht erkennbar, ob Bröchers Konzept über die alltagsästhetische Auseinandersetzung hinaus regulären fachlichen Unterricht und das Erwerben von Kulturtechniken vorsieht. Ein „bloßes“ Aufgreifen der Lebenserfahrungen der Schülerschaft im Förderschwerpunkt emotional-soziale Entwicklung, ihre ästhetische Aufarbeitung und Thematisierung führen möglicherweise auch eher zu einer Bestätigung der lebensweltlichen Probleme als zu ihrer Bewältigung.

Lernerfolge und Bildung entstehen jedoch aus der Überschreitung bestehender Horizonte und nicht in ihrer Manifestation. Die von Bröcher angebotenen Analysen der Produkte von Schülerinnen und Schülern wirken stark kunsttherapeutisch, ohne dass die Grundlage der Interpretation verdeutlicht wird. Hier kommt es zu einer für Lehrkräfte gefährlichen Kompetenzüberschreitung, die ggf. zu Retraumatisierungen, Verstärkung von Ängsten und Abwehrmechanismen führt. Die Integration derart starker, therapeutisch interpretierender Verfahren in den regulären Unterricht wird nicht kritisch reflektiert. Nichtsdestotrotz erinnert das Konzept daran, reflektiert mit Unterrichtsinhalten umzugehen und sich immer wieder neu darum zu bemühen, sich den Lebenswelten verhaltensauffälliger Kinder und Jugendlicher anzunähern, um Lernen und pädagogische Beziehungen zu ermöglichen.

Kooperative Verhaltensmodifikation

Ein völlig anderes, dennoch schülerzentriertes Konzept liegt von Redlich und Schley (1981) vor. Ziel ist die Bewältigung der im Unterricht auftretenden Probleme durch eine Veränderung der Lehrer-Schüler-Interaktion und das Herstellen von Stabilität. Redlich und Schley betrachten die Klasse selbst als Problemträger und sind der Ansicht, dass durch verschiedene Maßnahmen das labile Gleichgewicht der Klasse wiederhergestellt werden kann. Angesichts dieser systemisch anmutenden Sichtweise ist es umso erstaunlicher, dass eine wesentliche Säule ihres Konzepts die klassische Verhaltensmodifikation darstellt, die nicht auf die Klasse als Gemeinschaft, sondern auf das Verhalten des einzelnen zielt. Einerseits soll sie in ihrem Konzept eher sprachlich eingesetzt werden: erwünschtes Verhalten soll verstärkt und unerwünschtes ignoriert werden. Andererseits üben sie vehemente Kritik an der Verhaltensmodifikation und setzen erweiternd auf Selbstbewertung. Fünf Aspekte sollen Kindern und Jugendlichen dazu verhelfen, eine realistische Selbstbewertung zu erlernen: das Setzen gemeinsamer Ziele, die Beschreibung des Zielverhaltens als Mittel zur Erreichung desselben, die währenddessen stattfindende Selbstbeobachtung des eigenen Verhaltens, die sich anschließende Selbstbewertung und eine abschließende, gemeinsame Beurteilung. Zur Verbesserung der Lehrer-Schüler-Interaktion fungiert eine beratende Person im Klassenzimmer, die nur gelegentlich direkten Kontakt zur Schülerschaft haben soll. Mit ihrer Hilfe soll zwischen Lehrkraft und Klasse ein Vertrag mit geltenden Regeln erarbeitet werden: dabei wird zunächst gemeinsam der Ist-Stand erfasst und analysiert. In einem zweiten Schritt gilt es, die Interventionen zu planen und der dritte Schritt ist ihre konkrete Umsetzung und Reflexion.

Die Vorteile dieses Konzepts liegen im Versuch, soziales Lernen und die Partizipation der Kinder und Jugendlichen zu realisieren: Die Selbstbewertungsfähigkeiten und das aktive Verantwortungsbewusstsein zu fördern, ist ein bedeutsames Anliegen für verhaltensauffällige Kinder und Jugendliche. Es ist durchaus denkbar, dass sich darüber eine Lerngruppe stabilisieren kann und durch Phasen der Reflexion ein Problembewusstsein für sich selbst und die eigene Rolle im Gefüge einer Klasse entsteht. Zudem erkannten Redlich und Schley, dass nicht die Schülerin oder der Schüler alleine verantwortlich für eine Störung ist, sondern dass Unterrichtsstörungen alle Beteiligten angehen. Dennoch muss kritisch gefragt werden, ob das Konzept so gleichberechtigt ist, wie es den Anschein hat. Die Durchsetzung der im gemeinsam erstellten Vertrag festgelegten Interventionen obliegt der Lehrkraft und die ist aufgrund ihrer systemisch festgelegten Rolle in einer anderen Machtposition als die Schülerschaft. Zudem besteht die Gefahr, dass Interventionen Symptome an der Oberfläche behandeln, statt zu einer tiefergehenden Auseinandersetzung mit Problemen und Konflikten zu führen – eine Schwierigkeit, die immer auftritt, wenn Verhaltensmodifikation zum Einsatz kommt. Am problematischsten erscheint jedoch der eklektizistische Umgang mit Theorien, die unreflektiert zu einem Konzept zusammengefügt werden: „Man kann […] nicht eine technologische Vorgehensweise, nämlich die der Verhaltensmodifikation, nachträglich durch Kooperation und Partnerschaftlichkeit verschönern“ (Hillenbrand 2011, 137).

Entwicklungstherapeutischer Unterricht

Auch der entwicklungstherapeutische Unterricht fokussiert stark auf die Schülerschaft. Er stellt ein neobehavioristisches Konzept dar, das von Mary Wood entwickelt und von Marita Bergsson (1995) in Deutschland etabliert wurde. Es basiert auf entwicklungspsychologischen Erkenntnissen von Piaget, Lowenfeld, Erikson u.a. Verhaltensstörungen werden als sozial-emotionale Entwicklungsretardierung angesehen, die es aufzuholen gilt. Das Konzept folgt einem Entwicklungsdenken in Sequenzen und legt daher auch ein Curriculum zugrunde, das nach Fähigkeiten und Fertigkeiten in den Bereichen Verhalten, Kommunikation, Sozialisation und schulische Fertigkeitsbereiche unterteilt ist. Der entwicklungstherapeutische Lernziel-Diagnosebogen (ELDIB) dient zur Erfassung des Entwicklungsstandes der Kinder und Jugendlichen und kann durch diese selbst, die Lehrkraft, außerschulisch Erziehende und Eltern ausgefüllt und verglichen werden. Er ist an fünf Entwicklungsstufen orientiert, woraus eine Zuweisung zu einem Förderprogramm möglich wird; und damit die Planung dieses Programms zum Aufbau und zur Stabilisierung von Fähigkeiten, die bereits ansatzweise gezeigt werden. Zudem lässt sich mit seiner Hilfe das Kind oder der Jugendliche einer Gruppe derselben Entwicklungsstufe zuordnen. Und schließlich ist durch die regelmäßige, etwa alle zwölf Wochen sich wiederholende Einschätzung mithilfe des ELDIB eine Fortschrittsevaluation möglich. Verhaltensauffällige Kinder und Jugendliche sollen inklusiv beschult werden, aber für zwei Stunden am Tag einen ihrer Entwicklungsstufe entsprechenden Unterricht in Kleingruppen erhalten. Maximal fünf bis acht Schülerinnen und Schüler werden hierbei durch drei Lehrkräfte unterrichtet. Je nach Entwicklungsstufe sind unterschiedliche Interventionsstrategien vorgesehen, die positives Feedback, physische Nähe, Spiegelung und Umlenkung ebenso enthalten, wie Herausnehmen aus dem Raum, Ausschluss aus der Gruppe, Konfrontation u.v.a.m. Für den entwicklungstherapeutischen Unterricht werden spezifische themenbasierte Wochenpläne entwickelt, die genau an die fünf Entwicklungsstufen angepasst sind und eine minutiöse Taktung von Spiel- und Erzählzeit über Toilettengang und Imbiss bis hin zur Zeit für schulische Fertigkeiten und Wahrnehmungstraining vorsehen. Dem Konzept ist sein Bemühen um eine individuelle Diagnostik hoch anzurechnen. Auch wenn der organisatorische Aufwand immens ist, besteht dennoch die Möglichkeit, verschiedene Einschätzungen aus dem Umfeld eines Kindes oder Jugendlichen zusammenzuführen und darüber in Austausch zu kommen – einschließlich der Einschätzung der Betroffenen selbst. Allerdings zeigt die praktische Erfahrung, dass auch sprachbegabte Jugendliche bisweilen Schwierigkeiten mit der selbstständigen Bearbeitung des ELDIB haben. Zudem muss kritisch gefragt werden, ob der Rückgriff auf psychologische Annahmen, nach denen sich der Mensch in Stufen entwickelt, dem entwicklungspsychologischen Kenntnisstand entspricht. Eine Leistung des Konzepts ist es jedoch, im Gegensatz zu anderen Konzepten die Inhaltsfrage nicht auszuklammern, sondern aufzuzeigen, wie sich die gewonnenen Erkenntnisse mit schulischen Inhalten verbinden lassen. Auch das Grundanliegen, verhaltensauffällige Kinder und Jugendliche nicht separierend zu beschulen, kann hervorgehoben werden. Allerdings ist einzuwenden, dass Exklusion in der Inklusion erzeugt wird, wenn die verhaltensauffälligen Kinder und Jugendlichen für zwei Stunden am Tag außerhalb ihrer Klasse in einer Kleingruppe beschult werden.

6.2.3 Strukturiert-schülerzentrierter Unterricht

Mit dem Konzept von Goetze und Neukäter (1981) liegt ein synthetisierender Versuch vor, Aspekte struktur- und schülerfokussierter Konzepte zusammenzuführen. Das Anliegen gründet in der Erkenntnis, dass das Schaffen äußerer Strukturen alleine nicht ausreichend ist, um das innere Chaos verhaltensauffälliger Kinder und Jugendlicher aufzuheben. Dazu versuchen sie, zwei Theorieansätze miteinander zu verknüpfen: die Lernpsychologie seitens der Strukturierung und Grundlagen der klientenzentrierten Beratung auf Seiten der Schülerschaft. In lernpsychologischer Perspektive zeigt sich eine Verhaltensstörung in sozialen Situationen als unangemessenes Verhalten, während in klientenzentrierter Perspektive eher von einer emotionalen Problemlage die Rede ist, in der das Kind oder der Jugendliche nicht an sich selbst angepasst ist bzw. diese nicht regulieren kann. Selbststeuerung, Selbstfindung, Mitbestimmung und Rückschulung sind die vier zentralen Ziele des Konzepts. Diese sollen durch drei aufeinander aufbauende Phasen erreicht werden: die fremdgesteuerte, die teilweise selbstgesteuerte und die weitgehend selbstgesteuerte Phase.

- In der ersten Phase gilt es, basale Fähigkeiten einer Arbeitshaltung zu entwickeln. Dazu werden Arbeits- und Spielsequenzen rhythmisiert und durch die Lehrkraft ausgewählte Spiele als

Verstärker eingesetzt. Grundlage der Steuerung sind Kontingenzverträge.
- In der zweiten Phase sollen diese Verträge aufgelöst werden und die Selbstkontrolle eine größere Bedeutung erhalten. Methodisch setzt der Unterricht nun auf Gruppenunterricht und projektorientiertes Arbeiten, sodass die Gelegenheiten zu Selbstbeobachtung und -verstärkung geschaffen werden.
- In der dritten Phase leiten die Schülerinnen und Schüler schließlich selbst ihre Lernprozesse an, formulieren eigenständig Verträge und lösen Konflikte. Der Lehrkraft kommt eine helfende Rolle zu.

Der Unterricht besteht weiterhin aus Arbeits- und Spielsequenzen, zu denen sich die Kinder oder Jugendlichen jedoch selbstständig entscheiden. Mit Blick auf die Lebenserfahrungen verhaltensauffälliger Kinder und Jugendlicher sind die Ziele des Konzeptes hervorzuheben. Auch das Anliegen, dass die Unterrichtsthemen einen Lebensweltbezug aufweisen sollen, ist ein positives Moment. Allerdings ist kritisch zu fragen, woraus bei einer derart starken Fremdsteuerung in der ersten Phase die Fähigkeiten erwachsen sollen, die in der zweiten Phase gebraucht werden und die in noch höherer Komplexität das Ziel des Konzeptes ausmachen. Nicht thematisiert werden zudem individuelle Entwicklungen: wechselt die Klasse geschlossen von einer Phase zur nächsten und wie verhält es sich bei rückwärtigen Entwicklungen? Überhaupt enthält das Konzept wenig Hilfestellungen für Lehrkräfte, sondern weist diesen lediglich Rollen für die einzelnen Phasen zu. Einmal mehr zeigt sich, dass sich Theorieansätze, die auf unterschiedlichen Menschenbildannahmen basieren, nicht ohne Weiteres zu Unterrichtskonzepten zusammenfügen lassen.

6.2.4 Psychodynamisch orientierte Konzepte

Unterricht als Ermutigung

Psychodynamisch orientierte Unterrichtskonzeptionen fußen im Wesentlichen auf individualpsychologischen Aspekten (Kap. 4.2.2). Ausgehend von den Annahmen über das Verhältnis von Mensch und Gemeinschaft wird mit Blick auf Verhaltensstörungen der

Erziehungsgrundsatz abgeleitet, dass Erziehung die produktive Lebensbewältigung durch Schaffen von Kompensationsmöglichkeiten anvisieren muss. Erziehung gilt als Hilfe zur Entwicklung des Gemeinschaftsgefühls und ist damit auf Gemeinschaft ausgerichtet. Sie stellt eine Kompensationshilfe dar, mit der sich als falsch erweisende Lebenspläne umgearbeitet werden. Der Erziehungsprozess selbst soll ohne Autoritär-Sein und Strafe auskommen, denn jede Strafe entmutige und schaffe eher die Bedingungen für mögliche neue Schwierigkeiten. Das wesentliche Erziehungsprinzip, auch im Unterricht, lautet Ermutigung. Unterricht sollte daher in Gemeinschaftsschulen stattfinden und auf Benotung verzichten. Seine wesentliche Funktion besteht nicht in der Wissensvermittlung, sondern im Vorbeugen von Lern- und Verhaltensstörungen. Die Klasse wird dabei in ansteigend fordernden Stufen als Erlebnis-, Stützungs-, Aussprache-, Arbeits- und Hilfs- sowie Verwaltungsgemeinschaft verstanden. In dieser gedanklichen Tradition entstanden unabhängig voneinander zwei Unterrichtskonzepte, die sich konträr gegenüberstehen: „Konfliktverarbeitung im Unterricht" von Volker Baulig (1982) und „Neutralisierung der Lerninhalte" nach Bo Sigrell (1971).

Unterricht als Konfliktverarbeitung

Baulig fokussiert mit seinem Konzept auf externalisierende Verhaltensstörungen. Ausgangspunkt ist ein umfassender Kenntnisstand zum soziokulturellen Hintergrund und Entwicklungsstand des Kindes oder Jugendlichen. Ziel ist eine verstärkte Teilhabe am Unterricht, die Rehabilitation der Schülerschaft und die Rückführung in die Regelschule. Wesentlich dafür ist die Gestaltung der Lehrer-Schüler-Beziehung, eine pädagogische Einwirkung auf Stigmatisierungen, die Konfliktverarbeitung im Unterricht, Maßnahmen zur Strukturierung und Ich-Stützung, die Stärkung des Selbstbewusstseins und der Ausbau der Frustrationstoleranz sowie die Förderung der Realitätsorientierung. Konflikte werden als Ursache für Aggressionen angesehen und daher gilt es, diese zu verarbeiten. Hierzu sollen konfliktverarbeitende Geschichten zum Einsatz kommen, wie z. B. selbst erdachte Fabeln. Baulig nimmt an, dass sich die Kinder und Jugendlichen mit dem Fabeltier, das ein Problem hat, identifizieren werden und so Probleme distanziert verarbeiten können, ohne sich affektiv belastet zu fühlen. Darauf sollen Interaktionsspiele aufbauen, um Probleme auf distanzierte Art und Weise zu verarbeiten. Wird dies beherrscht, werden problemorientierte Gespräche eingeführt, in denen gelernt werden soll, Emotionen zu äußern. Dazu kommen strukturierende und regelgebende Elemente im Unterricht, aber auch Verstärker (Kap. 4.1.1).

Zahlreiche Prinzipien sollen den Unterricht leiten: Kontinuität, Dezentralisierung, Reizdosierung, Neutralisierung, Differenzierung, Individualisierung, kontinuierliche Steigerung, Hürdenhilfe, immanente Belohnung, Konfliktverarbeitung, entwicklungsbezogene Alternierung des Unterrichtsrahmens und Kooperation.

Das Konzept enthält viele Aspekte, die Baulig aus seiner schulpraktischen Erfahrung zusammengetragen hat. Es verlässt jedoch die individualpsychologische Basis immer wieder, beispielsweise durch den Einsatz von Verstärkern und wird dadurch eklektizistisch. Zudem ist es in sich nicht widerspruchsfrei: so kann die Konfliktverarbeitung der Neutralisierung durchaus entgegenstehen.

Neutralisierung der Lerninhalte

Sigrell war der Auffassung, dass Verhaltensstörungen aufgrund von Angst, die Kinder und Jugendliche vor neuen, erschreckenden und verunsichernden Dingen und Situationen in ihrer Umwelt haben, entstehen. Durch diese Angst isolieren sie sich und entwickeln zudem nicht die Fähigkeit, angstauslösende Reize zu ignorieren, woraus psychosoziale Belastungssituationen entstehen. Um solche Situationen zu minimieren, muss das Ich der Kinder und Jugendlichen gestärkt werden. Dazu entwickelte Sigrell drei Handlungsmöglichkeiten für den Unterricht: die Stützung der Persönlichkeit, die Neutralisierung und die Entdramatisierung der Lerninhalte. Für die Stützung der Persönlichkeit gliedert er die Handlungsmöglichkeiten zum einen in Bezug auf die Gestaltung der Lernbedingungen und zum anderen auf die soziale Dimension des Unterrichts: zum einen geht es um das Schaffen stabiler Strukturen, zum anderen um die Reduktion von Reizangeboten. Lernanforderungen sollen an die individuelle Leistungsfähigkeit angepasst werden. Mit diesen Maßnahmen sollen die fehlende innere Sicherheit der Schülerinnen und Schüler kompensiert, Erfolgserlebnisse geschaffen und damit eine psychosoziale Stabilisierung erreicht werden. Die soziale Dimension des Unterrichts umfasst die Festlegung von Gruppennormen sowie gemeinsamen Zielen, wodurch sich ein Wir-Gefühl entwickeln soll, sodass die soziale Isolierung und die Angst vor neuen Kontakten vermindert wird. Die Neutralisierung und Entdramatisierung beziehen sich auf die Aufbereitung der Inhalte und Medien. Durch Neutralisierung sollen die Unterrichtsmaterialien und die Durchführung des Unterrichts keine angstbesetzten Assoziationen enthalten, sodass keine emotional-sozialen Belastungen entstehen. Derartige Inhalte sollen so gut wie möglich vermieden oder umgestaltet werden, sodass keine negativen Effekte auftreten. Sind diese jedoch unvermeidbar, kann die Lehrkraft die Thematik zeitlich oder räumlich verlegen oder unter Umständen sachlich falsche Aussagen machen.

So sehr das Anliegen zu ehren ist, belastete Kinder und Jugendliche nicht weiter zu „beladen“, so kritisch muss der Umgang mit den Inhalten von Unterricht gesehen werden. Die Betroffenen könnten sich durch Schule massiv betrogen fühlen, finden sie heraus, dass die Welt in Wirklichkeit anders ist, als ihnen vermittelt wurde. Dass auf Retraumatisierungen zu achten ist, ist ein wesentlicher Aspekt in jedem Unterricht mit verhaltensauffälligen Kindern und Jugendlichen. Der Sache aber ihre eigene Würde zu rauben, im Sinne einer höchst bedenklichen Zuspitzung „politischer Korrektheit“ (Ahrbeck 2020, 45 f.), ist unzulässig.

6.2.5 Zusammenfassung

Auch wenn die verschiedenen Konzepte nahezu gänzlich auf einen Bezug zu didaktischen Modellen verzichten, soll im Folgenden dennoch der Versuch unternommen werden, einzelne mögliche Bezüge nachgehend zu verorten und zugleich zusammenfassend **Vor- und Nachteile** für den Unterricht mit verhaltensauffälligen Kindern und Jugendlichen herauszustellen (s. Tab. 1).

Tab. 1: Vergleichend bezugnehmende Zusammenfassung von Unterrichtskonzepten

Didaktisches Konzept	Bezüge zu bildungstheoretischer Didaktik	Bezüge zu lerntheoretischer Didaktik	Bezüge zu kritisch-kommunikativer Didaktik	Chancen und Eignung	Gefahren und Begrenzungen
Reizreduktion	Auseinandersetzung mit der kleinteiligen Struktur einer Sache	Lernvoraussetzungen der Schülerinnen und Schüler (SuS) sollen berücksichtigt werden; Lerninhalte können individuell gestaltet werden	–	SuS haben wenig Ablenkung, viel Ruhe, gut auf sich selbst fokussiert; Schonraum gegenüber anderen SuS; individuelles Eingehen auf SuS durch Materialgestaltung; hohe Struktur	rigide Struktur; wenig soziales Lernen; wenig Lehrkraft (LK)-SuS-Beziehung; keine ganzheitliche Bildung; Isolation der SuS; einseitiger Lernprozess
durchstrukturierter Klassenraum	–	Verhaltensweisen der SuS stehen im Mittelpunkt; Lernvoraussetzungen durch Verhaltenssequenzen berücksichtigt, Aufgaben werden an SuS angepasst	Selbstständige Auseinandersetzung mit Aufgaben bei der höchsten Verhaltenssequenz (keine Verstärker)	Angestrebtes Verhalten wird gemeinsam mit SuS erarbeitet; räumliche Strukturierung in Arbeitsbereiche; positives Verhalten wird verstärkt: ggf. motivationsfördernd	Stigmatisierung durch Stufenbildung in Verhaltenssequenzen; starke Verstärkung von außen beeinflusst intrinsische Motivation negativ

Didaktisches Konzept	Bezüge zu bildungstheoretischer Didaktik	Bezüge zu lerntheoretischer Didaktik	Bezüge zu kritisch-kommunikativer Didaktik	Chancen und Eignung	Gefahren und Begrenzungen
alltagsästhetischer Ansatz	Sache kommt ausschließlich aus der Lebenswelt der SuS	Lernvoraussetzungen der SuS zeigen sich über die Inhalte, die sie einbringen, werden aber von LK therapeutisch interpretierend verwertet	maßgebliche Mitgestaltung des Unterrichts (UR); viele Möglichkeiten für die SuS, ihr Erleben zu kommunizieren	Probleme der SuS werden thematisiert; sehr schülerzentriert; ggf. motivierend für die SuS durch Aktualität der Themen und ihre Relevanz	„Ansteckungsgefahr" bei schwierigen Themen; einseitige Deutungskompetenz bei LK; wenig Horizonterweiterung für die SuS; Fokus könnte ggf. auf negativen Erlebnissen sein; nicht für SuS mit Angststörungen geeignet; Funktion von Schule wird nur z. T. erfüllt
Kooperative Verhaltensmodifikation	–	Lernen am Modell, Formen des Konditionierens werden verbunden	Kommunikation und Austausch über Probleme, Probleme sollen in der Gruppe gelöst werden, Selbstbewertung und Bewertung von Situationen	Förderung der Selbstwahrnehmung, -steuerung und -bewertung, Entgegenwirken von Ausgrenzung; SuS stehen nicht im Mittelpunkt	Nicht sehr spezifisch; biographische Anteile des SuS werden nicht berücksichtigt; keine Handlungsvorschläge für aktuelle Krisen, Intervention an Oberfläche; zu stark auf externalisierende Verhaltens- weisen ausgerichtet

Didaktisches Konzept	Bezüge zu bildungstheoretischer Didaktik	Bezüge zu lerntheoretischer Didaktik	Bezüge zu kritisch-kommunikativer Didaktik	Chancen und Eignung	Gefahren und Begrenzungen
entwicklungs-therapeutischer Unterricht	themenbezogene Wochenpläne	Entwicklungscurriculum; klare Strukturierung von Stundenanteilen; Wochenthemen; Anpassung an Entwicklungsstand der SuS; starke Handlungsorientierung für die SuS	–	Entwicklungsstand wird erhoben: daher genaue Passung für UR möglich; genaue Strukturierung der Abläufe	Inneres Erleben der SuS wird vernachlässigt; basiert rein auf Verhaltensbeobachtungen; sehr aufwendig in der Durchführung, sehr schlichte Interventionsformen auf behavioristischer Basis; reine Reaktion auf Störungen; Gefahr der Exklusion in der Inklusion
strukturiert-schülerzentrierter Unterricht	–	Fortschreiten in jeweils nächste Phase an Selbstständigkeit der SuS orientiert; Methoden werden an Lernvoraussetzungen angepasst	Ziel ist Selbst- und Mitbestimmung, vor allem in Phase 3: Verträge werden selbst formuliert, selbstgesteuertes Lernen, Projektunterricht etc.	Basale Fähigkeiten werden gezielt aufgebaut; Selbststrukturierung der Lernprozesse, soziale Prozesse, Kontingenzverträge mitbestimmen	Realisierbarkeit bei hohem Störungsgrad? Probleme bei hoher Fluktuation; evtl. Unter- und Überforderung in einzelnen Phasen; kaum konkrete Hilfen für die LK

Didaktisches Konzept	Bezüge zu bildungstheoretischer Didaktik	Bezüge zu lerntheoretischer Didaktik	Bezüge zu kritisch-kommunikativer Didaktik	Chancen und Eignung	Gefahren und Begrenzungen
Unterricht als Ermutigung	–	Individuelle Lernvoraussetzungen der SuS werden beachtet; Annahme der Minderwertigkeit eines jeden SuS (Adler); starke Berücksichtigung der Bedingungsfelder der lerntheoretischen Didaktik	UR als Kommunikationsprozess; Rückmeldungen der LK spielen eine große Rolle; LK-SuS-Beziehung ist wichtig; SuS-Perspektive spielt eine Rolle	LK reflektiert sich und ihr Verhalten; sehr wertschätzender Umgang mit SuS; Versuch, die Lebens- und Gefühlswelt der SuS zu erfassen und entsprechend zu handeln; Selbstwertgefühl der SuS soll stabilisiert und gesteigert werden	Sehr theoretischer Ansatz, dem Konkretisierungsaspekte fehlen; mehr eine Haltung als ein Konzept; überzogener Erziehungsoptimismus; SuS müssen Kritik aushalten können
Konflikt-verarbeitung	inhaltliche Ziele sollen nicht aus den Augen verloren werden; durch spezifische Inhaltsauswahl soll konfliktverarbeitender UR initiiert werden	Umgang mit Stigmatisierungen, LK-SuS-Beziehung ist zentral; Ich-Stützung; kontinuierliche Steigerung der Leistungsanforderungen	Gespräche zur Selbstbewertung, Konfliktverarbeitung; verbale Spiegelungen; offenes Thematisieren von Emotionen	Konfliktlösung durch intensive Auseinandersetzung; Ziel Rückschulung; Maßnahmen, um Beschulung möglich zu machen, individuelle Probleme der SuS werden einbezogen	eklektizistisch, wenig bis keine methodischen Hilfestellungen für die LK
Neutralisierung der Lerninhalte	Sache steht im Hintergrund, da sie „verleugnet“ und ggf. verfälscht wird	will Basis für das Lernen von SuS schaffen durch „Entängstigung“	Reflexion der Inhalte nur wenig oder gar nicht möglich, da diese verharmlost oder weggelassen werden	Berücksichtigung des emotionalen Erlebens der SuS; Stützung der Persönlichkeit und des Gemeinschaftsgefühls	Inhaltsverfälschungen: Weltutopien statt Vorbereitung auf Welt; LK-SuS-Beziehung in Gefahr, wenn SuS die „Wahrheit“ entdecken

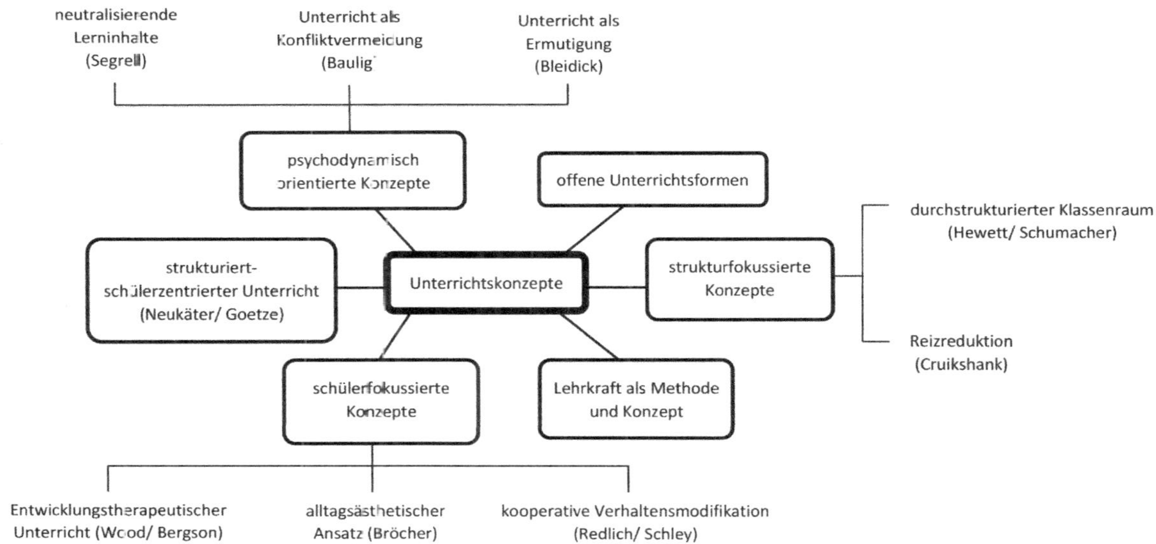

Thematische Skizze 16: Didaktische Konzepte

Fragen zum Verständnis:

Auf welche Kinder und Jugendlichen zielt das Konzept von Cruickshank ab?
Was ist eine alltagsästhetische Äußerung?
Was meint Unterricht als Ermutigung?

Fragen zum erweiterten Verständnis und zur Vertiefung:

Welche Unterrichtskonzepte sind eklektizistisch und worin besteht der Eklektizismus?
Woran könnte es liegen, dass sich keines dieser Unterrichtskonzepte dauerhaft etablieren konnte?

Antworthorizonte als Online-Material verfügbar.

Grundlagenliteratur:

Hillenbrand, C. (2011): Didaktik bei Unterrichts- und Verhaltensstörungen. Ernst Reinhardt utb, München

6.3 Unterrichtsprinzipien

6.3.1 Allgemeine Unterrichtsprinzipien

Unterrichtsprinzipien sind Grundsätze, welche die *methodische Gestaltung des Lehrens und Lernens* bestimmen. Als Bestimmungsfaktoren des Unterrichts beziehen sie sich auf die Art und Weise, wie der ausgewählte Inhalt zur Erreichung der gesetzten Ziele vermittelt werden soll. Unterrichtsprinzipien sind daher generalisierte Verfahrensweisen mit regulativer Funktion, deren Aufgabe in der Steuerung von Lernprozessen bzw. der Ermöglichung und Optimierung dieser steht (Schröder 2002).

Folgt man der schulpädagogischen Auseinandersetzung mit Unterrichtsprinzipien lassen sich im Wesentlichen Motivierung, Veranschaulichung, Aktivierung, Differenzierung, Erfolgsbestätigung, Erfolgssicherung, Schülerorientierung, Ganzheit und Strukturierung finden (Schröder 2002, 161 f.). Diese Prinzipien sind aus Sicht der Pädagogik bei Verhaltensstörungen keinesfalls einzuschränken (s. thematische Skizze 17). Vielmehr erfahren einzelne eine besondere Bedeutung: so sind Motivierung und Aktivierung für schul- und/oder leistungsverweigernde, aber auch angstbesetzte und mit einem niedrigen Selbstwert ausgestattete, schnell frustrierbare Kinder und Jugendliche von besonderer Bedeutung. Für die zuletzt genannten sind die Bedingungen der Möglichkeit von Erfolgsbestätigung und -sicherung ebenfalls zentral. Schülerorientierung und Differenzierung stehen für alle verhaltensauffälligen Kinder und Jugendlichen im Mittelpunkt unterrichtlicher Gestaltung, um ihren unterschiedlichen Lernvoraussetzungen, Verhaltens- und Erlebensweisen entsprechen zu können. Nicht zuletzt ist Strukturierung ein wesentliches Prinzip mit diesen Kindern und Jugendlichen, sei es, um Ordnung in eine ungeordnete äußere wie innere Welt zu bringen, sei es, um die Aufmerksamkeit zu lenken und die Konzentration zu schulen.

6.3.2 Spezifische Unterrichtsprinzipien

Von Hartke (2008), Hillenbrand (2011) sowie Stein/Stein (2014) liegen darüber hinaus begründete Prinzipiensammlungen vor, mit denen die Spezifika des Unterrichts mit einer verhaltensauffälligen Schülerschaft verdeutlicht werden sollen.

Hartke (2008) weist auf die im Einzelfall stark variierenden sozialen und emotionalen Probleme von Kindern und Jugendlichen innerhalb einer Lerngruppe hin und führt darüber aus, weshalb es keine spezielle Didaktik der Erziehungshilfe geben könne. Aufgrund besonderer und wechselnder situativer Voraussetzungen innerhalb von Organisationsformen und besonderer Lernvoraussetzungen innerhalb der Gruppe der Schülerinnen und Schüler gilt es jedoch bestimmte Prinzipien der Unterrichtsgestaltung zu betonen. So fokussiert er im Besonderen auf direktive und adaptive Instruktion, aber auch auf Differenzierung und selbstgesteuertes Lernen. Seine Prinzipienauswahl liegt damit stärker in der Nähe *methodischer Entscheidung*.

Hillenbrand (2011) dagegen betont stärker Prinzipien der *Be-*

ziehungsgestaltung und des pädagogischen Handelns im Unterricht, wenn er Geborgenheit gewähren, Annahme des Kindes, Bestärken und Ermutigen sowie Halten und Aushalten postuliert. Für die Unterrichtsmethoden fordert er, diese sicher und beweglich handzuhaben, Anfangssituationen zu klären, Unterricht überschaubar zu gestalten, Meta-Unterricht zuzulassen und zu individualisieren. Aber auch ein Unterrichtsklima, welches nach Prinzipien des therapeutischen Milieus (Kap. 5.2.4) angelegt ist, hält er für zielführend.

Stein/Stein (2014) bündeln die von Hillenbrand aufgeführten Unterrichtsprinzipien, die den Fokus auf das pädagogische Handeln und die Beziehung legen unter Verweis auf *Erziehung* als ein übergeordnetes Prinzip (Stein/Stein 2014, 82). Sie greifen die bestehenden Prinzipien auf, ergänzen diese aber noch durch das Prinzip der Kooperation, das zum einen mit Blick auf die sozialen Förderbedürfnisse der Schülerschaft verstanden werden kann, zum anderen aber auch als Aufforderung zum professionellen, überinstitutionellen Arbeiten und Vernetzen. Außerdem betonen sie das seit Arno Fuchs‘ Gründung von Erziehungsklassen (Kap. 2.3) bestehende Durchgangsprinzip der Schule für Erziehungshilfe.

Mit Bezug auf *bindungs- und vertrauenstheoretische* Untersuchungen erweitern Müller/Langer (2019) die Liste der Prinzipien um das der Verlässlichkeit:

> „Die qualitative Bedeutung von Verlässlichkeit für Kinder und Jugendliche mit emotional-sozialem Förderbedarf zeigt sich darin, dass sie Verlässlichkeit dem Vertrauen deutlich vorziehen. Jedoch ist Verlässlichkeit nicht zwingend positiv besetzt, nämlich dann nicht, wenn das Sich-verlassen-Können auf andere Personen aus negativen Beziehungserfahrungen resultiert, wie es nach Julius (2014) für die Mehrheit der Kinder im Förderschwerpunkt emotional-soziale Entwicklung zutrifft. Wenn dem so ist, äußert sich dieses Nicht-verlassen-Können ebenso in ihrer Verhaltenserwartung im Unterricht [...]. Prinzipien im Unterricht bei emotional und sozial beeinträchtigten Kindern sollten jedoch auf die Herstellung verlässlicher und sicherheitsspendender Beziehungen fokussieren" (Müller/Langer, 400).

Fragen zum Verständnis:

Welche Funktion haben Unterrichtsprinzipien?

Welche Unterrichtsprinzipien wurden speziell für den Unterricht mit verhaltensauffälligen Kindern und Jugendlichen entworfen?

Fragen zum erweiterten Verständnis und zur Vertiefung:

Welche spezifischen Unterrichtsprinzipien müssten auch im Unterricht mit nicht auffälligen Kindern und Jugendlichen zum Tragen kommen und weshalb?

An welchen konkreten Aspekten könnten Kinder und Jugendliche bemerken, dass ihr Unterricht vom Prinzip der Verlässlichkeit getragen wird?

Antworthorizonte als Online-Material verfügbar.

Grundlagenliteratur:

Hartke, B. (2008): Spezifische Unterrichtsprinzipien. In: Gasteiger-Klicpera, G., Julius, H., Klicpera, C. (Hrsg.): Sonderpädagogik der sozialen und emotionalen Entwicklung. Hogrefe, Göttingen, S. 797–809

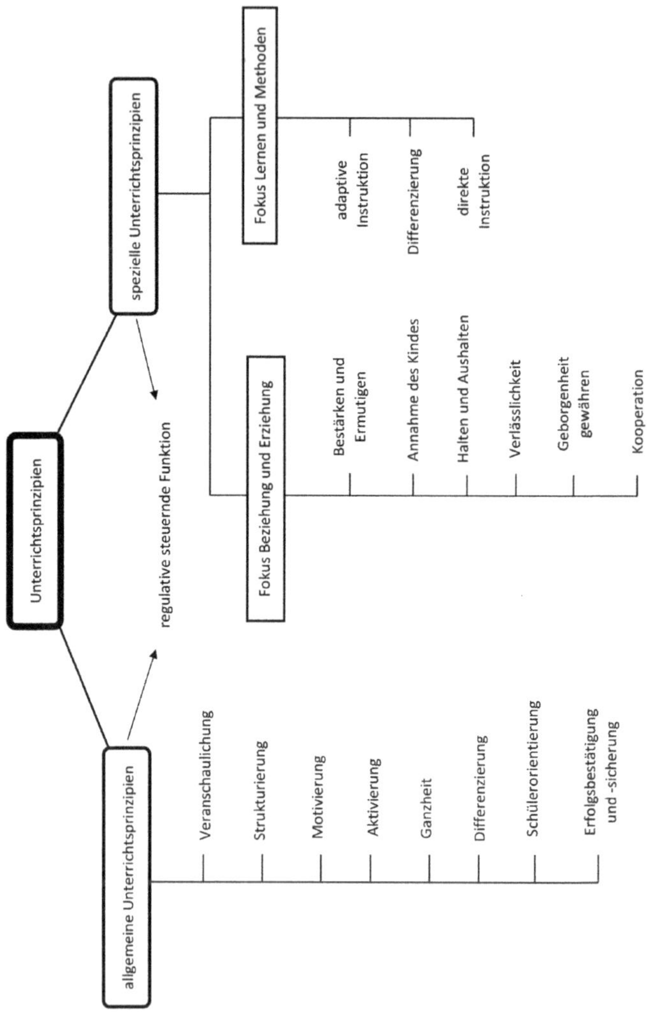

Thematische Skizze 17: Unterrichtsprinzipien

7 Diagnostik und Förderung

Diagnostik zählt zur sonderpädagogischen Professionalität und erfüllt im Kontext der Pädagogik bei Verhaltensstörungen verschiedene Aufgaben, aus denen sich Maßnahmen der Förderung, präventiver wie auch interventiver Art, ableiten lassen. Besonders im Fokus stehen emotional-soziale Kompetenzen, die als bündelndes Konstrukt zahlreiche Fertigkeiten und Fähigkeiten umfassen, um mit sich und anderen in ein sinn- und gemeinschaftsstiftendes Verhältnis zu finden.

7.1 Diagnostik als sonderpädagogische Aufgabe

Diagnostik ist neben Erziehen, Unterrichten und Beraten eine der Aufgaben sonderpädagogischer Professionalität (s. thematische Skizze 18). Die Pädagogik bei Verhaltensstörungen ist dabei vor mehrere Herausforderungen gestellt:

- Erstens berücksichtigt sie nicht nur das unmittelbar beobachtbare *Verhalten* einer Person, sondern fokussiert auch auf deren *Erleben*, das in kontraproduktivem Widerspruch zum beobachtbaren Verhalten stehen kann.
- Zweitens ist der diagnostische Prozess, und damit auch Ergebnisse und abgeleitete Maßnahmen, abhängig von der eingenommenen *Perspektive*: so ließe sich einerseits mit den Auffälligkeiten einer Person auseinandersetzen, deren Erleben und Verhalten von normativen Maßstäben und Erwartungen abweicht. Außer Acht bleiben dabei aber aktuelle Bedingungen, in denen solche Auffälligkeiten auftreten, sowie die Tatsache, dass diese Bedingungen zur Auslösung und Aufrechterhaltung auffälligen Erlebens und Verhaltens beitragen können. Andererseits ließe sich eine Störung des Funktionsgleichgewichts der Interaktion einer Person mit ihrer Umwelt (Kap. 4.1.4) in den Mittelpunkt rücken. Eine Auffälligkeit wäre dann ein Signal für

eine Störung und der diagnostische Prozess würde sich sowohl dieser selbst als auch der Umwelt und dem Interaktionsgeschehen widmen.

- Drittens stellt sich die Frage, ob Auffälligkeiten nur in einer *spezifischen Situation und zu bestimmten Zeitpunkten* auftreten, oder mehr oder weniger zeitlich konstant (stabil) und über eine längere Zeit hinweg. Für die über längere Zeit hinweg auftretenden Auffälligkeiten wäre dann noch in Stileigenarten des manifesten sprachlichen, motorischen und mimischen Verhaltens zu unterscheiden.

Drei funktionale Varianten diagnostischer Entscheidungen lassen sich grob unterscheiden:

- Sie können durch Fragen der Selektion dienen, also beispielsweise, ob ein Kind oder Jugendlicher für den Besuch der Regelschule geeignet ist.
- Sie können Antwort auf eine Platzierungsfrage sein, z.B. welches Niveau der Eignung ein Kind oder Jugendlicher für eine bestimmte Schulart aufweist.
- Und sie können der Klassifikation dienen, wenn danach gefragt wird, welche Symptom- bzw. Merkmalskonstellationen vorliegen.

Im Ergebnis lässt sich dann entweder eine Entscheidung über die Zuordnung eines Kindes oder Jugendlichen zu unabhängig von ihm oder ihr bereits existierenden Maßnahmen treffen oder aber eine Empfehlung für eine individuell abgestimmte Maßnahme oder Behandlung aussprechen.

Probleme können dabei insbesondere entstehen, wenn aus gewonnenen diagnostischen Informationen ein diagnostisches Urteil werden soll. Eine zentrale Frage dabei lautet: Dient das diagnostische Urteil als Grundlage für *Präventions- oder für Interventionsmaßnahmen*? Mit Blick auf präventive Maßnahmen entsteht die Schwierigkeit, Schlussfolgerungen für zukünftige Ereignisse vorzunehmen aufgrund der zum Zeitpunkt der Diagnostik gegebenen bzw. vorausgegangenen Sachverhalte. Dies bringt die Gefahr mit sich, dass mit der Diagnose eine sich *selbst erfüllende Prophezeiung* in Gang kommt. Mit Blick auf Interventionsmaßnahmen ist davon auszugehen, dass beim Kind oder Jugendlichen bereits Entwicklungen vorliegen, die ein diagnostisches Urteil letztlich

„erleichtern". Aus Sicht der Pädagogik bei Verhaltensstörungen ist es zentral, die Abfolge in der *lebensgeschichtlichen Entwicklung* beim gemeinsamen Vorliegen von Auffälligkeiten des Erlebens und/oder Verhaltens *und* von Lern- und Leistungsstörungen zu eruieren. Liegt eine sekundäre Leistungsstörung als Folge einer primären Auffälligkeit des Erlebens und Verhaltens vor oder hat eine primäre Lern- und Leistungsstörung zu einer sekundären Auffälligkeit geführt? Allerdings existieren keine verbindlichen Vorgaben, welche diagnostischen Informationen welchen Kriterien zugeordnet werden. Die Diagnostizierenden benötigen daher einerseits erzieherische und didaktische Erkenntnisse über die Passung zwischen bestimmten Schüler-Charakteristika und bestimmten Unterrichtskonzeptionen. Sie müssen aber auch über Kenntnisse des Zusammenhangs von Charakteristika und präventiven sowie interventiven pädagogischen Handlungskonzepten verfügen. Um sich diesen Herausforderungen und Fragen stellen zu können, benötigt es als Orientierung für die Hypothesenbildung ein Modell zur Erklärung von Auffälligkeiten bzw. Störungen des Erlebens und Verhaltens (Kap. 4), welches ggf. mit anderen Modellen in Vergleich bzw. Verbindung zu bringen ist.

Es muss kritisch darauf hingewiesen werden, dass auch im Rahmen sonderpädagogischer Klassifikation und Diagnostik teilweise mit personenbezogenen Konzeptionen gearbeitet wird, beispielsweise bei der Diagnose eines emotional-sozialen Förderbedarfs (KMK 2000). Hier werden *Förderbedarfe* untersucht und festgestellt, die direkt auf das Kind oder den Jugendlichen bezogen sind. Zwar soll dies durch die Perspektive einer *Kind-Umfeld-Diagnostik* ergänzt werden, ob den Diagnostizierenden als Vertreter einer pädagogischen Institution dazu auch die Möglichkeiten gegeben sind, bleibt zu hinterfragen. Außerdem spielt die diagnostizierende Person selbst eine bedeutende Rolle. Der Versuch, das gezeigte Verhalten oder die Person-Umwelt-Interaktion verstehen zu wollen, bleibt nicht frei von den Erfahrungen, Einstellungen und Empfindungen der Diagnostizierenden. Es braucht daher ein hohes Maß an Reflexion und Verantwortungsbereitschaft, sich der Subjektivität der vorgenommenen Einschätzung bewusst zu werden, auch wenn diese verschiedene Modelle zur Erklärung und zahlreiche diagnostische Informationen berücksichtigt. Zur Gewinnung diagnostischer Informationen sollten daher stets mehrere Aspekte integriert werden:

- Zum einen benötigt es eine ausführliche Anamnese, in der reale Ereignisse aus dem Leben des Kindes oder Jugendlichen und seines Umfelds ermittelt werden. Außerdem gilt es, eine ausführliche Verhaltensbeobachtung vorzunehmen und mit der betroffenen Person selbst ein psychodiagnostisches Gespräch – hier bestehen verschiedene Formen des Grades der Standardisierung – zu führen.
- Zum Zweiten können Fragebögen zum Einsatz kommen, die unabhängig vom Kind oder Jugendlichen existieren und im Ergebnis einen Vergleich zulassen.
- Und zum Dritten kommen, abhängig von der Fragestellung, verschiedene, auch projektive, Testverfahren zur Anwendung.

Während die sonderpädagogische Förderdiagnostik sich um ein hohes Maß an *Objektivität* bemüht und sich von jeher mit *Gütekriterien von Testverfahren* sowie der Bedeutung der diagnostizierenden Person im Prozess und für die Urteilsbildung auseinandersetzt, besteht seitens der (psychoanalytischen) Pädagogik seit den 1960er Jahren eine eigene diagnostische Perspektive, die sich jedoch nicht als Widerspruch zur psychologischen Diagnostik versteht. Zu ihr zählt z.B. das *Fallverstehen*, welches durch *therapeutische Verfahren* inspiriert ist und mit der Gründung pädagogisch-therapeutischer Institutionen durch Redl, Bettelheim u.a. (Kap. 5.2.4) in Gang kommt. Fallverstehen kann als systematischer Erkenntnis- und Verstehensprozess bezeichnet werden, der zum Ziel hat, die Vielschichtigkeit der Lebens- und Erlebenssituationen von Kindern, Jugendlichen und ihren Familien zu erhellen. Das bedeutet, dass Klassifikationsfragen in den Hintergrund treten zugunsten der Fragen, warum einerseits eine Situation sich so darstellt wie sie es tut, und wozu ein als auffällig wahrgenommenes Verhalten innerhalb dieser Situation dient, beispielweise als Anpassungs- oder Lösungsversuch. Ein Ansatz, dem ein derartiges Verständnis zugrunde liegt und der verschiedene Zugänge zu vereinen sucht, ist die „verstehende subjektlogische Diagnostik" (Baumann 2009). Methodisch geht es zum einen darum, Daten und Perspektiven in einen systematisierten, begründeten Zusammenhang zu bringen und zum anderen zu prüfen, ob die hergestellten Zusammenhänge dahingehend stimmig erscheinen, sich ein vielgestaltiges Bild von der Situation eines Kindes oder Jugendlichen gemacht zu haben und *Hypothesen für die guten Gründe und inne-*

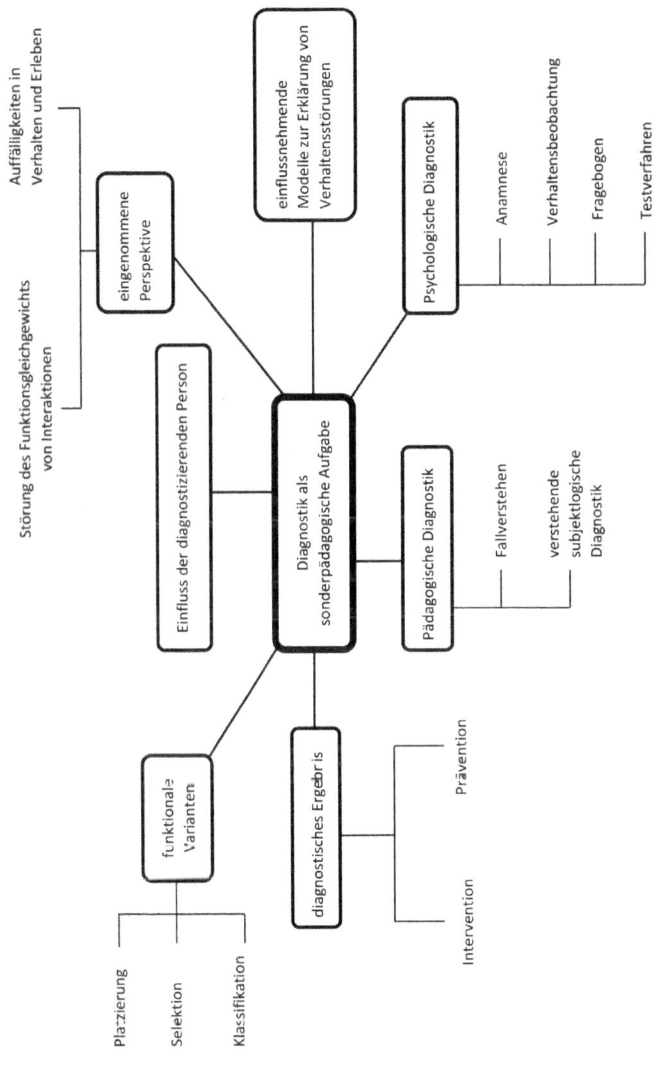

Thematische Skizze 18: Diagnostik als sonderpädagogische Aufgabe

ren Notwendigkeiten bilden zu können, die zu einem auffälligen Verhalten führen. Voraussetzung dafür ist die systematische Erfassung von (lebensgeschichtlichen) Informationen, das In-Bezug-Setzen und Vergleichen dieser. Außerdem bedarf es der Rekonstruktion biographischer Strategien und Muster, wozu zahlreiche Gespräche mit der betroffenen Person selbst, aber auch mit Familie und Umfeld vonnöten sind. Darüber hinaus kommt die Erfassung und Analyse von bereits *bestehenden Dynamiken* zwischen dem Kind oder Jugendlichen und seinem Hilfesystem zum Tragen. Es geht dabei beispielsweise um die Reflexion von *Identifikationen, Übertragungen und Gegenübertragungen.*

Fragen zum Verständnis:

Welche Funktionen hat Diagnostik als sonderpädagogische Aufgabe?

Welche Bedeutung kommt der diagnostizierenden Person im Diagnoseprozess zu?

Fragen zum erweiterten Verständnis und zur Vertiefung:

Inwieweit trägt Diagnostik zur Stigmatisierung von Kindern und Jugendlichen bei? Sollte auf sie verzichtet werden?

Vor welchen Herausforderungen steht eine diagnostizierende Person hinsichtlich ihrer eigenen Rolle und wie kann sie mit dieser umgehen?

Antworthorizonte als Online-Material verfügbar.

7.2 Emotionale und soziale Kompetenzen

Ein zentraler, wenn auch nicht der einzige, Fokus einer Diagnostik im Kontext der Pädagogik bei Verhaltensstörungen liegt auf dem so genannten *emotional-sozialen Förderbedarf* und den ihm zugrunde liegenden emotional-sozialen Kompetenzen (s. thematische Skizze 19). Diese können als Schlüsselqualifikationen angesehen werden, obwohl die beiden Kompetenzbereiche nicht identisch sind (Hartmann/Methner 2015, 12). Vielmehr sind emotionale und soziale Kompetenzen untrennbar miteinander verwoben (Schreyer-Mehlhop et al. 2011, 202) und stehen in einem Abhängigkeitsverhältnis zueinander. So werden emotionale Kompetenzen einerseits für ein sozial angemessenes Handeln benötigt und andererseits ausschließlich in sozialen Beziehungen erlernt (Petermann et al. 2016, 23). Die Entwicklung sozialer und emotionaler Fähigkeiten kann als Grundlage für den späteren Lebenserfolg in verschiedenen Bereichen angesehen werden. Da emotionale und soziale Kompetenzen nicht statisch, sondern auf einem Entwicklungskontinuum zu betrachten sind (Berk 2011, 346), lässt sich ihr gezieltes Fördern legitimieren.

> „Emotionale Kompetenz entwickelt sich auf der Grundlage von sozialen Erfahrungen innerhalb verschiedener Kontexte, sodass emotionale und soziale Kompetenzen untrennbar miteinander verbunden sind. Für die emotionale Entwicklung sind das Emotionserleben, der Emotionsausdruck, das Emotionsverständnis und die Emotionsregulation zentral […]" (Schreyer-Mehlhop et al. 2011, 202).

Emotionale Kompetenz wird als die Fähigkeit definiert, gezielt eine Vielzahl von Emotionen auszudrücken, eigene Emotionen und die von anderen zu verstehen sowie die emotionale Ausdruckskraft, wenn nötig, zu regulieren. Emotionale Kompetenz liegt vor, wenn Kinder und Jugendliche emotionale Fertigkeiten in sozialen Interaktionen anwenden und so selbstwirksames Verhalten zeigen. Sie stellt letztlich ein *Konstrukt der Entwicklungspsychologie* dar, um Fertigkeiten zu bündeln, die nötig sind, damit eine Person mit den eigenen Gefühlen und denen anderer umgehen kann.

Saarni (1999) legt ein Konzept zur emotionalen Kompetenz vor, in welchem die emotionalen Fertigkeiten einer Person vor allem im Hinblick auf ihren Nutzen für Interaktionen betrachtet werden, d.h. wenn Kinder und Jugendliche sich darüber bewusst sind, dass ihr eigenes emotionales Ausdrucksverhalten die Reaktion anderer Personen beeinflusst und sie gelernt haben, ihr Verhalten strategisch zu steuern, um gewünschte Reaktionen hervorzurufen. Dazu benötigt es die Fähigkeit, sich seiner eigenen Emotionen bewusst zu sein, die Fähigkeit, die Emotionen anderer wahrzunehmen und zu verstehen, die Fähigkeit, über Emotionen zu kommunizieren, die Fähigkeit zur Empathie, die Fähigkeit zur

Trennung von emotionalem Erleben und emotionalem Ausdruck, die Fähigkeit, mit negativen Emotionen und Stresssituationen umzugehen, die Fähigkeit, sich der emotionalen Kommunikation in sozialen Beziehungen bewusst zu sein und die Fähigkeit zur Selbstwirksamkeit.

Die emotionale Kompetenz verändert und entwickelt sich stark innerhalb der ersten fünf Lebensjahre: Zunächst werden eigene Gefühle wahrgenommen und erkannt, dann diejenigen anderer. Es wird gelernt, über Gefühle zu sprechen und diese, je nach Ziel, zu regulieren. Zwischen dem zweiten und sechsten Lebensjahr machen Kinder große Fortschritte in der Ausbildung emotionaler Kompetenzen (Berk 2011, 346), sodass sie bis zum sechsten Lebensjahr sprachlichen Emotionsausdruck, zunehmendes Emotionswissen und –verständnis und die Regulation entwickelt haben. Dadurch gelingt es ihnen, in sozialen Situationen emotional kompetent zu agieren.

Für **soziale Kompetenzen** besteht keine einheitliche Definition, denn auch sie sind ein bündelndes Konstrukt.

> „Häufig wird soziale Kompetenz als übergeordnetes Konzept betrachtet, das auch kommunikative Aspekte und zwischenmenschliche Interaktion beinhaltet. Kommunikations- und Interaktionsfähigkeiten bilden eine wesentliche Voraussetzung, um sozial kompetent handeln zu können" (Petermann/Petermann 2009, 224).

Allgemein akzeptierte soziale Fertigkeiten orientieren sich an *gesellschaftlichen Normen.* Werden diese nicht beherrscht oder nicht gezeigt, können ggf. wichtige Ziele nicht erreicht werden (Petermann/Petermann 2009). Soziale Kompetenz bezeichnet in der Regel die erfolgreiche Interaktion eines Kindes oder Jugendlichen mit Gleichaltrigen und Erwachsenen. Die Fähigkeit, sich in den Interaktionspartner einzufühlen und angemessen zu reagieren, beeinflusst den Erfolg der Interaktion. Zugleich sollten soziale Verbindungen hergestellt und erhalten bleiben. Daher benötigt es kooperative Fähigkeiten und Flexibilität sowie ein Anpassungsverhalten, um den Anforderungen unterschiedlicher sozialer Kontexte gerecht zu werden.

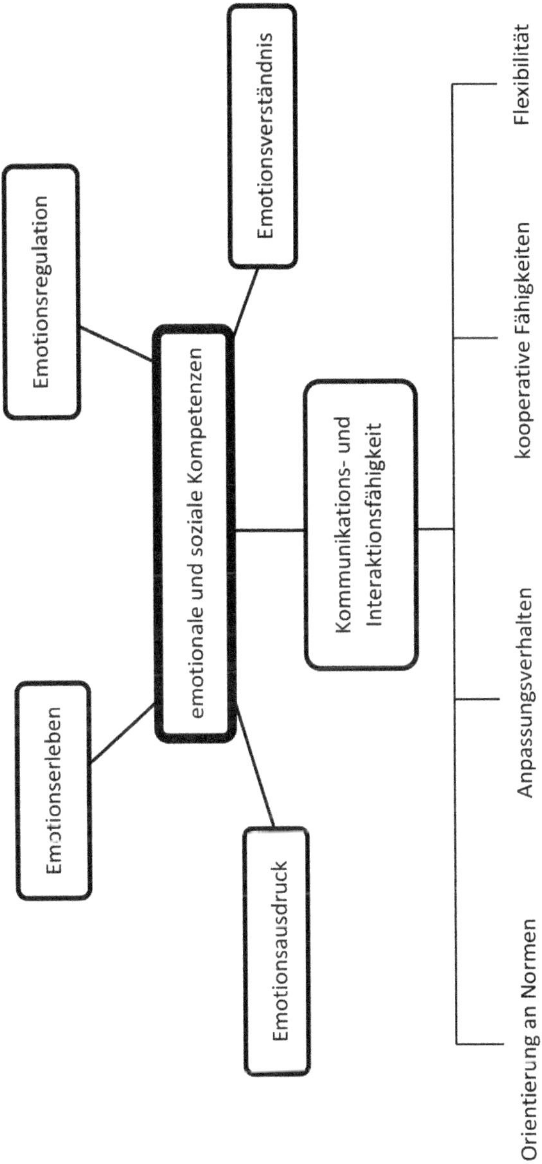

Thematische Skizze 19: Emotionale und soziale Kompetenzen

Fragen zum Verständnis:

Wie lässt sich emotionale Kompetenz definieren?
In welchem Verhältnis stehen emotionale und soziale Kompetenzen zueinander?

Fragen zum erweiterten Verständnis und zur Vertiefung:

Was gilt es aus Sicht der Pädagogik bei Verhaltensstörungen über emotional-soziale Kompetenzen hinaus förderdiagnostisch in den Blick zu nehmen?
Inwiefern ist ein kompetentes Kind auch ein gebildetes Kind?

Antworthorizonte als Online-Material verfügbar.

7.3 Förderung emotionaler und sozialer Kompetenzen

Letztlich verbleibt ein erheblicher Klärungsbedarf dahingehend, was, über emotionale und soziale Fertigkeiten und Fähigkeiten hinaus, Kompetenz eigentlich ist. Der Kompetenzbegriff suggeriert neben Fähigkeiten und Fertigkeiten Verantwortlichkeit, Vermittelbarkeit oder Lernbarkeit. Fest steht: Kompetenz ist kein genuin erziehungswissenschaftlicher Begriff, sondern wurde mit der Hoffnung eingeführt, etwas messen zu können und mit Blick auf eine nicht näher definierte Qualität abzusichern, was in pädagogischen Kontexten und über diese hinaus wichtig ist. Daher ist auch mit Blick auf eine mögliche Förderung nicht trennscharf auszumachen, was eigentlich gefördert werden soll: einzelne Fertigkeiten und Fähigkeiten, Kompetenzen oder das Kind, der Jugendliche in seinen Verhaltens- und Erlebensweisen?

Die Gefahr, dass die *Pädagogik* bei Verhaltensstörungen, und damit Erziehung und Bildung, Unterricht und Beratung, auf einen *vagen Kompetenzbegriff* verkürzt werden (Krautz 2015), erscheint aktuell groß. Dass eine solche Verkürzung auch zulasten von pädagogischen Beziehungen und Erziehungsprozessen mit hoch belasteten Kindern und Jugendlichen gehen kann, muss die Pädagogik bei Verhaltensstörungen wachsam werden lassen, was eine allzu selbstverständliche Übernahme des Kompetenzdenkens in ihren Jargon betrifft.

Nichtsdestotrotz existieren zahlreiche Auseinandersetzungen damit, wie sich emotional-soziale Kompetenzen fördern ließen (s. thematische Skizze 20). Unbeachtet bleibt dabei bisweilen, dass ein differenziertes Beziehungs- und Erziehungsgeschehen, welches sich durch Zeiten geteilter Aufmerksamkeit beispielsweise im Vorlesen, im Betrachten eines Bilderbuchs, im Austausch über Erlebtes u.v.a.m. ausdrückt, zusätzliche Förderung überflüssig werden ließe.

Petermann/Wiedebusch (2008) verweisen mit Blick auf existierende Trainingsprogramme (Kap. 8.2.3) auf Anforderungen in den Bereichen Wahrnehmung und Ausdruck von Emotionen, Emotionsverständnis und -wissen sowie -regulation. Um Emotionen wahrnehmen und ausdrücken zu können, müssen Kinder und Jugendliche für die Selbst- und Fremdwahrnehmung von Gefühlen sensibilisiert werden. Dazu gilt es, ihren eigenen Ausdruck zu fördern und ihnen verschiedene Arten dafür zu vermitteln. Insbesondere der sprachlichen Dimension kommt dabei eine große Rolle zu: es benötigt ein differenziertes Vokabular, aber auch Gesprächsanlässe, um dies einzuüben. Für ein Verständnis für und Wissen von Emotionen ist es nötig, Kinder und Jugendliche einerseits mit den Basisemotionen, andererseits aber auch mit erweiterten Emotionen vertraut zu machen. Grundlage hierfür ist das Erkennen von Hinweisreizen und die Vermittlung von Zusammenhängen zwischen Situationen und Emotionen, aber auch zwischen Emotion und Kognition. Hilfreich sind hierfür beispielsweise alle Verfahren, die Rollenspiele enthalten. Für die Emotionsregulation bedarf es der Erkenntnis und Erfahrung, dass Gefühle veränderbar sind. Dazu muss Kindern und Jugendlichen auch der Raum gegeben werden, sozial abgesichert und geschützt, die Regulation ihrer Emotionen zu erproben und einzuüben – und dies nicht nur einzuklagen, wie es die Schule bisweilen tut. Oftmals wird ein Problem definiert oder zum Ausgangspunkt gemacht. Dabei geht es dann um das Erkennen und Benennen von Gefühlen oder Gründen für das Verhalten anderer, um das Generieren alternativer Lösungsvorschläge, das Antizipieren der Handlungskonse-

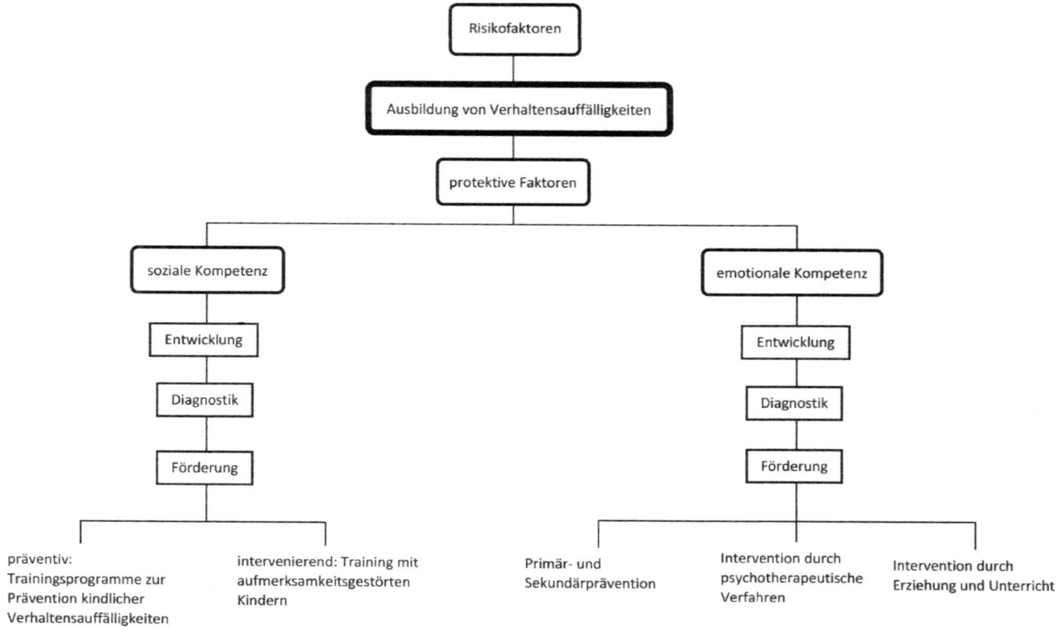

Thematische Skizze 20: Förderung emotional-sozialer Kompetenzen

quenzen und die Bewertung einer Handlung (Beelmann/Jaursch 2016, 181 f.).

Im Verhaltenstraining für Schulanfänger werden beispielsweise soziale Kompetenzen durch die Sammlung möglichst vieler angemessener Problemlösungen in sozialen Situationen, die positive Gestaltung von Gleichaltrigenbeziehungen, ein ausgewogenes Selbstmanagement, die schulische Anpassungs- und Leistungsfähigkeit sowie Kooperationsbereitschaft berücksichtigt (Petermann et al. 2016, 26).

Fragen zum Verständnis:

Wie lassen sich emotionale und soziale Kompetenzen fördern?
Was ist für eine gelingende Emotionsregulation vonnöten?

Fragen zum erweiterten Verständnis und zur Vertiefung:

Inwiefern kann eine positive Lehrer-Schüler-Beziehung die Entwicklung der sozialen und emotionalen Kompetenzen beeinflussen?
Inwiefern besteht ein Zusammenhang zwischen Selbstwirksamkeit und emotionaler Kompetenz?

Antworthorizonte als Online-Material verfügbar.

8 Prävention und Intervention

Prävention im Kontext von Verhaltensstörungen will durch schulische und außerschulische Maßnahmen entwicklungsbedingte Auffälligkeiten verhindern, indem hinderliche Bedingungen frühzeitig identifiziert und verbessert werden. Die Grenzen zu intervenierenden Maßnahmen sind fließend, wie sich an Beratung zeigen lässt. Zur Intervention zählen neben Erziehung und Unterricht auch Trainings und Programme. Das Gelingen präventiver wie auch interventiver Arbeit in Schule und außerhalb davon ist wesentlich auf Personen angewiesen, die geeignet sind, die zahlreichen Aufgaben und Rollen professionell auszufüllen. Getragen wird diese Professionalität durch eine explizit pädagogische Haltung.

8.1 Formen der Prävention

> „Eine präventive Maßnahme sollte die Auftretenshäufigkeit von kindlichen Verhaltensstörungen durch Verbesserung der elterlichen Erziehungspraktiken und/oder durch die Stärkung der Resilienzfaktoren bzw. durch die Verminderung familiärer Risikofaktoren reduzieren" (Kuschel et al. 2008, 425).

Dazu bedarf es einer engen Verflechtung der Arbeit mit dem Kind auf der einen und mit den Eltern auf der anderen Seite sowie der Förderung des Interaktionsverhaltens zwischen beiden Parteien. Kriterien für ein hilfreiches Präventionsangebot sind die *theoretische und empirische Fundierung* der Maßnahme, ihre „wissenschaftlich begründete Wirksamkeit" (Kuschel et al. 2008, 425) und eine leichte Zugänglichkeit für das Klientel, sowohl auf inhaltlicher Ebene als auch im Sinne der Erreichbarkeit.

Präventive Ansätze können in **primäre, sekundäre und tertiäre Prävention** unterschieden werden.

- Primäre Prävention meint alle Vorkehrungen, um das Auftreten von Verhaltensauffälligkeiten zu reduzieren bzw. zu verhindern.

- Unter Sekundärprävention wird die „Reduzierung der Dauer bestimmter Störungen" (Kuschel et al. 2008, 424) verstanden. In dieser sehr theoretisch gehaltenen Vorstellung liegt bereits eine Störung vor, die nach Möglichkeit auf einen absehbaren Rahmen verkürzt werden soll. Inwiefern sich eine Verhaltensauffälligkeit oder psychische Störung in einen zeitlich begrenzten Rahmen fassen lässt, muss aber hinterfragt werden.
- Die Tertiärprävention liefert dieser Einstufung zufolge „Strategie(n), um Beeinträchtigungen, die durch die Störungen hervorgerufen werden, zu reduzieren" (Kuschel et al. 2008). Ziel ist es, Betroffenen trotz einer vorliegenden Störung die Möglichkeit zur Teilhabe sowie zur Reduzierung des individuellen Leidensdrucks zu bieten.

Schon mit Blick auf die sekundäre, vor allem aber auf die tertiäre Prävention ist eine Abgrenzung zur Intervention kaum gegeben, da diese, im Gegensatz zur primären Prävention, in der Regel dann einsetzen, wenn bereits eine Störung vorliegt, um weiteren Entwicklungen präventiv vorzubeugen. Umgekehrt hat die Prävention zwar die Vorbeugung von Verhaltensauffälligkeiten und -störungen zum Ziel, muss hierzu jedoch häufig auch in bestehende Zustände intervenierend eingreifen.

Eine zweite Art der Differenzierung von Präventionsformen bezieht sich auf die *Individuen und Gruppen*, denen präventive Unterstützung zuteil wird. Dabei ist die Rede von „präventiver Intervention", was die bereits thematisierten Schwierigkeiten einer Trennung von Intervention und Prävention verdeutlicht.

- Die *universelle präventive Intervention* richtet sich an die Gesamtbevölkerung, spezifische Risikofaktoren bleiben unbeachtet. Folglich geht es vor allem um Themen, die alle Menschen unabhängig von sozialem Hintergrund und Ressourcen betreffen, wie es z. B. bei der Schwangerschaftsberatung der Fall ist.
- Die *selektive präventive Intervention* kommt vor allem bei Menschen zum Einsatz, die eine erhöhte Zahl an Risikofaktoren für eine Entwicklungsstörung aufweisen und unter Umständen erste Symptome zeigen: z. B. Frühgeburten oder das Aufwachsen bei alleinerziehenden Elternteilen. Die Arbeit mit diesen Gruppen ist aufgrund einer bereits vorliegenden Problematik, die eine Störung begünstigen könnte, deutlich spezifischer auf

die Bedürfnisse der Personen zugeschnitten, als es bei der universellen präventiven Intervention der Fall ist.

- Die *indizierte präventive Intervention* richtet sich an Personen, die bereits vereinzelte Symptome einer Störung aufweisen, die jedoch noch nicht alle Kriterien einer zu erstellenden Diagnose erfüllen. Das Risiko, die Störung in voller Form auszubilden, wird hier als am höchsten eingestuft. Es können spezielle Trainingsprogramme zur Anwendung kommen, z.B. das Würzburger Trainingsprogramm zur Vorbereitung auf den Erwerb der Schriftsprache, das Kinder mit einem hohen Risiko einer sich entwickelnden Lese-Rechtschreib-Schwäche gezielt fördert (Kuschel et al. 2008, 426).

8.1.1 Außerschulische Prävention

Frühe Hilfen

Frühe Hilfen sind eine Form der Präventivarbeit, die sich vor allem an Eltern ab der Schwangerschaft bis zum dritten Lebensjahr des Kindes richtet, bei Bedarf jedoch auch noch darüber hinaus bis zur Einschulung. (Fröhlich-Gildhoff 2007, 214). Diese Unterstützungsform kommt vor allem risikobelasteten Familien zu, die über geringe Ressourcen verfügen (Nationales Zentrum für frühe Hilfen). Sie wird in der Regel nicht einer bestimmten Institution zugeordnet, sondern versteht sich als Aufgabe aller Professionen und Einrichtungen, die im Kontakt mit psychosozial belasteten Familien stehen. Der Schwerpunkt der frühen Hilfen liegt im pädagogisch-psychologischen Bereich. Um die Interdisziplinarität zu gewährleisten, koordinieren Fachkräfte die Zusammenarbeit mit dem medizinisch-therapeutischen Bereich und vernetzen z.B. Institutionen wie die Kinder- und Jugendhilfe, das Gesundheitswesen oder die Schwangerschaftsberatung und bieten gefährdeten Familien ein umfassendes Unterstützungssystem. Ein aus Sicht der Pädagogik bei Verhaltensstörungen wesentliches Ziel liegt in der „Stärkung der elterlichen Beziehungs- und Erziehungskompetenz“ (Nationales Zentrum für frühe Hilfen). Lag früher der Fokus dabei ausschließlich auf Mutter und Kind, so ist in neuerer Sichtweise die Rede vom „Kooperationsmodell“, das die Bedeutung der ganzen Familie für das Kind betont (Fröhlich-Gildhoff 2007, 216).

Das Angebot der Frühförderung teilt sich in mehrere Stufen auf: zu Beginn erfolgt eine Früherkennung möglicher Risikofaktoren, häufig durch die Vorsorge bei Kinderärzten oder die Arbeit in Kindertagesstätten und bei Bedarf der anschließende Erstkontakt, der zwischen den Eltern und der Frühförderstelle hergestellt wird. Anschließend wird eine Erstdiagnostik, ggf. noch ergänzt durch eine Verlaufsdiagnostik, durchgeführt und die Ergebnisse werden den Eltern mitgeteilt. Die anschließende Förderung und Therapie des Kindes bzw. der Eltern erfolgt dann je nach Bedarf interdisziplinär und umfasst Angebote der Heil- und Sonderpädagogik sowie der Psychologie, etwa Sozial- oder Wahrnehmungstrainings oder familientherapeutische Maßnahmen. Der Bedarf an Frühförderung ist nach wie vor bei Menschen mit sozial schwachem Hintergrund höher als bei Menschen ohne diesen Hintergrund. Letztere nehmen jedoch häufiger die Hilfsangebote in Anspruch (Nationales Zentrum für frühe Hilfen). Dies lässt darauf schließen, dass sich nach wie vor zu wenige Familien aus risikobelasteten Lebensverhältnissen ihrer Handlungs- und Hilfsmöglichkeiten bewusst sind.

Familiäre Prävention

Das Jugendhilfegesetz, auf dem die Maßnahmen zur Kinder- und Jugendhilfe basieren, setzt als Grundsatz das Recht des Kindes auf Förderung in seiner Entwicklung voraus. Im Arbeitsfeld der Pädagogik bei Verhaltensstörungen kann dem unter Umständen das Recht von Eltern auf eigenständige Erziehung ihrer Kinder kontraproduktiv gegenüberstehen. Aufgabe des Staates ist es folglich, diesen Erziehungsprozess mit Blick auf die Wahrung des Kindeswohls zu überwachen und bei Bedarf mit staatlichen Fördermaßnahmen einzugreifen (§1 SGB VIII). Hieraus lässt sich erkennen, dass auch bei familiärer Prävention die Grenzen zur Intervention fließend sind, da ein staatlicher Eingriff erst bei Vorliegen einer Problematik stattfindet. Im Hinblick auf die Ausbildung weiterer Schwierigkeiten erfolgt dies präventiv, im Hinblick auf die aktuelle Problemlage jedoch intervenierend. Diese Hilfen erfolgen z.B. durch die „Jugendarbeit, Jugendsozialarbeit, Förderung der Erziehung in der Familie, Förderung von Kindern in Tagespflegeeinrichtungen [und] Eingliederungshilfe für seelisch behinderte Kinder und Jugendliche“ (Fröhlich-Gildhoff 2007, 224).

Familiäre Hilfsmaßnahmen greifen dann, wenn eine Problematik in der Familie oder im Erziehungsprozess zwischen Eltern und Kind vorliegt. In erster Linie sind zur Antragstellung auf Hilfeleistungen die Eltern berechtigt, in Ausnahmefällen auch die Jugendlichen selbst. Das Jugendamt ist aufgrund seines Schutzauftrages gegenüber den betreuten Jugendlichen im Falle der Kindeswohlgefährdung ebenfalls berechtigt, eigenständig Hilfsmaßnahmen einzuleiten (§8a SBG VIII). Nach der Feststellung eines Bedarfs erfolgt eine Analyse bezüglich der Rahmenbedingungen, der Ausgangslage und der familiären Vorgeschichte. Im Anschluss werden gemeinsam Entscheidungen über geeignete Hilfsmaßnahmen getroffen. Die Hilfe selbst erfolgt durch Fachkräfte verschiedener Träger. Während und nach der Durchführung werden die Ergebnisse überprüft und der Prozess findet entweder einen Abschluss oder es werden weitere Hilfsmaßnahmen eingeleitet. Mögliche Hilfen sind die familiäre Erziehungsberatung, die Heimerziehung des Kindes oder Jugendlichen, also die Loslösung aus dem familiären Kontext, und die Einzelbetreuung gefährdeter Kinder und Jugendlicher.

8.1.2 Schulische Prävention

Schule als Ort der Prävention

Um in die Entwicklung von Auffälligkeiten bei Kindern und Jugendlichen präventiv eingreifen zu können, eignet sich die Institution Schule in besonderem Maße. Zum einen können Schülerinnen und Schüler aufgrund der Schulpflicht besonders gut durch Präventionsmaßnahmen erreicht werden. Zum anderen verfügt die Schule über eine große Menge ausgebildeter Fachkräfte. Diese können je nach Berufsstand diagnostisch und/oder präventiv-intervenierend eingreifen und die Lernumgebung und Interaktionen einer Gruppe so gestalten, dass sie sich positiv auswirken (Beelmann 2009, 442). Durch die vielschichtigen Fördermöglichkeiten, welche die Institution bietet, muss, im Gegensatz zur familiären Prävention, nicht gewartet werden, bis sich eine Problematik entwickelt hat. Durch regelmäßiges Monitoring, Diagnostik und erzieherische Begleitung wäre es möglich, nicht einem „wait-to-fail-Prinzip“ (Kap. 2.4) zu folgen, sondern Kinder und Jugendliche frühzeitig zu erreichen. Umgekehrt hieße dies, alle Kinder und Jugendlichen regelmäßig diagnostischen Überprüfungen auszusetzen und diese damit dem Generalverdacht einer möglichen Verhaltensauffälligkeit oder Entwicklungsstörung auszusetzen – ein ethisches Dilemma. Problematisch erscheint auch, dass es zu einer Vermischung von Bildungszielen und persönlichen Entwicklungszielen kommen und dies die Betroffenen, aber auch die Fachkräfte in Entscheidungskonflikte hinsichtlich der Prioritäten bringen könnte. Darüber hinaus sind alle Maßnahmen stark vom Schulklima und der professionellen Haltung aller Beteiligter abhängig (Kap. 8.3).

Formen schulischer Prävention

Die unter 8.1 vorgenommene Differenzierung lässt sich im Kontext Schule zusätzlich in personenorientierte und umweltorientierte Prävention unterscheiden.

Während die personenorientierte Form vor allem auf den Kompetenzerwerb des Kindes oder Jugendlichen abzielt, strukturiert die umweltorientierte Form das Umfeld des Kindes durch Elternarbeit oder die Gestaltung einer Lernumgebung (Beelmann 2009, 443). Im Kontext der Pädagogik bei Verhaltensstörung ist wichtig, beide Formen zu vernetzen, um dem Kind oder Jugendlichen umfassend gerecht zu werden und die Gründe für eine Verhaltensstörung nicht allein beim auffälligen Kind oder Jugendlichen zu suchen. Unter schulischer Prävention wird häufig das sonderpädagogische Wirken innerhalb der Schule verstanden.

- In einer ersten Stufe soll durch die Gestaltung einer angemessenen Lernumgebung das Auftreten eines sonderpädagogischen Förderbedarfs verhindert werden.
- Ist dies nicht möglich, soll eine Förderung erfolgen, die aus dem Förderbedarf resultierende, gravierende Lern- und Entwicklungsrückstände verhindert. Damit soll gesichert werden, dass der Leistungsstand der Betroffenen eine Beschulung im Regelunterricht ermöglicht.
- Das Ziel einer dritten präventiven Ebene ist es, dem Kind oder Jugendlichen Mittel und Strategien zu vermitteln, die ein eigenverantwortliches und weitestgehend selbstbestimmtes Leben

und gesellschaftliche Teilhabe ermöglichen (Jogschies 2008, 27 f.). Diese dritte Ebene greift, wenn ein sonderpädagogischer Förderbedarf vorliegt und die daraus resultierenden Problematiken nicht durch angemessene Fördermittel im gewohnten Rahmen kompensiert werden können. Sie ist daher eher als intervenierende Maßnahme zu deuten.

Response-to-Intervention

Ein deutschsprachiges Konzept zur inklusiven Beschulung der Förderschwerpunkte Lernen, emotional-soziale Entwicklung und Sprache stellt das Rügener Inklusionsmodell (Voß et al. 2016, 15) dar. Es setzt sich zum Ziel, die Beschulung an Förderschulen zu vermeiden und stattdessen an Regelschulen präventiv mit gefährdeten Kindern und Jugendlichen zu arbeiten. Das Rügener Inklusionsmodell ist eine Adaption eines US-amerikanischen Beschulungsansatzes: des Response-to-Intervention-Modells (RTI). Der in den 1980ern entwickelte RTI-Ansatz zielt darauf ab, unterrichtliche Maßnahmen so zu gestalten, dass alle Schülerinnen und Schüler profitieren. Die Überprüfung einer erfolgreichen Unterrichtsgestaltung läuft über die Erhebung der Reaktionen der Schülerschaft (response), gemessen in deren Leistungsergebnissen, auf die unterschiedlichen Unterrichts- und Förderangebote durch die Schule (intervention). Durch „kleinschrittige Lernverlaufsdiagnostik und Verhaltensfortschrittsmessung“ (Hennemann et al. 2015, 91) wird die Wirkung der Präventions- und Interventionsmaßnahmen stetig überprüft und bei Bedarf angepasst. Dem RTI liegt die Idee zugrunde, Kindern und Jugendlichen im Sinne der primären Prävention zu helfen, noch bevor die ersten Symptome einer Auffälligkeit zum Tragen kommen – das ethische Dilemma bleibt jedoch ungelöst.

Kernelemente der unterrichtlichen Gestaltung sind eine Mehrebenenprävention, eine Verlaufsdiagnostik und der Einsatz evidenzbasierter Lehr- und Fördermethoden. Die Aufteilung der pädagogischen Arbeit auf verschiedene Ebenen bezieht sich unter anderem auf den Individualisierungsgrad, die Intensität verschiedener Fördermethoden und die genutzten diagnostischen Methoden (Voß et al. 2016, 19).

- Auf der ersten Förderebene vollzieht sich Prävention durch „hochwertige(n) Klassenunterricht für alle Kinder“ (Voß et al. 2016).
- Die zweite Ebene beinhaltet spezifischere, gezielte Kleingruppenförderung für Kinder und Jugendliche mit Lern- und Verhaltensschwierigkeiten, für die jeweils ein individueller Förderplan erstellt wird (Voß et al. 2016, 32): Die Gruppen werden über einen gewissen Zeitraum in zusätzlichen Schulstunden durch die Regelschullehrkraft gefördert.
- Auf der dritten Präventionsebene des RTI findet eine intensive Einzelfallförderung durch Sonderpädagoginnen und -pädagogen für Kinder und Jugendliche mit deutlichen Schwierigkeiten statt.

Um den Entwicklungsstand im Blick zu halten, in die geeignete Förderebene einzustufen und mögliche Auffälligkeiten frühestmöglich zu identifizieren, finden schon auf der ersten Förderstufe bis hin zur dritten Ebene regelmäßig über das Schuljahr verteilte Screeningverfahren statt (Voß et al. 2016, 18). Die evidenzbasierte Praxis des RTI vereint die externe Evidenz, also den wissenschaftlichen Nachweis über die Wirksamkeit einer Maßnahme, die interne Evidenz, resultierend aus dem Einbezug von Expertinnen und Experten, und die soziale Evidenz, also die Beachtung der Bedürfnisse der Schülerinnen und Schüler. Als evidenzbasiert gelten jene Methoden, die sich bereits in Studien als zielführend für das angestrebte Interventionsziel erwiesen haben (Voß et al. 2016, 34). Trotz oder gerade wegen seiner starken diagnostischen Ausrichtung ist der RTI-Ansatz ein sehr schülerzentriertes Konzept. Zum einen liegt der Fokus auf der bestmöglichen Förderung der Schülerschaft, was neben der starken Individualisierung des Unterrichts vor allem auch dadurch gegeben ist, dass die Reaktionen der Schülerschaft als Indikator für eine gelingende pädagogische Arbeit herangezogen werden. Zum anderen werden mit diagnostischen Verfahren in Verbindung gebrachte Stigmatisierungsvorgänge dadurch reduziert, dass sich in der ersten Förderebene alle Kinder und Jugendlichen einer regelmäßigen diagnostischen Prüfung unterziehen, unabhängig von den Risikofaktoren, die sie mitbringen. So können gefährdete Kinder und Jugendliche identifiziert werden, ohne voreilige Schlüsse aufgrund von Leistung oder familiärer Herkunft zu ziehen. Umgekehrt verengt der

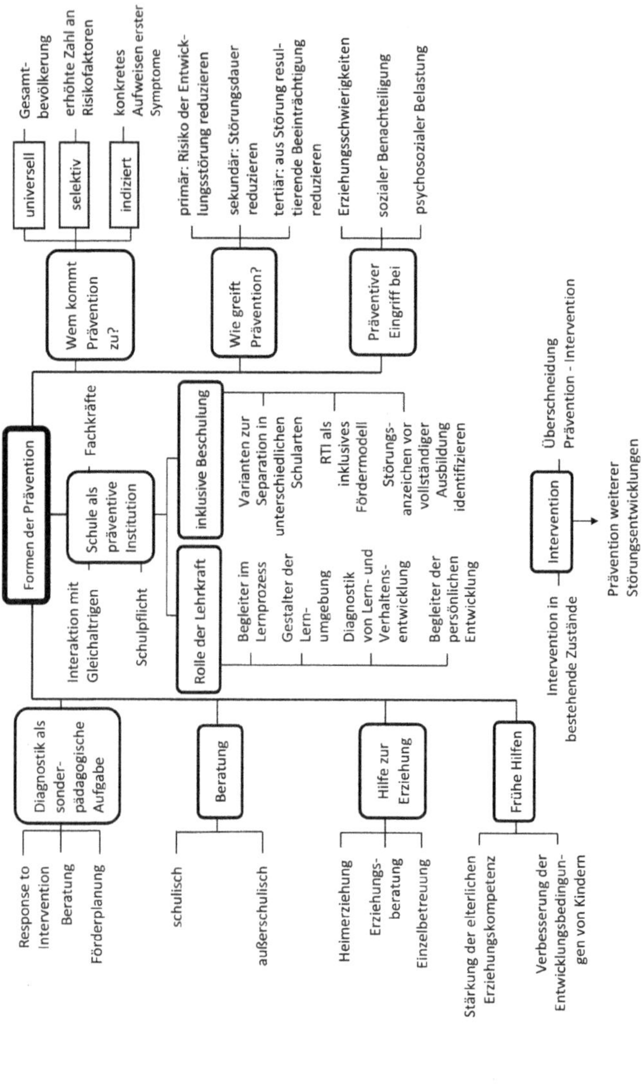

Thematische Skizze 21: Formen der Prävention

Ansatz möglicherweise den Blick auf Verhaltensstörungen, weil die betroffenen Kinder und Jugendlichen stark im Fokus stehen und andere, eine Verhaltensstörung bedingende oder erzeugende Faktoren, wie Familie oder die Schule selbst, in den Hintergrund geraten.

Fragen zum Verständnis:

Welche Bedeutung hat Prävention im Hinblick auf die Inklusion verhaltensauffälliger Kinder und Jugendlicher?
Wie lassen sich Präventionsformen voneinander unterscheiden?

Fragen zum erweiterten Verständnis und zur Vertiefung:

Inwieweit stellt Erziehung eine Form der Prävention dar?
Begünstigt der Response-to-Intervention-Ansatz tatsächlich Inklusion oder trägt das Konzept zur Separation einzelner Schülerinnen und Schüler bei?

Antworthorizonte als Online-Material verfügbar.

Grundlagenliteratur:

Voß, S., Blumenthal, Y., Mahlau, K., Marten, K., Diehl, K. et al. (2016): Der Response to Intervention-Ansatz in der Praxis. Waxmann, Münster

8.2 Formen der Intervention

8.2.1 Beratung als sonderpädagogische Aufgabe

Müller/Mollenhauer (1965) sehen Beratung als spezifischen Modus pädagogischen Handelns und als eine wesentliche **Funktion des Erziehens.** Dem Ratsuchenden sollen Möglichkeiten aufgezeigt werden, die zur *eigenständigen Lösung* eines Problems beitragen. Es geht demnach nicht um die Lösung als solche, sondern um die

Bedingungen ihrer Möglichkeit. Aus Sicht der Pädagogik bei Verhaltensstörungen ist insbesondere die Information und Beratung von Lehrkräften und Eltern über die Wechselwirkungen gestörter Interaktionsprozesse sowie die Entwicklung eines Schulkonzepts, das in besonderer Weise die Förderung von verhaltensauffälligen Kindern und Jugendlichen zum Ziel hat, von Bedeutung. Aber auch um Beratung, Diagnose und Intervention in Einzelfällen geht es (KMK 2000). Es existieren zahlreiche *Beratungskonzepte*, die sich teils aufeinander beziehen, sich aber auch unterscheiden (s. thematische Skizze 22). Auffällig ist, dass Beratung in den vergangenen Jahren verstärkt Bedeutung beigemessen wird, was einerseits sicherlich an einer wachsenden Zahl von Beratungsanlässen liegt. Andererseits ist zu überlegen, inwieweit Beratung auch eine Position der Distanzierung von unmittelbarer erzieherischer Arbeit darstellt, auf die man sich zurückziehen kann, wenn es „zu herausfordernd" wird.

Personorientierte Beratung

Die personorientierte Beratung nach Carl Rogers geht von der Annahme aus, dass der „innerste Kern der menschlichen Natur […] von Natur aus positiv – von Grund auf sozial, vorwärtsgerichtet, rational und realistisch" (Rogers 2000, 99 f.) ist. Rogers bezieht sich auf ein humanistisches Menschenbild und betont die Selbstaktualisierungstendenz, die jedem Menschen zu eigen sei.

> „Es wird hypostasiert, daß der Mensch ebenso wie jeder andere lebende Organismus […] eine inhärente Tendenz zur Entfaltung aller Kräfte besitzt, die der Erhaltung oder dem Wachstum des Organismus dienen. Wenn diese Tendenz nicht behindert wird, bewirkt sie verläßlich beim Individuum Wachstum, Reife und eine Bereicherung des Lebens" (Pfeiffer 2013, 35).

Die Beratung selbst erfolgt in einer maximal siebenstufigen Struktur, in der es um das Selbsterkennen sowie das angemessene Mitteilen von eigenem Erleben, Kognitionen und Emotionen gegenüber dem Ratsuchenden, soweit dieser dies möchte" (Hoff 2015, 175) geht. Das Grundanliegen der personorientierten Beratung im Hinblick auf die Selbstaktualisierung des Menschen kann auch durch unterrichtsmethodische Entscheidungen erfüllt werden, so dadurch die Selbstexploration, Selbstwahrnehmung, das Selbstbild sowie das Selbstideal und -konzept der Kinder und Jugendlichen gestärkt wird. Damit eine personorientierte Beratung nach Rogers positiv verlaufen kann, ist es notwendig, dass Kongruenz bzw. Echtheit von Seiten der beratenden Person besteht, ohne sich hinter einer beruflichen Rolle zu verstecken. Erst dadurch können Probleme zum Vorschein kommen und Handlungsmöglichkeiten zur Lösung dieser aufgezeigt werden. Dies erfolgt nicht unmittelbar, da eine solche Beziehungsarbeit schrittweise dazu führt, der Beratung zum Erfolg zu verhelfen.

Als besonders herausfordernd erweisen sich in der Arbeit mit verhaltensauffälligen Kindern und Jugendlichen weitere, von Rogers benannte Grundhaltungen: Mit positiver Wertschätzung soll den Klienten bedingungslose Wertschätzung entgegengebracht werden. Allerdings ist damit nicht gemeint, dass Klienten immer im Recht sind und die beratende Person allem zustimmen muss. Besonders für Kinder und Jugendliche mit niedrigem Selbstwert ist die Entbehrung von Akzeptanz und Anerkennung oft Realität, weshalb positive Wertschätzung bedeutsam ist. Kritisch einzuwenden ist, dass Wertschätzung nicht immer zielführend ist, denn es gibt auch Kinder und Jugendliche, die diese aufgrund ihres negativen Selbstbildes ablehnen müssen und in ihr eher eine Gefahr als eine Aufwertung sehen. „Die Erlebnisse und Gefühle des Klienten und deren persönliche Bedeutung präzise und sensibel zu erfassen" (Pfeiffer 2013, 20), ist eine weitere Grundhaltung und eröffnet die Möglichkeit, sich in die ratsuchende Person hineinzuversetzen. Der ratsuchenden Person werden die im Gespräch benannten Gefühle und Äußerungen gespiegelt. So soll der Klient schrittweise zu einer Klärung seines Problems gelangen.

Lösungsorientierte Beratung

Die Entstehung der lösungsorientierten Beratung fußt in der aufkommenden systemischen Sichtweise der 1950er Jahre. Diese beeinflusste auch die Therapie, was z.B. an der Familientherapie deutlich wird, in welcher das übliche Zweiersetting zugunsten der Teilhabe der ganzen Familie aufgehoben wurde. Als Gründer gelten Steve de Shazer, Peter de Jong und Insoo Kim Berg, die mit den Konzepten des Konstruktivismus, der Zirkularität und der

Kybernetik drei systemische Perspektiven aufzeigten, die in den Interaktionen von Klienten mit Beratenden, dem sozialen Kontext und der Welt enthalten sind. In der Interaktion Klient – Welt geht es um das Bild, das sich der Klient von der Welt macht. Die Kybernetik erster Ordnung besagt, dass „verschiedene Elemente [eines Systems] in der Weise zusammenwirken, dass Veränderungen aufgefangen und ausgeglichen werden“ (Bamberger 2010, 15). Die Kybernetik zweiter Ordnung bezieht den Beratenden als zusätzliches Element mit ein. Die Zirkularität berücksichtigt, dass die Ursachen für ein problematisches Verhalten sich nicht auf eine Person alleine zurückführen lassen, sondern Ergebnis eines sich gegenseitig beeinflussenden Wechselspiels sind. Die Grundprinzipien der lösungsorientierten Beratung sehen den Menschen als Experten seines Lebens, der prinzipiell über vielfältige Ressourcen verfügt, die es im Falle von Problemen wiederzufinden oder zu erschließen gilt. Probleme werden als zeitlich begrenzte Normalitäten des Lebens angesehen, deren Lösung darin besteht, Funktionierendes zu wiederholen und auf Nicht-Funktionierendes zu verzichten. Beratende erweitern die Handlungsmöglichkeiten und helfen den Klienten, einen Zugang zu ihren eigenen Ressourcen zu finden.

Anders als die *Therapeutenvariablen* von Rogers, die auf die Eigenschaften des Beratenden abzielen, beschreibt Bamberger (Bamberger 2010, 41 f.) sechs „förderliche Bedingungen, die das Verhalten des lösungsorientierten Beraters betreffen“: Zukunft fokussieren, Wahlmöglichkeiten schaffen, Identifizierung von Ressourcen beim Klienten, Kooperation realisieren, erste Schritte begleiten und Unterstützung der Selbstwirksamkeit der Klienten durch den Beratenden. Durch den Beratungsprozess sollen Klienten lernen, dass Probleme lösbar sind. Dadurch verstärkt sich ihr Selbstwirksamkeitserleben und das Zutrauen, in Zukunft selbstständig Probleme zu lösen, wächst.

Für die Pädagogik bei Verhaltensstörungen bleibt anzumerken, dass das Zutrauen in den einzelnen Menschen und seine Ressourcen eine wesentliche Bedingung gelingender pädagogischer Arbeit ist – auch jenseits von Beratung. Ob verhaltensauffällige Kinder und Jugendliche, die oftmals massiv in Emotionen verstrickt sind und sich immer wieder als ohnmächtig erleben, wirklich Experten ihres Lebens sind und ihre Probleme als Normalität menschlichen Lebens angesehen werden können und sollten, ist zumindest bedenkenswert.

8.2.2 Classroom-Management

Seit den 1970er Jahren gibt es zahlreiche Untersuchungen und Überlegungen für einen effektiven und möglichst störungsfreien Unterricht. Daraus sind verschiedene „Sammlungen" von Techniken und Maßnahmen entstanden, die unter dem Stichwort „Classroom-Management" bekannt geworden sind. Kounin (2006) verweist dabei insbesondere auf das Zusammenwirken von verantwortungsvoller Führung durch Lehrkräfte, sozialem Klima und individuellem Wohlbefinden für einen guten Lernerfolg der Schülerinnen und Schüler. Dabei sind es vor allem proaktive Aspekte, die dazu beitragen, Störungen zu verhindern. Betrachtet man zudem die proaktiven Strategien, die von anderen Wissenschaftlern (Nolting 2007; Evertson/Weinstein 2006) erarbeitet wurden, so lässt sich eine große Bandbreite „zur Schaffung einer effektiven schulischen Ökologie, eines effektiven Lernmilieus" (Kounin 2006, 148) ausmachen. Grundlegendes Prinzip eines effektiven Classroom-Managements ist das Etablieren *klarer Abläufe und Routinen* des Unterrichts durch die Lehrkräfte. Dabei geht es vor allem darum, proaktiv Erwartungen an das Lernen und Verhalten der Schülerschaft zu formulieren, diese Erwartungen zu überprüfen und zurückzumelden. Die Lehrkraft zeigt den Schülerinnen und Schülern so ihre *Eigenverantwortung* für ein erfolgreiches schulisches Lernen auf. Um erfolgreich zu sein, muss die Lehrkraft mögliche Vorkommnisse und Störungen nicht nur antizipieren können, sondern auch über konkrete Handlungsmöglichkeiten verfügen, um mit unerwarteten Ereignissen umgehen zu können. Zu den proaktiven Kriterien zählen die Vorbereitung eines Klassenraums, der für alle Beteiligten überschaubar ist, in welchem Materialien zugänglich sind und eindeutige Funktionsbereiche existieren (Kap. 6.2.1). Weiterhin gilt es, Regeln und unterrichtliche Verfahrensweisen gut zu *planen* und der Klasse *transparent* zu machen. Und schließlich werden Konsequenzen festgelegt, wobei angemessenes Verhalten verstärkt wird und nur Konsequenzen zum Einsatz kommen, die sich zeitnah umsetzen lassen. Aber auch das Schaffen eines positiven Lernklimas im Klassenraum durch Förderung des Zusammengehörigkeitsgefühls und die konsequente Beaufsichtigung der Schülerinnen und Schüler, insbesondere bei Phasenwechseln, zählen zu den proaktiven Strategien. Nicht zuletzt gilt es, den Unterricht angemessen vorzubereiten, sodass er möglichst alle motivierend, aktivierend einbezieht und einen guten „Fluss" entwickelt. Allerdings entstehen aus proaktiven Strategien und rückgemeldeten Ergebnissen nicht automatisch Verhaltensveränderungen, vor allem dann nicht, wenn Kinder und Jugendliche eine Veränderung leisten wollen, es aber beim besten Willen nicht vermögen. Schülerinnen und Schüler mit *Performanzproblemen* könnten demnach zum „Opfer" eines gut funktionierenden Classroom-Managements werden. Dies ist insofern problematisch, als im Classroom-Management das pädagogische Handeln in Bezug auf die Gruppe für bedeutsamer erachtet wird als in Bezug auf den einzelnen – obgleich es den Vorteil bietet, sich nicht in Scharmützeln mit einzelnen Kindern oder Jugendlichen zu verlieren. Zudem verbergen sich hinter Konsequenzen vielfach Strafen (Kap. 5.2.3), welche die subjektive Logik und die guten Gründe für ein gezeigtes, wenn auch nicht situationsangemessenes Verhalten außer Acht lassen.

Die *Wirksamkeit* eines guten Classroom-Managements ist mittlerweile untersucht und belegt. Schülerinnen und Schüler in Klassen mit gelingendem Classroom-Management profitieren in ihrem Lernen und ihrer sozial-emotionalen Entwicklung (Helmke 2009; Wilson/Lipsey/Derzon 2003). Unterrichtsstörungen gehen zurück und zugleich sind Verhaltensstörungen seltener zu beobachten (Evertson/Weinstein 2006). Zudem haben sie mehr Zeit für eigentlichen Unterricht. Kein anderes Merkmal ist so eindeutig und konsistent mit dem Leistungsniveau und Lernfortschritt von Schulklassen verknüpft wie das der Klassenführung (Brophy 2006; Einsiedler 1997; Emmer/Stough 2001; Walberg/Paik 2000). Sie erweist sich als eine der effektivsten Methoden zur Intervention bei externalisierenden Störungen.

Bei allen möglichen positiven Effekten herrscht dennoch ein sehr *technologisches Verständnis* von Unterricht und Lernen vor, bei dem es mehr darum zu gehen scheint, einen existierenden Rahmen zu stabilisieren, als den inneren Logiken und äußerlichen Bedürfnissen von Kindern und Jugendlichen gerecht zu werden. Classroom-Management spielt eine wichtige Rolle im Rahmen eines präventiven Unterrichts (Hennemann/Hillenbrand 2010), kommt aber letztlich mehr einem Training für die Realisierung von Unterricht gleich, das nicht für alle verhaltensauffälligen Kinder und Jugendlichen leistbar und verkraftbar zu sein scheint.

8.2.3 Trainings und Programme

Die der Pädagogik zu eigene Intervention ist Erziehung. Sie ist ein oft anstrengendes und schwer auszuhaltendes Geschehen, das sich nicht ersetzen lässt. Bisweilen suggeriert allerdings ein inzwischen beträchtlich großer Markt an Trainings- und Förderprogrammen, dass mit ihrem Einsatz viele erzieherische Probleme gelöst werden können und Verhaltensauffälligkeiten zurückgehen. *Standardisierte Förder- und Trainingsprogramme* können grundsätzlich zur Orientierung eingesetzt werden und Hilfe bieten. Bedenklich ist allerdings, wenn sie „Machbarkeit“ und damit den Ersatz von Erziehung suggerieren. Es kann schnell der Eindruck entstehen, durch ein Training habe man bestimmte Aspekte im Umgang mit auffälligem Verhalten „erledigt“. Viele Programme sind zudem nicht wissenschaftlich auf ihre *Wirksamkeit* hin überprüft oder lediglich durch die Verfasser selbst. Daher ist ihren Versprechen mit Vorsicht zu begegnen. Zudem zeigt die pädagogische Praxis, dass viele Programme „pauschal“ eingesetzt werden. Sie adressieren damit ggf. auch Kinder und Jugendliche, die nicht betroffen sind, während umgekehrt diejenigen, die profitieren könnten, zu allgemein angesprochen werden. Außerdem benötigen viele Programme oder Trainings *psychologische oder therapeutische Fachkompetenz*. Sie lassen sich demnach nicht einfach in einer Schulklasse oder einer Gruppe einsetzen. Schwer wiegt, dass darüber hinaus zumeist die moralische Dimension von Erziehung außer Acht gelassen wird. Die Frage, ob die zu erreichenden Kompetenzen auch (sozial verträglich) umgesetzt werden, wird kaum gestellt.

Daneben existieren gerade im Bereich der Erziehung einige Förderprogramme, die mit rigider Regelsetzung, Bloßstellung von Schülerinnen und Schülern sowie aus einer rein lernpsychologischen Perspektive herausarbeiten. Schnell werden in beschämender Art und Weise Verhaltenserwartungen formuliert, die Kinder und Jugendliche bei deren Realisierung jedoch nicht begleitet.

Gerade das Wissen um die beiden Säulen – Verhalten und Erleben (Kap. 4) – im erzieherischen Umgang mit verhaltensauffälligen Kindern und Jugendlichen muss dazu führen, auf Maßnahmenkataloge, in denen Konsequenzen und Strafen für bestimmte negative Verhaltensweisen gelistet sind, grundsätzlich zu verzichten. Erziehung gelingt nur dann, wenn auch eine Auseinandersetzung mit dem subjektiven Sinn im Verhalten und dem individuel-

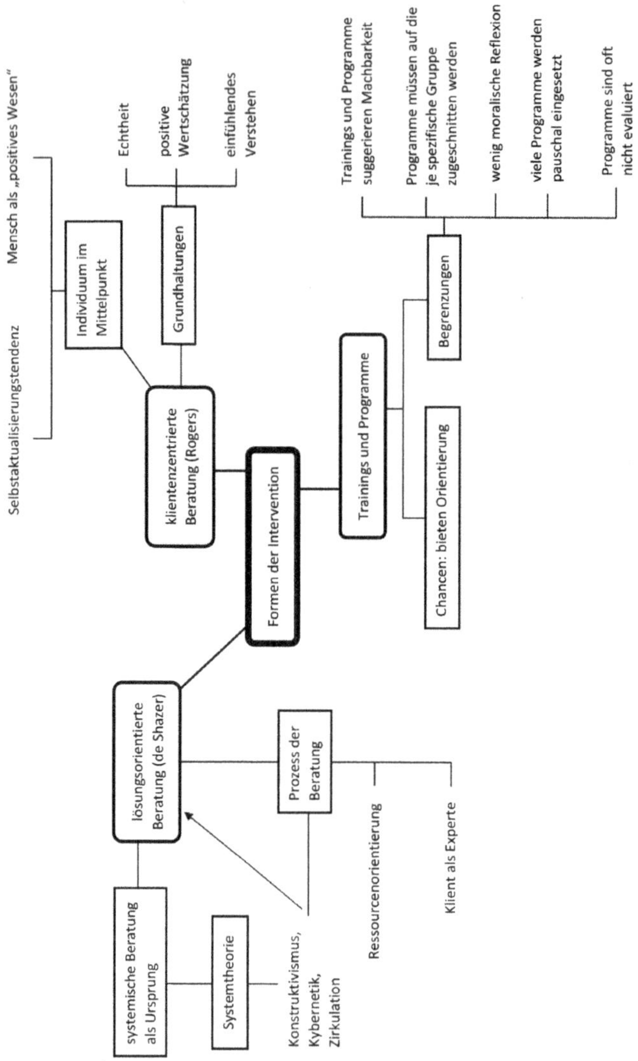

Thematische Skizze 22: Formen der Intervention

len Erleben des Kindes oder Jugendlichen stattfindet. Dennoch gibt es eine Reihe hilfreicher Programme, welche die Erziehungsarbeit unterstützen, nicht aber ersetzen können (Müller 2018a, 52 f.). Um sie in den pädagogischen Alltag wirksam integrieren zu können, ist eine wertschätzende Beziehung zwischen Erziehenden und Kindern bzw. Jugendlichen zentral, wozu die Berücksichtigung existentieller Grundbedürfnisse wie Anerkennung, Sicherheit und Zugehörigkeit gewährleistet werden müssen.

Fragen zum Verständnis:

Wie unterscheidet sich personorientierte von lösungsorientierter Beratung?
Welches sind wesentliche Strategien des Classroom-Managements?
Welche Rolle kommt Trainings und Programmen in der pädagogischen Arbeit mit verhaltensauffälligen Kindern und Jugendlichen zu?

Fragen zum erweiterten Verständnis und zur Vertiefung:

Weshalb kann man die Zunahme von Beratung in der Pädagogik bei Verhaltensstörungen auch kritisch sehen?
Inwiefern sind Kinder und Jugendliche tatsächlich Experten ihres Lebens und was bedeutet diese Annahme für einen Beratungsprozess?

Antworthorizonte als Online-Material verfügbar.

Grundlagenliteratur:

Blumenthal, Y., Hartke, B., Hennemann, T., Hillenbrand, C., Casale, G., Vierbuchen, M.-C. (2020): Kinder mit Verhaltensauffälligkeiten und emotional sozialen Entwicklungsstörungen. Kohlhammer, Stuttgart

8.3 Pädagogische Persönlichkeit und Haltung

8.3.1 Aufgaben und Rollen

Mit den verschiedenen Aufgaben pädagogischer Fachkräfte – Erziehen, Unterrichten, Fördern, Beraten, Innovieren u.v.a.m. – sind unterschiedliche Rollen und Erwartungen verbunden. Dementsprechend werden jeder Rolle gewisse Attribute zugeschrieben und nicht selten kann es für eine Fachkraft dabei zu Konflikten kommen. Um mit dieser Komplexität zurechtzukommen, bedarf es mindestens **vier zentraler Kompetenzen** (Krappmann 1978):

- Zum einen bedarf es eines reflektierenden und interpretierenden Verhaltens gegenüber Normen und dem eigenen Rollenverhalten. Darüber entsteht notwendige Distanz.
- Zum Zweiten gilt es, die Erwartungen anderer zu erkennen und in Interaktionsprozessen die eigene Rolle zu entwerfen oder anzupassen. Dafür ist Empathie notwendig.
- Ambivalenzen und Widersprüche zu erkennen und auszuhalten – eine hohe Ambiguitätstoleranz also – ist der dritte Aspekt.
- Und schließlich geht es um die Darstellung der eigenen Identität innerhalb von Interaktionen, was dieser überhaupt erst zur Wirkung verhilft.

Auf schulischer Seite bestimmen traditionell das Unterrichten und Erziehen, aber auch das Diagnostizieren und Beraten das Rollenbild. Auf außerschulischer Seite sind es oft die Gestaltung von Freizeit und die Vermittlung lebenspraktischer Fähigkeiten und Fertigkeiten im Rahmen eines Bezugserziehersystems. Mit Blick auf die Entwicklungen hin zu einem inklusiven Schulsystem verändert sich zumindest die schulische Rolle sonderpädagogischer Fachkräfte: Unterrichten und Wissensvermittlung nehmen ab, während Beratungsaufgaben für Kolleginnen und Kollegen sowie Kinder und Jugendliche ansteigen.

Die Zahl der Attribute, die mit einer „guten" pädagogischen Fachkraft verbunden werden, sind lang. Stein (2004, 85f.) nennt in seiner Studie mit Blick auf die Lehrerpersönlichkeit Empathie, intellektuelle und emotionale Flexibilität, Autonomie und souveränes Rollenhandeln, Ambivalenzen erkennen und aushalten können, Reflexivität, Rationalität, Fähigkeiten zum Problemlösen, stetige Lernbereitschaft und die Fähigkeit, die eigenen Gefühle wahrnehmen und steuern zu können. Insgesamt sind solche Listen im Sinne einer zu befürchtenden Überforderung oder Überhöhung und unter Berücksichtigung des jeweiligen Charakters aber eher kritisch zu betrachten. Die Menge der existierenden Listen zeigt, dass sich eine ideale pädagogische Fachkraft nicht abschließend definieren lässt. Wohl aber lassen sich die zahlreichen Herausforderungen benennen, die mit den verschiedenen Rollen verbunden sein können. Neben dem pädagogischen, didaktischen und diagnostischen Wissen benötigt es gerade in der Pädagogik bei Verhaltensstörungen auch ein Wissen über pädagogische Psychologie, Beratung und praktisches Können im Umgang mit verhaltensauffälligen Kindern und Jugendlichen (Häußler 2009, 250). Zudem benötigt es ein reflexives Können, welches sich dadurch auszeichnet, in besonderem Maße mit Widersprüchen und Unübersichtlichkeit im beruflichen Tätigkeitsfeld zurechtzukommen. Zentral sind dafür das pädagogische Deuten und Handeln, denn in der Praxis gibt es kein eindeutig richtiges Handeln, welches garantiert Erfolge zeigt (Müller 2012). Ziel ist es vielmehr, das Wissen über den pädagogischen Bezug – Takt, Zurückhaltung, Intuition, Fingerspitzengefühl – in persönliches Können zu überführen und anzuwenden. Und schließlich geht es auch um ein ethisches Können (Müller 2012). Dieses zeigt sich in einer tragfähigen Grundhaltung hinsichtlich des eigenen Denkens, Fühlens und Handelns gegenüber anderen Menschen und sich selbst.

„Professioneller Erfolg in der Pädagogik bei Verhaltensstörungen ist weniger abhängig von speziellen Maßnahmen als von speziellen Menschen. Ohne Zweifel werden letztere mit hohen Erwartungen konfrontiert. Gefordert ist ein theoriereflektierter Praktiker, der in der Lage ist, eine Vielzahl an Handlungsmustern und Verfahren diagnostisch abgesichert, systematisch und flexibel umzusetzen […]. Er repräsentiert den intensiven Subjektbezug und hat beziehungs- und konfliktsicher, deeskalierend und präsent zu sein, reflektierend bezüglich pädagogischer Antinomien […], gleichzeitig dranbleibend, haltend sowie Kontinuität, Struktur und Stabilität vermittelnd […]. Vor allem ist die Reflexion der eigenen Rolle im pädagogischen Prozess in einem kooperativen Gefüge zu erwarten und durch entwickelte pädagogische Überzeugungen im Fach-Habitus professionell zu fundieren" (Ricking 2018, 217).

8.3.2 Pädagogische Haltung

Da eine pädagogische Haltung nicht direkt beobachtbar und damit ein *hypothetisches Konstrukt* ist, gibt es keine eindeutige Definition. Sie kann als „die innere Grundeinstellung, die das Wahrnehmen, Denken, Erleben und Handeln einer Person prägt" (Lerch et al. 2018, 600) verstanden werden. Ein anderer Definitionsversuch versteht Haltung als „verinnerlichte Einstellung einer Person, die unter Einflussnahme von Persönlichkeit, (Selbst-) Reflexion, kulturellen, beruflichen, milieubedingten erzieherischen und anderen Erfahrungen erworben wurde" (Lerch et al. 2018, 600 f.). Demnach lässt sich die Haltung in allen Lebensbereichen wiederfinden und motiviert Verhalten und Handeln einer Person (s. thematische Skizze 23). Sie verändert sich aufgrund von neuen Erfahrungen und von Reflexion und ist durch Einflussfaktoren wie Erziehungsstil, Beruf, Wertvorstellungen etc. mitbestimmt. Das Spektrum des Verständnisses von „Haltung" reicht von einer bewussten Haltung (wollend und vorsätzlich) bis hin zu einer unbewussten Haltung (ohne aktives Hinterfragen). Haltungen entwickeln sich in der Auseinandersetzung der Person mit ihrer Umwelt. Sie ist damit *kontextgebunden* und kann, abhängig von Situationen, unterschiedlich sein.

In der pädagogischen Praxis wird eine Haltung am ehesten durch das erzieherische Wirken deutlich. „Erziehung ist in erster Linie eine Haltung und dann eine Tätigkeit" (Kobi 2005, 73). Erziehende wirken demnach weniger durch das, was sie tun, als durch das, wie sie den zu Erziehenden gegenüberstehen. Gerade in einer sich ständig wandelnden Gesellschaft ist das Herausbilden einer eigenen Haltung im Sinne der kontinuierlichen Arbeit an der eigenen Person von Bedeutung (Häußler 2009, 250). Das gilt in besonderem Maße für Erziehende, da sie direkt wie auch indirekt auf andere Haltungen einwirken (Lerch et al. 2018, 603).

> „Es geht somit um die Entwicklung einer positiv-konstruktiven Haltung zu erwarteten und unerwarteten Wirkungen eigenen Handelns; mit anderen Worten: um eine Reflexions- und Fehlerkultur, die das Potenzial des gewahr gewordenen eigenen Handelns, sei es gelungen oder misslungen, in seiner Relevanz erfasst und in die professionelle Kompetenz integriert" (Ricking 2018, 209).

Als besonders lernförderlich gilt eine Haltung, die in hohem Maße verständnisvoll und achtungsvoll (positive Zuwendung), einfühlend (wertungsfreies Verstehen des inneren Erlebens von Kindern und Jugendlichen), ehrlich und aufrichtig sowie aktiv förderlich und damit nicht dirigierend ist (Tausch 2007, 15f.). Ein solches „Ver-Halten" seitens pädagogischer Fachkräfte kann gerade bei verhaltensauffälligen Kindern und Jugendlichen positiv auf deren Lernprozesse einwirken, was zur Folge hat, dass sie im Unterricht unter anderem spontaner und offener ihre Gedanken und Gefühle äußern, sie weniger Angst haben und eine höhere Arbeitsmotivation aufbringen (Tausch 2007, 18). Sowenig es einen Kriterienkatalog für eine „gute pädagogische Fachkraft" geben kann, sowenig lässt sich auch pädagogische Haltung objektivieren. Dennoch lassen sich Handlungsgrundsätze formulieren, auch wenn moralisch aufgeladene Begriffe wie „Wertschätzung" oder „Verletzung" hier ethisch nicht begründet werden:

> „Kinder und Jugendliche werden wertschätzend angesprochen und behandelt. […] pädagogische Fachkräfte hören Kindern und Jugendlichen zu. […] Bei Rückmeldungen zum Lernen wird das Erreichte benannt. Auf dieser Basis werden neue Lernschritte und förderliche Unterstützung besprochen. […] Bei Rückmeldungen zum Verhalten werden bereits gelingende Verhaltensweisen benannt. Schritte zur guten Weiterentwicklung werden vereinbart. Die dauerhafte Zugehörigkeit aller zur Gemeinschaft wird gestärkt. […] pädagogische Fachkräfte achten auf Interessen, Freuden, Bedürfnisse, Nöte, Schmerzen und Kummer von Kindern und Jugendlichen. Sie berücksichtigen ihre Belange und den subjektiven Sinn ihres Verhaltens. […] Kinder und Jugendliche werden zu Selbstachtung und Anerkennung der Anderen angeleitet" (Reckahner Reflexionen 2018).

Unzulässige Handlungen dagegen seien,

> „dass […] pädagogische Fachkräfte Kinder und Jugendliche diskriminierend, respektlos, demütigend, übergriffig oder unhöflich behandeln. […] Es ist nicht zulässig, dass […] pädagogische Fachkräfte Produkte und Leistungen von Kindern und Jugendlichen entwertend und entmutigend kommentieren. Es ist nicht zulässig, dass […] pädagogische Fachkräfte auf das Verhalten von Kindern und Jugendlichen herabsetzend, überwältigend oder ausgrenzend reagieren. […] Es ist nicht zulässig, dass […] pädagogische Fachkräfte verbale, tätliche oder mediale Verletzungen zwischen Kindern und Jugendlichen ignorieren" (Reckahner Reflexionen 2018).

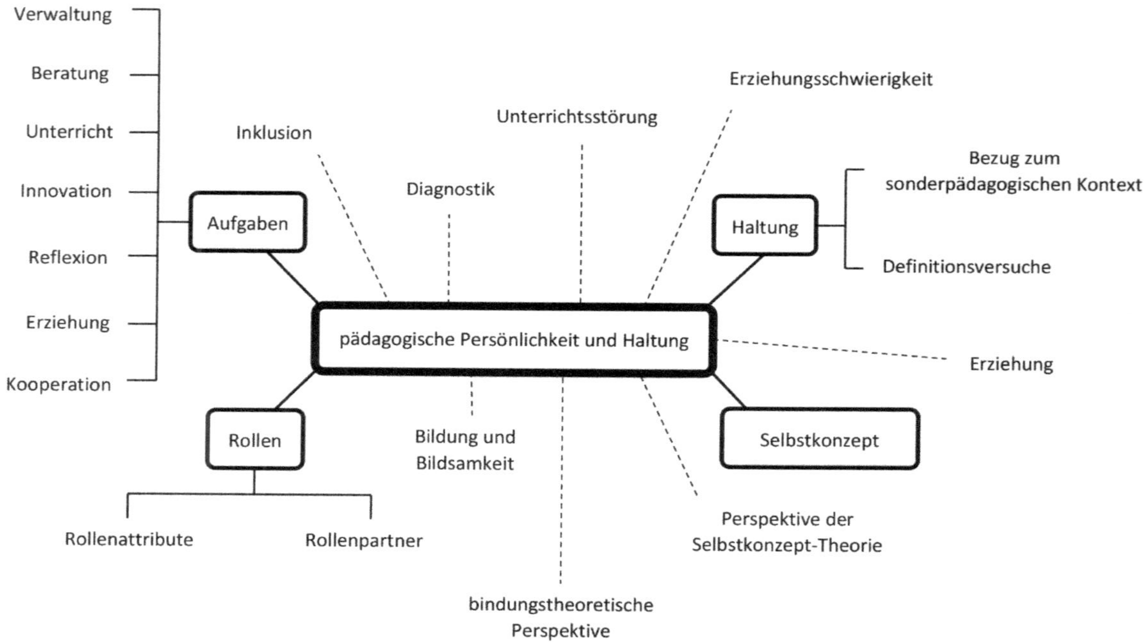

Thematische Skizze 23: Pädagogische Persönlichkeit und Haltung

Es bedürfte sicher einer differenzierteren ethischen Auseinandersetzung, in der bspw. auch der Wert der menschlichen Vulnerabilität (Kap. 3.3.1) herausgestellt werden könnte, um von einer Ethik pädagogischer Beziehungen sprechen zu können. Dennoch kommt es entscheidend darauf an, wie es gelingt, eine professionelle pädagogische Beziehung mit verhaltensauffälligen Kindern und Jugendlichen zu etablieren, in der die eigene Reflexion derart ausgeprägt ist, dass noch so schwierig, unsympathisch, störend und verletzend erlebte Verhaltensweisen von Kindern und Jugendlichen nicht dazu führen, sich selbst in Emotionen zu verstricken und dies die Betroffenen ungefiltert spüren zu lassen. Eine große Herausforderung! Dafür könnte es hilfreich sein, sich zu verdeutlichen, dass es in der pädagogischen Arbeit mit verhaltensauffälligen Kindern und Jugendlichen nicht zwingend um vertrauensvolle Beziehungen geht, die dann möglicherweise schnell verletzt oder enttäuscht werden und weiteres Arbeiten unmöglich machen (Müller 2017). Vielmehr könnte eine sprachlich, inhaltlich und methodisch differenzierte Verlässlichkeit (Müller/Langer 2019) Aufgabe genug sein oder genau das Richtige.

Fragen zum Verständnis:

Welche Aufgaben und Rollen übernimmt eine pädagogische Fachkraft im Kontext der Pädagogik bei Verhaltensstörungen?
Wie lässt sich pädagogische Haltung definieren?

Fragen zum erweiterten Verständnis und zur Vertiefung:

Inwiefern ist eine pädagogische Haltung erlernbar?
Warum sollte es keinen Kriterienkatalog für eine gut pädagogische Fachkraft geben?

Antworthorizonte als Online-Material verfügbar.

Literatur

Achtes Sozialgesetzbuch, Kinder- und Jugendhilfegesetz, Artikel 1. In: https://dejure.org/gesetze/SGB_VIII/1.html; 12.02.2020

Ader, S., Schrapper, Ch. (2002): Fallverstehen und Deutungsprozesse in der sozialpädagogischen Praxis der Jugendhilfe. In: Henkel, J., Schnapka, M., Schrapper, Ch. (Hrsg.): Was tun mit schwierigen Kindern? Votum, Münster, 34–75

Aebli, H. (1981): Grundformen des Lehrens: eine allgemeine Didaktik auf kognitionspsychologischer Grundlage. Klett-Cotta, Stuttgart

Ahrbeck, B. (2020): Was Erziehung heute leisten kann. Kohlhammer, Stuttgart

Ahrbeck, B. (2011): Der Umgang mit Behinderung. Kohlhammer, Stuttgart

Ahrbeck, B., Willmann, M. (2009): Pädagogik bei Verhaltensstörungen. Kohlhammer, Stuttgart

Aichhorn, A. (1977): Verwahrloste Jugend. Die Psychoanalyse in der Fürsorgeerziehung. Hans Huber, Bern, Stuttgart, Berlin

Ainsworth, M., Salter, D. (1978): Patterns of Attachment: a Psychological Study of the Strange Situation. NJ: Erlbaum, Hillsdale

Altenthan, S., Betscher-Ott, S., Gotthardt, W., Hobmair, H., Höhlein, R. et al. (2012): Pädagogik & Psychologie für das berufliche Gymnasium Baden-Württemberg, Bildungsverlag Eins, Köln

Andresen, S. (Hrsg.) (2015): Vulnerable Kinder: Interdisziplinäre Annäherungen. Springer VS, Wiesbaden

Ansbacher, H., Ansbacher, R. (Hrsg.) (2004): Alfred Adlers Individualpsychologie: Eine systematische Darstellung seiner Lehre in Auszügen aus seinen Schriften. Ernst Reinhardt, München

Arnold, R., Arnold-Haecky, B. (2009): Der Eid des Sisyphos. Schneider, Hohengehren

Bach, H. (1989): Verhaltensstörungen und ihr Umfeld. In: Goetze, H., Neukäter, H. (Hrsg.): Handbuch der Sonderpädagogik. Pädagogik bei Verhaltensstörungen. Volker Spiess, Berlin, 3–35

Ballauff, T. (1970): Skeptische Didaktik. Quelle & Meyer, Heidelberg

Bamberger G. (2010): Lösungsorientierte Beratung. Beltz, Weinheim

Bandura, A. (1976): Lernen am Modell. Ansätze zu einer sozial-kognitiven Lerntheorie. Klett, Stuttgart

Baringhorst, U., Böhnke, A. (2017): Nationalsozialistische Rassenlehre. Euthanasie im Dritten Reich. In: https://www.planet-wissen.de/geschichte/nationalsozialismus/nationalsozialistische_rassenlehre/pwieeuthanasieimdrittenreich100.html; 17.09.2020

Basedow, J. (1774): Das Basedowische Elementarwerk. Ein Vorrath der besten Erkenntnisse zum Lernen, Lehren, Wiederholen und Nachdenken. Crucius, Leipzig

Baulig, V. (1982): Auffälliges Schülerverhalten. Pädagogische Maßnahmen auf ausagierendes Verhalten. Beltz, Weinheim

Baumann, M. (2009): Verstehende subjektlogische Diagnostik bei Verhaltensstörungen. tredition, Hamburg

Beckmann, H.-K. (1978): Unterrichtsvorbereitung, Probleme, Materialien. Westermann, Braunschweig

Beelmann, A., Heinemann, K., Saur, M. (2009): Interventionen zur Prävention von Vorurteilen und Diskriminierung. In: Beelmann, A., Kai, J. (Hrsg.): Diskriminierung und Toleranz. Psychologische Grundlagen und Anwendungsperspektiven. Springer VS, Wiesbaden, 435–461

Beelmann, A., Jaursch, S. (2016): Förderung sozialer Kompetenz bei Vorschulkindern: Ein sozial-kognitives Trainingsprogramm zur Prävention kindlicher Verhaltensstörungen. In: Mali, T., Perren, S. (Hrsg.): Soziale Kompetenz bei Kindern und Jugendlichen. Kohlhammer, Stuttgart, 177–192

Benner, D. (2010). Allgemeine Pädagogik. Beltz, Weinheim

Benner, D., Brüggen, F. (2004): Bildsamkeit und Bildung. In: Benner, D., Oelkers, J. (Hrsg.): Historisches Wörterbuch der Pädagogik. Beltz, Weinheim, 174–215

Bergsson, M. (1995): Ein entwicklungstherapeutisches Modell für Schüler mit Verhaltensstörungen. Progressus, Essen

Berk, L. (2011). Entwicklungspsychologie. Pearson Studium, München

Bettelheim, B. (1997): Liebe allein genügt nicht. Klett-Cotta, Stuttgart

Bettelheim, B. (1990): Der Weg aus dem Labyrinth. dva, München

Beyer, C., Strobl, C., Müller, T. (2016): „Hier kommste nicht raus“. Geschlossener Jugendwerkhof Torgau: Endpunkt erzieherischer Willkür der SED gegenüber verhaltensabweichenden Jugendlichen. Schneider, Hohengehren

Blatz, S. (2018): Zur vermeintlichen Einfachheit von Erziehung – Kritik der Erziehungsratgeberliteratur. In: Müller, T. Stein, R. (Hrsg.): Erziehung als Herausforderung. Klinkhardt, Bad Heilbrunn, 286–298

Bleher, W., Hoanzl, M. (2018): Schulische Erziehung – Aspekte, Herausforderungen und Probleme. In: Müller, T., Stein, R. (Hrsg.): Erziehung als Herausforderung. Klinkhardt, Bad Heilbrunn, 82–118

Blumenthal, Y., Hartke, B., Hennemann, T., Hillenbrand, C., Casale, G., Vierbuchen, M.-C. (2020): Kinder mit Verhaltensauffälligkeiten und emotional sozialen Entwicklungsstörungen. Kohlhammer, Stuttgart

BMFSFJ (2002): Effekte erzieherischer Hilfen und ihre Hintergründe. Kohlhammer, Stuttgart

Böhm, W. (2005): Wörterbuch der Pädagogik. Alfred Kröner, Leipzig

Bollnow, O. (1959): Existenzphilosophie und Pädagogik. Kohlhammer, Stuttgart

Bönsch (1975): Allgemeine Didaktik: ein Handbuch zur Wissenschaft vom Unterricht. Kohlhammer, Stuttgart

Bosch, D., Fischer, W., Buschmann, R. (1981): Beziehungstheoretische Didaktik. Dimensionen der sozialen Beziehung im Unterricht. Peter Lang, Bern

Bowlby, J. (2016): Frühe Bindung und kindliche Entwicklung. Ernst Reinhardt, München

Brezinka, W. (1990): Grundbegriffe der Erziehungswissenschaft. Ernst Reinhardt, München

Bröcher, J. (1997): Lebenswelt und Didaktik. Unterricht mit verhaltensauffälligen Jugendlichen auf der Basis ihrer (alltags-)ästhetischen Produktionen. Edition Schindele, Heidelberg

Brophy, J. (2006): History of Research on Classroom Management. In: Evertson, C., Weinstein, C. (ed.): Handbook of Classroom Management. Lawrence Erlbaum, Mahaw

Brumlik, M. (2000): Moralische Gefühle – Vertrauen und Scham. In: Winterhager-Schmid, L. (Hrsg.): Erfahrung mit Generationendifferenz. Beltz, Weinheim, 195–207

Buchartz, A. (2010): Psychoanalytische Therapie und Pädagogik: Ein Werkstattbericht. In: Heinemann, E., Hopf, H. (Hrsg.): Psychoanalytische Pädagogik. Kohlhammer, Stuttgart, 33–44

Cloward, R. (1968): Illegitime Mittel, Anomie und abweichendes Verhalten. In: Sack, F., König, R. (Hrsg.): Kriminalsoziologie. Suhrkamp, Frankfurt a.M., 314–338

Cloward, R., Ohlin, L. (1960): Delinquency and Opportunity. A Theory of Delinquent Gangs. Free Press, London

Cohen, A. (1961): Kriminelle Jugend. rowohlt, Hamburg

Cohn, R. (1975): Von der Psychoanalyse zur themenzentrierten Interaktion: von der Behandlung einzelner zu einer Pädagogik für alle. Klett-Cotta, Stuttgart

Comenius, J. (1657/1957): Grosse Didaktik. Herausgegeben und eingeleitet von Hans Ahrbeck. Volk und Wissen, Berlin

Crittenden, P. (1995): Attachment and psychopathology. In: Goldberg, S., Muir, R. Kerr, J. (ed.): John Bowlby's Attachment Theory: Historical, Clinical and Social Significance, Analytical Press, New York, 367–406

Cruickshank, W. (1981): Schwierige Kinder und Jugendliche in Schule und Elternhaus. Marhold, Berlin

Cube, F. v. (1965): Kybernetische Grundlagen des Lernens und Lehrens. Klett-Cotta, Stuttgart

Dauenhauer, E. (1970): Kategoriale Didaktik. Merkur Lehrmittel Rinteln, München

DIMDI (2014): Internationale statistische Klassifikation der Krankheiten und verwandter Gesundheitsprobleme. In: https://www.dimdi.de/static/de/klassifikationen/icd/icd-10-gm/kode-suche/htmlgm2014/; 16.09.2020

Dollinger, B., Raithel, J. (2006): Einführung in die Theorien abweichenden Verhaltens. Beltz, Weinheim

Dreikurs, R. (1989): Psychologie im Klassenzimmer. Klett-Cotta, Stuttgart

Duden online (Hrsg.): „Anomie". In: https://www.duden.de/node/6770/revision/6797; 17.09.2020

Einsiedler, W. (1997): Unterrichtsqualität und Leistungsentwicklung. In: Weinert, F., Helmke, A. (Hrsg.): Entwicklung im Grundschulalter. Psychologie Verlags Union, Weinheim, 225–240

Einsiedler W., Götz M., Hartinger A., Heinzel F., Kahlert J. et al. (2011) (Hrsg.): Handbuch Grundschulpädagogik und Grundschuldidaktik. Klinkhardt, Bad Heilbrunn

Ellger-Rüttgardt, S. (2019): Geschichte der Sonderpädagogik: eine Einführung. Ernst Reinhardt, München

Emmer, E., Stough, L. (2001): Classroom Management: A Critical Part of Educational Psychology, with Implications for Teacher Education. In: Educational Psychologist, 36, pp. 103–112

Endreß, M. (2018). Soziologische Theorien kompakt. DeGruyter, Oldenburg

Ertle, Ch., Möckel, A. (1981): Fälle und Unfälle der Erziehung. Kohlhammer, Stuttgart

Evertson, C., Weinstein, C. (ed.) (2006): Handbook of Classroom Management: Research, Practice and Contemporary Issues. Lawrence Erlbaum, Mahwah

Fassin, D. (2018): Der Wille zum Strafen. Suhrkamp, Berlin

Ford, E. (1994): Discipline for Home and School. Brandt Publishing, Scottsdale

Fröhlich-Gildhoff, K. (2007): Verhaltensauffälligkeiten bei Kindern und Jugendlichen – Ursachen, Erscheinungsformen und Antworten. In: Hartung, J., Fröhlich-Gildhoff, K. (Hrsg.): Module angewandter Psychologie. Kohlhammer, Stuttgart, o. S.

Fuchs, A. (1930): Erziehungsklassen (E=Klassen) für schwererziehbare Kinder der Volksschule. Marhold, Halle

Gahleitner, B. (2017): Das pädagogisch-therapeutische Milieu in der Arbeit mit Kindern und Jugendlichen: Trauma und Beziehungsarbeit in stationären Einrichtungen. Psychiatrie-Verlag, Köln

Gasteiger-Klicpera, B., Julius, H., Klicpera, Ch. (2008). Handbuch Sonderpädagogik der sozialen und emotionalen Entwicklung. Hogrefe, München

Geissler, E. (2006): Die Erziehung. Ergon, Würzburg

Glaser, D. (1956): Criminality Theories and Images. In: The American Journal of Sociology, 62, 433–444

Goblirsch, M. (2010): Biographien verhaltensschwieriger Jugendlicher und ihrer Mütter. Springer VS, Wiesbaden

Goetze, H. (2001): Grundriss der Verhaltensgestörtenpädagogik. Volker Spiess, Berlin

Goetze, H., Neukäter, H. (1981): Strukturierte und schülerzentrierte Unterrichtsansätze bei Verhaltensstörungen. FU Hagen, Hagen

Göbel, F. (2012): Die stationäre Behindertenarbeit: Begriffe, Vergleiche, Ausblicke. Akademiker, Saarbrücken

Göppel, R. (2018): Erziehung und Therapie. In: Müller, T., Stein, R. (Hrsg.): Erziehung als Herausforderung. Klinkhardt, Bad Heilbrunn, 220–233

Göppel, R. (2002): „Wenn ich hasse, habe ich keine Angst mehr …". Psychoanalytisch-pädagogische Beiträge zum Verständnis problematischer Entwicklungsverläufe und schwieriger Erziehungssituationen. Auer, Donauwörth

Göppel, R. (1989): „Der Friederich, der Friederich …". Das Bild des erziehungsschwierigen Kindes im 19. und 20. Jahrhundert. edition bentheim, Würzburg

Göppel, R., Hirlinger, A., Hirblinger, H., Würker, A (2010) (Hrsg.): Schule als Bildungsort und „emotionaler Raum". Budrich, Leverkusen

Goffman, E. (1973): Asyle. Über die soziale Situation psychiatrischer Patienten und anderer. Suhrkamp, Frankfurt a.M.

Gröschke, D. (2002): Leiblichkeit, Interpersonalität und Verantwortung – Perspektiven der Heilpädagogik. In: Schnell, M. (Hrsg.): Pflege und Philosophie. Bern u.a., 81–108

Häußler, M. (2009): Was müssen Sonderschullehrer können? Reflexionen aus der Perspektive der zweiten Phase der Lehrerausbildung. In: Zeitschrift für Heilpädagogik. 07/2009. 249–254

Hamberger, M. (2008): Erziehungshilfekarrieren. Belastete Lebensgeschichte und professionelle Weichenstellung. IGFH-Eigenverlag, Frankfurt a.M.

Hannich, H.-J. (2018): Individualpsychologie nach Alfred Adler. Kohlhammer, Stuttgart

Hartmann, B., Methner, A. (2015): Leipziger Kompetenz-Screening für die Schule (LKS). Diagnostik und Förderplanung: soziale und emotionale Fähigkeiten, Lern- und Arbeitsverhalten. Ernst Reinhardt, München

Hartke, B. (2008): Spezifische Unterrichtsprinzipien. In: Gasteiger-Klicpera, B., Julius, H., Klicpera, C. (Hrsg.): Sonderpädagogik der sozialen und emotionalen Entwicklung. Hogrefe, Göttingen, 797–809

Hartke, B., Koch, K. (2008): Qualitätsstandards von Prävention und Präventionsforschung. In: Borchert, J., Hartke, B., Jogschies, P. (Hrsg.): Frühe Förderung entwicklungsauffälliger Kinder und Jugendlicher. Kohlhammer, Stuttgart, 37–56

Hartke, B., Vrban, R. (2015): Schwierige Schüler: 49 Handlungsmöglichkeiten bei Verhaltensauffälligkeiten. Persen, Buxtehude

Hattie, J. (2013): Lernen sichtbar machen. Schneider, Hohengehren

Havers, N. (1978): Erziehungsschwierigkeiten in der Schule. Beltz, Weinheim

Heimann, P., Otto, G., Schulz, W. (1970): Unterricht: Analyse und Planung. Schroedel, Hannover

Heinze, C. (2017): Verletzlichkeit und Teilhabe. In: Miethe, I. (Hrsg.): Bildung und Teilhabe. Springer, Wiesbaden, 47–63

Helmke, A. (2009). Was wissen wir über guten Unterricht? IfR Informationen für den Religionsunterricht, 63, 55–59

Hennemann, T., Hillenbrand, C. (2010): Klassenführung – Classroom Management. In: Hartke, B., Koch, K., Diehl, K. (Hrsg.): Förderung in der schulischen Eingangsstufe. Kohlhammer, Stuttgart, 255–279

Hennemann, T., Fitting-Dahlmann, K., Hövel, D., Hagen, T., Casale, G. (2015): Schulische Prävention im Bereich Verhalten. Kohlhammer, Stuttgart

Hentig, H. v. (1986): Die Menschen stärken, die Sachen klären: Ein Plädoyer für die Wiederherstellung der Aufklärung. Reclam, Stuttgart

Herbart, J.-F. (1835): Umriss pädagogischer Vorlesungen. Verlag der Dieterischen Buchhandlung, Göttingen

Herz, B., Zimmermann, D. (2018): Beziehung statt Erziehung? Psychoanalytische Perspektiven auf pädagogische Herausforderungen in der Praxis mit emotional-sozial belasteten Heranwachsenden. In: Stein, R., Müller T. (Hrsg.): Inklusion im Förderschwerpunkt emotionale und soziale Entwicklung. Kohlhammer, Stuttgart, 150–177

Hewett, F. (1968): The Emotionally Disturbed Child in the Classroom. Allyn and Bacon, Boston

Hillenbrand, C. (2011): Didaktik bei Unterrichts- und Verhaltensstörungen. Ernst Reinhardt utb, München

Hillenbrand, C. (2008a). Einführung in die Pädagogik bei Verhaltensstörungen. Ernst Reinhardt utb, München

Hillenbrand, C. (2008b). Begriffe und Theorien im Förderschwerpunkt soziale und emotionale Entwicklung – Versuch einer Standortbestimmung. In: Gasteiger-Klicpera, B., Julius, H., Klicpera, C. (Hrsg.): Sonderpädagogik der sozialen und emotionalen Entwicklung. Hogrefe, Göttingen, 5–20

Hiller, G. G. (1973): Konstruktive Didaktik. Schwann, Düsseldorf

Hölling, H., Erhart, M., Ravens-Sieberer, U., Schlack, R. (2008): Verhaltensauffälligkeiten bei Kindern und Jugendlichen. Erste Ergebnisse aus dem Kinder- und Jugendgesundheitssurvey (KiGGS). In: Bundesgesundheitsblatt – Gesundheitsforschung – Gesundheitsschutz 5/6, 784–793

Hoff, T. (2015): Konzepte in der Beratung. In: Hoff, T., Zwicker-Pelzer, R. (Hrsg.): Beratung und Beratungswissenschaft. Nomos, Baden-Baden, 147–207

Hoffmann, R., Lange, M., Butschalowsky, H., Houben, R., Schmich, P. et al. (2018): Querschnitterhebung von KiGGS Welle 2 – Teilnehmendengewinnung, Response und Repräsentativität. In: Journal of Health Monitoring 3 (1), 82–95

Hußlein, E. (1983): Schule und Unterricht für Kinder und Jugendliche mit Verhaltensstörungen. Königshausen + Neumann, Würzburg

Ihle, W., Esser, G. (2002): Epidemiologie psychischer Störungen im Kindes- und Jugendalter: Prävalenz, Verlauf, Komorbidität und Geschlechtsunterschiede. In: Psychologische Rundschau 53 (4), 159–169

Jogschies, P. (2008): Diskussion grundlegender Begriffe. In: Borchert, J., Hartke, B., Jogschies, P. (Hrsg.): Frühe Förderung entwicklungsauffälliger Kinder und Jugendlicher. Stuttgart, Kohlhammer, 19 f.

Jordan, E. (2005): Kinder- und Jugendhilfe. Beltz, Weinheim

Julius, H. (2014): Bindung und schulische Entwicklung. In: Behinderte Menschen: Zeitschrift für gemeinsames Leben, Lernen und Arbeiten, 37 (6), 29–47.

Klafki, W. (2007): Neue Studien zur Bildungstheorie und Didaktik: Zeitgemäße Allgemeinbildung und kritisch-konstruktive Didaktik. Beltz, Weinheim

Klafki, W. (1963): Das pädagogische Problem des Elementaren und die Theorie der kategorialen Bildung. Beltz, Weinheim

Klink, J.-G. (1962): Schwererziehbarkeit und Erziehungsschwierigkeit in der Schule. gesellschaft der freunde des vaterländischen schul- und erziehungswesen e.v., Hamburg

Klipker, K., Baumgarten, F., Göbel, K., Lampert T., Hölling, H. (2018): Psychische Auffälligkeiten bei Kindern und Jugendlichen in Deutschland – Querschnittergebnisse aus KiGGS Welle 2 und Trends. In: https://edoc.rki.de/handle/176904/5767; 17.09.2020

KMK (2020): Sonderpädagogische Förderung in Schulen. In: https://www.kmk.org/fileadmin/Dateien/pdf/Statistik/Dokumentationen/Dok223_SoPae_2018.pdf; 30.09.2020

KMK (2019a): Sonderpädagogische Förderung in allgemeinen Schulen (ohne Förderschulen) 2017/2018. In: https://www.kmk.org/fileadmin/Dateien/pdf/Statistik/Dokumentationen/Aus_SoPae_Int_2017.pdf; 17.09.2020

KMK (2019b): Sonderpädagogische Förderung in Förderschulen (Sonderschulen) 2017/2018 In: https://www.kmk.org/fileadmin/Dateien/pdf/Statistik/Dokumentationen/Aus_Sopae_2017.pdf; 17.09.2020

KMK (2000): Empfehlungen zum Förderschwerpunkt emotionale und soziale Entwicklung. In: http://www.kmk.org/fileadmin/veroeffentlichungen_beschluesse/2000/2000_03_10-Empfehlung-emotionale-Entwicklung.pdf; 17.09.2020

KMK (1994): Empfehlungen zur sonderpädagogischen Förderung in den Schulen in der Bundesrepublik Deutschland. edition bentheim, Würzburg

Kobi, E. (2005): Grundfragen der Heilpädagogik. Haupt, Bern

Kösel, E. (2000): Modellierung von Lernwelten. BoD, Bahlingen

Kounin, J. (2006): Techniken der Klassenführung. Waxmann, Münster, New York u.a.

Krappmann, L. (1978): Soziologische Dimensionen der Identität: strukturelle Bedingungen für die Teilnahme an Interaktionsprozessen. Klett-Cotta, Stuttgart

Krautz, J. (2015). Kompetenzen machen unmündig. In: https://www.bdwi.de/forum/archiv/themen/bildung/10702472.html, 24.02.2020

Krautz, J. (2007): Ware Bildung. Schule und Universität unter dem Diktat der Ökonomie. Diederichs, Kreuzlingen + München

Kuschel, A., Heinrichs, N., Hahlweg, K. (2008): Prävention im Vorschulalter. In: Gasteiger-Klicpera, B., Julius, H., Klicpera, C.: Sonderpädagogik der sozialen und emotionalen Entwicklung. Hogrefe, Göttingen

Lamnek, S. (2013): Theorien abweichenden Verhaltens: eine Einführung für Soziologen, Psychologen, Juristen, Journalisten und Sozialarbeiter. Fink, Paderborn

Langer, J. (2019): Bindung und Schule. Klinkhardt, Bad Heilbrunn

Laucht, M., Esser, G., Schmidt, M. (2000): Entwicklung von Risikokindern im Schulalter. In: Zeitschrift für Entwicklungspsychologie und Pädagogische Psychologie 32, 59–69

Lenz, A., Kuhn, J. (2011): Was stärkt Kinder psychisch kranker Eltern und fördert ihre Entwicklung? In: Wiegand-Grefe, S., Mattejat, F., Lenz, A. (Hrsg.): Kinder mit psychisch kranken Eltern. Hogrefe, Göttingen, 13–24

Lerch, S., Getto, M., Schraub, J. (2018): Haltung. Begriffe, Bedeutung und (erwachsenen-)pädagogische Implikationen. In: Pädagogische Rundschau. 5/2018, 599–608

Locke, J. (1693/2007): Gedanken über Erziehung. Reclam, Stuttgart

Lösel, F., Bender, D. (1999): Von generellen Schutzfaktoren zu differentiellen protektiven Prozessen: Ergebnisse und Probleme der Resilienzforschung. In: Opp, G., Fingerle, M., Freytag, A. (Hrsg.): Was Kinder stärkt: Erziehung zwischen Risiko und Resilienz. Ernst Reinhardt, München, 37–58

Macsenaere, M., Esser, K. (2015): Was wirkt in der Erziehungshilfe? Ernst Reinhardt, München

Macsenaere, M., Klein, W., Scheiwe, N. (2003): Jugendhilfe-Effekte-Studie: Was leistet die Jugendhilfe? In: Unsere Jugend 55 (11), 484–491

Mau, P.-F. (1981): Die Schule für Verhaltensgestörte im Verbund der Einrichtungen der Jugendhilfe. In: Zeitschrift für Heilpädagogik. (32) 11, 730–736

Merton, R. (1968): Sozialstruktur und Anomie. In: Sack, F., König, R. (Hrsg.): Kriminalsoziologie. Suhrkamp, Frankfurt a. M., 283–313

Mollenhauer, K. (1982): Theorien zum Erziehungsprozeß. Juventa, München

Möller, C. (1980/1995): Die curriculare Didaktik. In: Gudjons, H., Teske, R., Winkel, R. (Hrsg.): Didaktische Theorien. Bergmann und Helbig, Hamburg, 33–67

Müller, C., Mollenhauer, K. (1965): „Führung" und „Beratung" in pädagogischer Sicht. Quelle & Meier, Heidelberg

Müller, T. (2019): Akzeptierte Verletzbarkeit? Zum Verhältnis von Vulnerabilität und Vertrauen im Kontext verhaltensauffälliger Kinder und Jugendlicher. In: VHN 4/2019, 291–303

Müller, T. (2018a): Kinder mit auffälligem Verhalten unterrichten. Ernst Reinhardt, München

Müller, T. (2018b): Erziehung als Herausforderung: Gegenstandsbestimmung und Fragen einer Theorie der Erziehung. In: Müller, T., Stein, R. (Hrsg.): Erziehung als Herausforderung. Klinkhardt, Bad Heilbrunn, 13–34

Müller, T. (2017): „Ich kann niemandem mehr vertrauen." Konzepte von Vertrauen und ihre Relevanz für die Pädagogik bei Verhaltensstörungen. Klinkhardt, Bad Heilbrunn

Müller, T. (2014): Sonderschule für Erziehungshilfe. In: Wember, F., Stein, R., Heimlich, U. (Hrsg.): Handlexikon Lernschwierigkeiten und Verhaltensstörungen. Kohlhammer, Stuttgart, 224–226

Müller, T. (2013): Schulen zur Erziehungshilfe – inklusive Schulen? In: Vierteljahresschrift für Heilpädagogik und ihre Nachbargebiete. 82. Jg. (1), 35–45

Müller, T. (2012): Ersehnte Sicherheit und notwendige Verunsicherung. In: Behinderte Menschen 35 (4/5), 12–21

Müller, T. (2008): Innere Armut – Kinder und Jugendliche zwischen Mangel und Überfluss. Springer VS, Wiesbaden

Müller, T., Langer, J. (2019): Verlässlichkeit – ein handlungsleitendes Prinzip für die Schülerschaft mit emotional-sozialem Förderbedarf. In: Sonderpädagogische Förderung heute. 64 (4), 392–403

Müller, T., Lichtinger, U., Girg, R. (2015): The MultiGradeMultiLevel-Methodology and its Global Significance: Ladders of Learning – Scientific Horizons – Teacher Education. Budrich, Leverkusen

Myschker, N., Stein, R. (2018). Verhaltensstörungen bei Kindern und Jugendlichen: Erscheinungsformen – Ursachen – Hilfreiche Maßnahmen. Kohlhammer, Stuttgart

Nationales Zentrum für frühe Hilfen. In: https://www.fruehehilfen.de/grundlagen-und-fachthemen/grundlagen-der-fruehen-hilfen/, 17.09.2020

Neubauer, W. (1976): Selbstkonzept und Identität im Kindes- und Jugendalter. Ernst Reinhardt, München

Noeker, M., Petermann, F. (2008): Resilienz: Funktionale Adaption an widrige Umgebungsbedingungen. In: Zeitschrift für Psychiatrie, Psychologie und Psychotherapie 56, 255–263

Nölke, E. (1994): Lebensgeschichte und Marginalisierung. Springer, Wiesbaden

Nolte, P. (2006): Riskante Moderne. BPB, Bonn

Nolting, H.-P. (2007): Störungen in der Schulklasse: Ein Leitfaden zur Vorbeugung und Konfliktlösung. Beltz, Weinheim

Oelkers, J. (2001): Einführung in die Theorie der Erziehung. Beltz, Weinheim

Opp, G., Teichmann, J. (2008): Positive Peerkultur. Klinkhardt, Bad Heilbrunn

Opp, G., Wenzel E. (2003): Qualitätsstandards in der Schule zur Erziehungshilfe. In Opp, G. (Hrsg.): Arbeitsbuch schulische Erziehungshilfe. Klinkhardt, Bad Heilbrunn, 17–42

Petermann, F., Wiedebusch, S. (2008): Emotionale Kompetenz bei Kindern. Hogrefe, Göttingen

Petermann, F., Natzke, H., Gerken, N., Walter, H.-J. (2016): Verhaltenstraining bei Schulanfängern. Hogrefe, Göttingen

Petermann, U., Petermann, F. (2009): Diagnostik sozialer und kommunikativer Kompetenzen. In: Irblich, D., Renner, G. (Hrsg.): Diagnostik in der Klinischen Kinderpsychologie. Hogrefe, Göttingen, 223–235

Peterson, D., Quay, H., Tiffany, T. (1961): Personality Factors Related to Juvenile Delinquency. In: Child Development, Vol.32, 355–72

Pfeiffer, M. (2013): Therapeut und Klient. Grundlagen der Gesprächspsychotherapie. Kindler, München

Pongratz, L. (2010): Einstimmung in die Kontrollgesellschaft. Der Trainingsraum als gouvernementale Strafpraxis. In: Pädagogische Korrespondenz, 41, 63–74

Popp, K. (2018): Erziehung durch Programme und Trainings: Potentiale und Grenzen. In: Müller, T., Stein, R. (Hrsg.): Erziehung als Herausforderung. Klinkhardt, Bad Heilbrunn, 255–270

Preuss, O. (2001): Schule halten. Vom Abenteuer Lehrer zu sein. Hampp, München

Reckahner Reflexionen zur Ethik pädagogischer Beziehungen (2018): https://www.nifbe.de/infoservice/aktuelles/1241-reckahner-reflexionen-zur-ethik-paedagogischer-beziehungen; 30.09.2020

Redl, F., Wineman, D. (1976): Kinder, die hassen: Auflösung und Zusammenbruch der Selbstkontrolle. Piper, München

Redlich, A., Schley, W. (1981): Kooperative Verhaltensmodifikation im Unterricht. U & S Pädagogik, München

Reiser, H. (1999): Förderschwerpunkt Verhalten. In: Zeitschrift für Heilpädagogik, 50 (4), 144–148

Ricking, H. (2018): Grenzen und Scheitern in Erziehungsprozessen. In: Müller, T., Stein, R. (Hrsg.): Erziehung als Herausforderung. Klinkhardt, Bad Heilbrunn, 209–219

Rogers, C. (2020): Eine Theorie der Psychotherapie, der Persönlichkeit und der zwischenmenschlichen Beziehungen. Ernst Reinhardt, München

Rogers, C. (2000): Entwicklung der Persönlichkeit. Psychotherapie aus der Sicht eines Therapeuten. Klett-Cotta, Stuttgart

Rosa, H. (2016): Resonanz. Eine Soziologie der Weltbeziehung. Suhrkamp, Berlin

Rosa, H. (2014): „Hier kann ich ganz sein wie ich bin“. Warum wir am glücklichsten sind, wenn wir mit anderen mitschwingen können. In: Die Zeit Nr. 34/2014

Rosa, H., Endres, W. (2016): Resonanzpädagogik. Wenn es im Klassenzimmer knistert. Beltz, Weinheim

Roth, H. (1971): Pädagogische Psychologie des Lehrens und Lernens. Schroedel, Hannover

Saarni, C. (1999): The Guilford Series on Social and Emotional Development. The Development of Emotional Competence. Guilford Press.

Schelp, S. (2019): Eine Gratwanderung. In: Grundschule, 51 (2), 34–36

Schlee, J. (1989): Zur Problematik der Terminologie in der Pädagogik bei Verhaltensstörungen. In: Goetze, H., Neukäter, H. (Hrsg.): Handbuch der Sonderpädagogik. Pädagogik bei Verhaltensstörungen. Volker Spiess, Berlin, 40 f.

Schneider, W., Lindenberger, U. (2012): Entwicklungspsychologie. Beltz, Weinheim

Schreyer-Mehlhop, I., Petermann, F., Siener, C., Petermann, U. (2011): Ressourcenorientierte Diagnostik des Sozialverhaltens in der Schule. In: Kindheit und Entwicklung, 20 (4), 201–208

Schröder, H. (2002): Lernen – Lehren – Unterricht. Lernpsychologische und didaktische Grundlagen. Oldenbourg, München

Schumacher, G. (1979): Neues Lernen mit Verhaltensgestörten und Lernbehinderten. Marhold, Berlin

Schumacher, J., Leppert, K., Gunzelmann, Th., Strauß, B., Brähler, E. (2005): Die Resilienzskala – Ein Fragebogen zur Erfassung der psychischen Widerstandsfähigkeit als Personmerkmal. In: Zeitschrift für Klinische Psychiatrie und Psychotherapie, 53 (1), 16–39

Seitz, W. (1998): Delinquenz von Kindern und Jugendlichen als Folge mangelnder Selbst- und Handlungskontrolle. In: Knab, E., Macsenaere, M. (Hrsg.): Heimerziehung als Lebenshilfe. Eigenverlag des Instituts für Kinder- und Jugendhilfe, Mainz, 121–150

Seitz, W. (1992): Problemlage und Vorgehensweise der Diagnostik im Rahmen der Pädagogik bei Verhaltensstörungen. In: Hansen, G. (Hrsg.): Sonderpädagogische Diagnostik. Centaurus, Pfaffenweiler, 107–139

Seitz, W. (1991): Erscheinungsweise und Prozesse der Entwicklung von Verhaltensstörungen. In: Hansen, G., Seitz, W. (Hrsg.): Entstehung und Behandlung von Verhaltensstörungen im Kindes- und Jugendalter. Centaurus, Pfaffenweiler, 7–46

Seitz, W. (1982): Verhaltensstörungen und Erziehungsschwierigkeiten im Schulalter. In: Rost, H. (Hrsg.): Erziehungspsychologie für die Grundschule. Klinkhardt, Bad Heilbrunn, 11–43

Short, J., Strodtbeck, F. (1965): Group Process and Gang Delinquency. University of Chicago Press, Chicago

Sigrell, B. (1971): Problemkinder in der Schule. Beltz, Weinheim

Speck. O. (1997): Chaos und Autonomie in der Erziehung. Ernst Reinhardt, München

Speck, O. (1996): Erziehung und Achtung vor dem Anderen. Zur moralischen Dimension der Erziehung. Ernst Reinhardt, München

Speck, O. (1995): Aktuelle Fragen sonderpädagogischer Förderung. In: Die Sonderschule 40 (1995) 3, 166–181

Speck, O. (1987): Konzepte und Organisationsformen sonderpädagogischer Hilfe im Bildungssystem – Rückblick und zukünftige Entwicklung. In: Sonderpädagogik heute – Bewährtes und Neues. Referate des Sonderpädagogischen Forums Berlin. Berlin, 11–30

Statistisches Bundesamt (2019): Kinder- und Jugendhilfe. In: https://www.destatis.de/DE/Themen/Gesellschaft-Umwelt/Soziales/Kinderhilfe-Jugendhilfe/_inhalt.html, 17.09.2020

Stein, A., Stein, R. (2014): Unterricht bei Verhaltensstörungen: Ein integratives didaktisches Modell. Klinkhardt utb, Bad Heilbrunn

Stein, R. (2019): Grundwissen Verhaltensstörungen. Schneider, Hohengehren

Stein, R. (2004): Zum Selbstkonzept im Lebensbereich Beruf bei Lehrern für Sonderpädagogik. Dr. Kovac, Hamburg

Stein, R., Müller, T. (2018) (Hrsg.): Inklusion im Förderschwerpunkt emotionale und soziale Entwicklung. Kohlhammer, Stuttgart

Stein, R., Müller, T. (2014): Psychische Störungen aus sonderpädagogischer Perspektive. In: Sonderpädagogische Förderung heute 59 (3), 232–244.

Sutherland, E. (1968): Die Theorie der differentiellen Kontakte. In: Sack, F., König, R. (Hrsg.): Kriminalsoziologie. Suhrkamp, Frankfurt a.M., 395–399

Sykes, G., Matza, D. (1957): Techniques of Neutralization: A Theory of Delinquency. In American Sociological Review, 43, 643–656

Tausch, R. (2007): Lernförderliches Lehrerverhalten. In: Mutzek, W., Popp, K. (Hrsg.): Professionalisierung von Sonderpädagogen. Standards, Kompetenzen und Methoden. Beltz, Weinheim, 14–29

Tenorth, E. (2011): Inklusion im Spannungsfeld von Universalisierung und Individualisierung – Bemerkungen zu einem pädagogischen Dilemma. Vortrag am 13.10.2011, Universität Würzburg, unveröffentlicht

Theis-Scholz, M. (2007): Das Konzept der Resilienz und der Salutogenese und seine Implikationen für den Unterricht. In: Zeitschrift für Heilpädagogik 7, 265–273

Thimm, W. (1997): Kritische Anmerkungen zur Selbstbestimmungsdiskussion in der Behindertenhilfe. In: Zeitschrift für Heilpädagogik. Würzburg 48 (6), 222–232

Trimborn, K.(2019): Besondere Kinder – besondere Wege? Eine empirische Studie zu möglichen Effekten von Elementen der MultiGradeMultiLevel-Methodology auf die Lern- und Leistungsmotivation und das schulische Fähigkeitsselbstkonzept von Kindern mit Verhaltensstörungen und/oder Lernbeeinträchtigungen. Hohengehren, Schneider

Urhahne, D., Dresel, M. (2019): Psychologie für den Lehrberuf. Springer, Berlin

Voß, S., Blumenthal, Y., Mahlau, K., Marten, K., Diehl, K. et al. (2016): Der Response-to-Intervention-Ansatz in der Praxis. Waxmann, Münster

Walberg, H., Paik, S. (2000): Home Environments for Learning. In: Walberg, H., Haertel, G. (ed.): Psychology and Educational Practice. McCutchan Publishing, Berkeley, CA. 356–368

Werbik, H. (1983): Perspektiven handlungstheoretischer Erklärungen von Straftaten. In: Lösel, F. (Hrsg.): Kriminal-Psychologie. Beltz, Weinheim, 85–95

Werner, E. (2020): Entwicklung zwischen Risiko und Resilienz. In: Opp, G., Fingerle, M., Freytag, A. (Hrsg.): Was Kinder stärkt. Erziehung zwischen Risiko und Resilienz. Ernst Reinhardt, München, 10–21

Werner, E. (1992): The Children of Kauai: Resiliency and Recovercy in Adolescence and Adulthood. In: Journal of Adolescent Health. Vol. 13(4). 262–268

Willmann, M. (2018). Zur geschichtlichen Entwicklung der schulischen Erziehungshilfe. In: Stein, R., Müller, T. (Hrsg.): Inklusion im Förderschwerpunkt emotionale und soziale Entwicklung. Kohlhammer, Stuttgart, 48–79

Willmann, M. (2012): De-Psychologisierung und Professionalisierung der Sonderpädagogik. Kritik und Perspektiven einer Pädagogik für „schwierige“ Kinder. Ernst Reinhardt, München

Willmann, M., Reiser, H. (2007): Schule als vernetztes System –Eine systemtheoretische Betrachtung möglicher Schnittstellen der schulischen Erziehungshilfe mit ihren Umgebungssystemen. In: Reiser, H., Willmann, M., Urban, M. (Hrsg.): Sonderpädagogische Unterstützungssysteme bei Verhaltensproblemen in der Schule. Innovationen im Förderschwerpunkt Emotionale und Soziale Entwicklung. Klinkhardt, Bad Heilbrunn, 113–138

Wilson, J., Kelling, G. (1982): Broken Windows. The Police and Neighborhood Safety. In: https://media4.manhattan-institute.org/pdf/_atlantic_monthly-broken_windows.pdf; 17.09.20

Wilson, S., Lipsey, M., Derzon, J. (2003): The Effects of School-Based Intervention Programs on Aggressive Behavior: A Meta-Analysis. In: Journal of Consulting and Clinical Psychology 71 (1), 136–149

Winkel, R. (1980): Die kritisch-kommunikative Didaktik. In: Westermanns pädagogische Beiträge, 32 (5), 200–204

Wolf, K. (2007): Metaanalyse von Fallstudien erzieherischer Hilfen hinsichtlich von Wirkungen und „wirkmächtigen“ Faktoren aus Nutzersicht. ISA Planung und Entwicklung, Münster

Wollenweber, K. U. (2013): Evaluation des Trainingsraum-Programms. Universität Flensburg, Flensburg

Zimmermann, V. (2004): Den neuen Menschen schaffen: die Umerziehung von schwererziehbaren und straffälligen Jugendlichen in der DDR (1945–1990). Böhlau, Köln

Zirfas, J. (1999): Die Lehre der Ethik. Zur moralischen Begründung pädagogischen Denkens und Handelns. Beltz, Weinheim

Sachregister

Passwort für Online-Material
Das Passwort zum Öffnen des Zusatzmaterials lautet:
#Verhaltens_Stoerung!
Bitte geben Sie das Passwort nicht weiter!